世界史论丛 | 第三辑

英国历史上的
法律与社会

许明杰　主编

上海三联书店

| 目 录 |

| 序 |

陈寅恪先生有言："一时代之学术，必有其新材料与新问题。取用此材料，以研求问题，则为此时代学术之新潮流。"21世纪中国的英国史研究应该尤其重视新材料与新问题。随着我国学术界的不断开放，我辈英国史学人同国外同行有了更为深入的交流，英国史研究的原始材料条件也获得了实质性改善，特别是《中世纪议会档案（The Parliament Rolls of Medieval England）》《早期英语图书在线（Early English Books Online）》《英国政府档案在线（State Papers Online）》《十八世纪作品在线（Eighteenth Century Collections Online）》等数据库逐渐具备，为我们进行深入的英国史研究提供了现实的可能。为促进青年学者之间的切磋争鸣，探索新史料的使用，发现新的学术问题，进而拓展英国史发展的新方向，复旦大学历史学系于2020年11月7日在上海举办了"英国史青年学者工作坊"。此次工作坊以"英国历史上的法律与社会"为主题，着眼于"新材料与新问题"，鼓励基于原始史料的史学研究。来自中国社会科学院、中国人民大学、武汉大学、中山大学、华中师范大学、首都师范大学、河南师范大学、暨南大学、西南大学、上海师范大学、复旦大学的20余位中青年专家学者参加了本次会议。本辑《世界史论丛》刊出的论文基本出自这次会议的诸位参会专家之手，共计12篇。

本论文集虽然以"英国历史上的法律与社会"为主题，但这只是大致的线索，诸多论文的内容实际上涉及政治、文化、经济等领域，体现研究主题与视角的多样性。这些论文可以按照时段分为"盎格鲁-撒克逊与中世纪""近代早期"两个部分。前半部分的 6 篇论文大致涉及盎格鲁-撒克逊时期的历史与文化、大宪章研究、中世纪的国家治理三个主题。

盎格鲁-撒克逊与中世纪前期研究是国内英国史较为薄弱的领域，第一、二篇论文则展示了中国学者在这一领域耕耘的新成果。张建辉博士系统梳理了盎格鲁-撒克逊时期英格兰历史发展的线索，特别强调这一时期的历史变革对于后世产生了深刻影响，其中统一王国的形成与君主制度的建立更是尤为关键。陈志坚教授的论文关注了盎格鲁-撒克逊时期的古英语文化在中世纪的延存这一特殊的历史现象。一般认为，古英语书写随着 11 世纪中后期盎格鲁-撒克逊时代的结束而终止，然而他却明确指出，在诺曼征服发生近半个世纪之后，古英语书写与古英语语言的使用在 12 世纪的英格兰仍有明显的延续，这一趋势在法律领域有突出体现。他以"CCCC MS 383"手稿为例，使用抄本学和古文书学的方法，揭示了这一时期古英语法律文书书写的风貌与特征，强调这一潮流是特定历史语境的产物。

大宪章是英国史研究的热门话题，相关成果不断出现。第三、四篇论文集中于中古时期，基于原始文献对于大宪章的性质和历史作用分别进行了讨论，尝试破除学界对于此历史文献的诸多"迷思"或"神话"，还原较为真实的历史面貌。蔺志强教授对 1215 年《大宪章》进行了深入的文本分析，特别是对关键的"Libertas"一词的含义进行了考辨，强调其在中世纪历史语境下的真实含义乃是"特权"，而非"自由"。他进而指出，长期以来学界将"Libertas"翻译或理解为"自由"、将《大宪章》视作中世纪英国人们追求自由的证据，乃是一种对历史的误读。如果说蔺志强教授对于 1215 年《大宪章》的性质进行了考辨，许明杰副教授则是对该文件在政治领域的实际影响进行了再探讨。他关注到中世纪晚期大宪章得到议会反复确认这一突出的历史现象，基于《王国法令集》《中世纪英格兰议会卷档》等核心的档案文献，从君主的角度对于这类活动产生的原因进行了探究。他强调，君主此举是源于当时政治形势的迫切需要，即国王为了实现集权不得已向议会做出适当的妥协，这体现了当时王权的"妥协式集权"特点。

国家治理是最近英国史学界较为关注的研究课题，第五、六篇论文分别从道路网治理与议会请愿等具体问题切入，致力于呈现中世纪英国国家治理的成就与特征。沈琦教授对英格兰的道路网治理进行了深入考察，逐一呈现王国政府、宗教团体、地方社会以及私人在其中的作用。作者强调，这种治理机制反映出当时政治制度的诸多典型特征，即地方社会的自治以及地方治理中地方和中央之间的良性互动。黄嘉欣同学的论文基于议会请愿书等丰富的议会档案文献，深入探究了 14 世纪早期的寡妇产请愿问题，对其大量出现的原因进行了解释。作者特别强调了这一研究的学术意义，即可折射出当时英国政治生活的如下风貌：一方面，寡妇产是中世纪晚期英格兰女性最为关注的问题之一，这些女性通过议会请愿表达冤屈，保护自身权益，体现了对政治活动的参与；另一方面，议会请愿也是中央与地方之间重要的沟通渠道，有利于前者自上而下地施行权威，因此逐渐发展为当时国家治理最重要的方式之一。

本论文集后半部分的 6 篇论文集中于近代早期，主题涉及都铎时期的政治变革、国家治理、法律与金融变迁三个主题。都铎王朝是英国政治剧烈变动的时期，女性王权的出现与实践以及宗教改革无疑是其中的突出体现，第七、八篇论文分别涉及这两个重大议题。赵博文博士关注英国历史上的首位女王——玛丽一世，集中探讨她面对统治合法性的危机时如何积极应对。传统的学术观点强调玛丽的统治不得人心因而彻底失败，对此赵博文提出了不同看法。他强调，玛丽的王权统治是有成就的，集中体现为逐步确立了女性王权的合法地位，这为后来伊丽莎白一世的继位奠定了基础，加速了民众对于女性君主王权的认同。杜宣莹博士则以 16 世纪晚期流亡欧陆的英格兰天主教徒为研究对象，呈现这一群体面临英格兰政府恩威并施的政策时的行为反应，强调诸多反战派以投效新教政权的情报系统来换取生存与信仰并存，从而形成了英格兰天主教徒的政治顺从之现象。通过对此特殊人群的研究，作者从侧面呈现了宗教改革对于英格兰乃至整个欧洲的重大影响，即促进了欧洲近代民族国家的构建和政教分离的形成。

国家治理是近代早期英国史研究者们近来关注的重要论题，第九、十篇论文分别从政府的饥荒应对和信息收集两个方面切入，探讨这一时期英格兰国家权力运行的特点。治安法官是近代早期英国最重要的地方官员群体，冯雅琼博士基于伊丽莎白一世时期的饥馑《政令书》这一重要文献，生动呈现了治安法官在应对饥荒问题中的关键性作用。她认为，治安法官并非中央政府救荒政策的被动接受者，而是根据地方情况的需要调整政策的执行力度与方式，甚至通过建言献策的方式推动国家救荒指令的变更，体现了"国王治下的自治"。"信息转向"正成为史学发展的新趋势，初庆东副教授基于这一前沿视角，集中探讨近代早期英国信息国家的发展。他指出，16、17世纪是英国社会向近代转型的关键时期，为应对日益严峻的社会问题，政府通过建构"信息秩序"以维护"国家秩序"，从而促成了"信息国家"的兴起。

法律与金融变迁也是近代早期英国社会转型的突出体现，第十一、十二篇论文分别涉及这两个问题。法律历来被视为理性的产物，与激烈的情感无缘，这便是所谓的"司法无情"理论。而赵涵副教授则基于近代早期英国的法律档案，对情感在刑事审判中的作用进行了探讨，强调情感因素不仅常见，而且发挥了重要作用。作者还指出，"司法无情"并非现实，而且是一个危险的神话，它使学者长期忽视了对古今司法情感的性质和功能的研究，因此近代早期英国法律和法治史研究急需引入"情感史"的新视角维度。李新宽教授的论文关注18世纪末英国土地银行的构想及其实践，首先描述了当时创建土地银行的热潮及其失败的过程，随后对其失败的原因进行了分析，批评了辉格史家强调党派政治的解释范式。作者强调，土地银行创建运动虽然失败，但此构想突破了只有依靠金银储备或背书才能创立银行的传统思想，为英属北美殖民地土地银行发展提供了灵感和经验，这一尝试也成为英国金融思想和金融市场发展史上值得铭记的辉煌一页。

以上论文出自英国史不同研究领域的专家之手，其主题各异，研究专深，上述介绍虽然尽力做到如实概括，但内容简要，错漏在所难免，只希望稍能起到抛砖引玉的作用。本论文集能够顺利出版有赖多方支持，让我们颇感温暖。首先，论文的作者们慷慨赠文，值得我们致以最大的敬意。其次，会议的召开得到了上海市浦江人才计划（项目号18PJC019）资助，论文集的出版获得了复旦大学历史学系的经费支持，上海三联书店作为本论文集的出版社为我们提供了帮助，在此一并致谢。此外特别值得一提的是，业师向荣教授一直关心会议组织和论文集出版事宜，并提供了诸多中肯的建议，让人感激不已。复旦大学历史学系的硕士研究生田娜同学对于会议组织和论文集的编辑工作也出力颇多。鉴于编者能力有限，再加上新冠疫情的侵扰，本论文集不免存在诸多问题，还请各位读者不吝赐教。

许明杰

2022 年 4 月 28 日

盎格鲁-撒克逊文明与英格兰
早期王国的建立

张建辉

（河南师范大学历史文化学院）

异质文明的融合是早期民族国家形成的重要因素。比利时著名历史学家亨利·皮朗在《穆罕默德和查理曼》中指出："唯有盎格鲁-撒克逊人对罗马皇帝的权威不屑一顾。对于其他蛮族而言，罗马皇帝仍是卓越的统治者。"① 因此日耳曼民族迁徙后，盎格鲁-撒克逊人较早地建立起自己的王国，亨利·皮朗将其原因归结为盎格鲁-撒克逊人占据的不列颠，是罗马帝国所有行省中"罗马化"程度最低的一个。② 限于探讨的主题，亨利·皮朗并没有一一考察盎格鲁-撒克逊人在不列颠建立众多小王国的名称及过程。国外学者一般列出肯特、诺森伯里亚、麦西亚、东盎格利亚、威塞克斯、埃塞克斯、苏塞克斯七个大国，并加上林赛、萨里、赫威赛等小国。③ 然而没有指出这些王国建立的原因。国内学者在研究中也是列出不列颠土地上的主要国家，加上几个小国，同样没有揭示盎格

---

① 亨利·皮朗：《穆罕默德和查理曼》，王晋新译，上海：上海三联书店，2011年，第19页。
② 亨利·皮朗：《穆罕默德和查理曼》，第147页。
③ 肯尼恩·O.摩根主编：《牛津英国通史》，王觉非等译，北京：商务印书馆，1993年，第68页；克莱顿·罗伯茨、戴维·罗伯茨、道格拉斯·R.比松：《英国史》（上册：史前—1714年），潘兴明等译，北京：商务印书馆，2013年，第43页。

鲁-撒克逊人立国的原因。① 因此有必要延长研究时段，从罗马不列颠晚期开始，比较盎格鲁-撒克逊人迁徙前后的社会变化，探究殖民主义最早的尝试者建立王国的主要原因。

一、罗马对不列颠的统治

公元 43 年克劳狄征服不列颠，使之成为罗马帝国的一个行省。不列颠成为罗马的行省后，部分地区经历了罗马化，克里斯托弗·A. 斯奈德认为有两种类型的罗马化。一种发生在不列颠北部和威尔士等军事化地区，哈德良长城、安东尼长城以及与它们相关的系列军事要塞的修建，促进了不列颠当地的经济发展，罗马军人和当地妇女结婚，商人随之而来向罗马人提供商品和服务，在军事要塞附近出现小的居民点，甚至还出现大城市卡莱尔，不列颠人也被征募到罗马军队中，他们学会了拉丁语和诸如工程等技术，退役后回到家乡，将罗马文化传到更多的不列颠地区。另一种罗马化则是城市作为引领者，不列颠贵族首先接受了罗马化转型，很快垄断了不列颠地方上的元老院，他们依然统治着原来的不列颠民众。然而不列颠更广大的农村地区和人数更多的农村人口，延续了部落时代的特征，并没有罗马化。②

罗马不列颠初期，与皇帝有直接关系的奥古斯都代表和行省代表统治着不列颠，3 世纪不列颠被划分为 2 个行省，但管理结构没有根本改变，整体管理被划分为一般管理和财政管理，一般管理包括命令不列颠军队。4 世纪时，不列颠被划分为 5 个行省，罗马的

---

① 蒋孟引主编：《英国史》，北京：中国社会科学出版社，1988 年，第 45 页；钱乘旦、许洁明：《英国通史》，上海：上海社会科学院出版社，2002 年，第 20 页；高岱：《英国通史纲要》，合肥：安徽人民出版社，2002 年，第 20 页；阎照祥：《英国史》，北京：人民出版社，2003 年，第 19 页。

② 克里斯托弗·A. 斯奈德：《不列颠人：传说和历史》，范勇鹏译，北京：北京大学出版社，2009 年，第 49—52 页。

管理则分为军事和民事两部分，代理（vicarius）取代奥古斯都代表的民事角色，行省统治者向他负责，但他和皇帝没有直接的关系，代理本人向高卢执政官负责；军队有自己独立的管理组织，不列颠的军事指挥官向在高卢或其他地方的监军负责，此时，不列颠的官员相对远离于帝国权力的源头，而在罗马帝国统治末期，监军的影响越来越大。在地方层面，不列颠人组成地方元老院。①

402 年，罗马帝国西部皇帝荷诺里乌斯的军事统帅、出身蛮族的斯底里科从不列颠撤出一个军团，削夺了不列颠的卫戍部队，也表明"财政日渐紧张的帝国政府也无力再供养不列颠的军队"，② 这对不列颠人来说是一桩重大事变，不列颠虽不能说是"完全陷于不设防的状态，但它的安全的确比以往任何时候都更依赖以高卢为中心的西部行省所能提供的时有时无的保护"。③ 406 年，阿兰人、汪达尔人和苏维汇人横扫高卢行省，担心蛮族会渡过英吉利海峡的不列颠军队，选出自己的皇帝解决边防问题。士兵出身的马库斯、格拉提安先后被推举为皇帝，但是由于不能取悦于选举他们的军人，很快被杀。军队推选的第三个皇帝是康斯坦丁三世，他派遣军队前往高卢防卫西部行省，这导致不列颠防御松弛。历史学家佐西莫斯④记述了 409 年撒克逊人对不列颠的另一次进犯："莱茵河对岸的蛮族肆无忌惮地发起了侵略。他们不但让不列颠的居民减少了，而且某些高卢民族面对摆脱罗马人统治的境地，也不再服从罗马人的法律，而是回到他们本民族的风俗上去了。因而，不列颠人将自己

---

① Peter Salway, *Roman Britain*, Oxford: Oxford University Press, 1981, pp. 516 - 532.

② 克里斯托弗·A. 斯奈德：《不列颠人：传说和历史》，第 66 页。

③ 克里斯托弗·A. 斯奈德：《不列颠人：传说和历史》，第 83 页。

④ 佐西莫斯，是一位伯爵，曾任罗马帝国财库律师，也是最后一位异教史家，对基督教各位皇帝颇为仇视，著有《新历史》，记述罗马帝国的历史，前期历史简短概括，从 270—410 年史事较详。见 J. W. 汤普逊：《历史著作史》（上卷，从上古时代至十七世纪末叶，第一分册），谢德风译，李活校，北京：商务印书馆，1996 年，第 427 页。

武装了起来，冒着许多危险来保证自己的安全，并让他们的城市免受蛮族的进攻。整个阿莫里卡以及高卢的其他行省纷纷仿效不列颠人，以同样的方式，通过驱逐罗马人的长官以及确立起他们想要的统治使自己获得了独立。"[1] 这被认为是罗马不列颠时期的结束。可能随着罗马人被赶走，苏格兰人和皮克特人向不列颠人进攻，不列颠的一些地方向罗马求救，410 年，荷诺里乌斯皇帝向不列颠各城市发去一封信，敦促并授权他们自卫。正常情况下，罗马帝国皇帝应该将类似信件发送给行省代理人或其他类似的帝国代表，这表明在 406—410 年的混乱局面中，"帝国机构统治已经解体，城市当权者成了唯一幸存的权力机关"。克里斯托弗·A. 斯奈德认为 409—410 年间的事变"是不列颠人在面临蛮族入侵的危机之时，并得知了康斯坦丁三世在欧洲大陆的败亡后发动的一场贵族政变。……为了拿起武器抵抗蛮族侵略者，不列颠人必须要违反罗马的法律，抵触那些负责执行罗马法律的人——康斯坦丁的官员。不列颠的地方行政官员和地方贵族与不列颠的安全利害相关，因为他们拥有土地、财富和扈从。他们坚定地保卫和治理不列颠，并抵抗罗马的统治权，此时的他们真正将自己看做不列颠人。他们就是亚罗马不列颠时期的僭主，是中世纪王朝诸王的先驱"。[2]

罗马人撤离后，不列颠人的最严重威胁不是撒克逊人，而是苏格兰人和皮克特人，在他们的袭击下，不列颠人放弃了城墙和城市，四下逃命，不列颠人内部的互相争斗"加深了外族人所带来的灾难"，[3] 不列颠人的国家陷于绝境。克里斯托弗·A. 斯奈德认为，在不列颠各地地方性权贵的纷争中，沃蒂根在 410 年之后控制了不列颠，并重新建立了王朝统治，由不列颠各部落公民代表组成的议事会，仍拥有一定权威，但是只能与沃蒂根分享权力。5 世纪中期，

---

[1] 佐西莫斯：《罗马新史》，谢品巍译，上海：上海人民出版社，2013 年，第 182 页。
[2] 克里斯托弗·A. 斯奈德：《不列颠人：传说和历史》，第 87 页。
[3] 比德：《英吉利教会史》，陈维振、周清民译，北京：商务印书馆，1996 年，第 44 页。

不列颠货币体系衰落，出现实物交换的经济体系，占有土地的大小、豢养武士的多少决定领主的地位，他们用宴乐、武器、礼物换取扈从的忠心，领主可能也以农产品和家畜的形式从受保护的农民和其他劳动者那里征收实物税。[①] 在经历了战争、混乱和瘟疫之后，不列颠所有的人和国王沃蒂根"都同意向海外的撒克逊人求救"。[②]

二、盎格鲁-撒克逊人迁徙前的社会状况

那么，不列颠人所求助的撒克逊人是一种什么样的社会状况呢？盎格鲁-撒克逊人是古代日耳曼人的一支，[③] 他们居住在北德意志和丹麦半岛南半部，[④] 古罗马历史学家塔西佗的《日耳曼尼亚志》有助于我们了解他们的状况。首先，日耳曼人中已产生国王，"他们的国王是按照出身推举的"，[⑤] 这表明已出现王族，国王必须出身于王族，拥有王室血统，但是王位的继承并不是父子相继，而是要通过推选才能产生。国王并不拥有无限的权力，他不能一意孤行。恩格斯在探讨易洛魁人的氏族时，也指出"酋长在氏族内部的权力，是父亲般的、纯粹道义性质的；他手里没有强制的手段"。[⑥] 带领士兵作战的将军，以勇力为标准进行选拔，他不是靠命令，而是通过以身作则统率士兵，靠作战勇敢、身先士卒来获得士兵的拥戴。在战斗中，如果士兵犯有过错，将面临死刑、囚禁、鞭笞等刑罚，祭司掌管着这些事务，日耳曼人并不把这些视为刑罚或将军的军令，他们认为，在作战时常有一位神祇陪伴他们，这些责罚是神

---

① 克里斯托弗·A. 斯奈德：《不列颠人：传说和历史》，第 109 页。

② 比德：《英吉利教会史》，第 47 页。

③ 蒋孟引主编：《英国史》，第 41 页。

④ 肯尼思·O. 摩根主编：《牛津英国通史》，第 61 页。

⑤ 塔西佗：《阿古利可拉传　日耳曼尼亚志》，马雍、傅正元译，北京：商务印书馆，2009 年，第 50 页。

⑥ 恩格斯：《家庭、私有制和国家的起源》，《马克思恩格斯选集》（第四卷），北京：人民出版社，1995 年，第 84 页。

祇所降。这种神祇降罚的观念，有助于避免将领与士兵间的直接冲突，更有利于团结作战。

其次，部落大会是日耳曼人的重要管理组织。日耳曼人已对不同的事务进行了分类，"小事由酋帅们商议；大事则由全部落议决"。[1] 即使由全部落议决的大事，事先也已由酋帅们商讨过，这表明酋帅们更多地参与了部落的管理。召集会议需要 2 到 3 天的时间，会议日期是固定的，或在新月初上时，或在月盈时。集会时，出席者带着武器就座，国王或酋帅中，以年龄、出身、战争中的声望、口才等任一标准，推选一人作为发言人，他的目的是说服大家，而不是命令人们，如果人们满意他的意见，就用最尊敬的赞同方式——挥舞手中的矛，来表示同意，如果不满意，就发出啧啧的叹息声。在部落大会上，可以提出控诉或宣布死刑。犯罪性质不同，刑罚的方式也不同。"叛逆犯和逃亡犯则吊死在树上；怯敌者、厌战者和犯极丑恶之秽行者，则用树枝编成的囚笼套住而投入沼泽的泥淖中。他们认为这样分别处罚，是表示对于犯罪的行为，应当明正典刑，悬尸示众；而对于可耻的丑行，却应当秘而不宣。"[2] 犯轻罪者，罚以马或牛若干，一半归国王或国家所有，一半归受害人或其亲属所有。在部落大会上，可以选举一些长官，到各部落和村庄里处理诉讼，每一名长官由人民中选出的 100 名陪审者作为顾问。此时的日耳曼人并没有成文的法律，塔西佗在对日耳曼人的婚姻制度和生育制度进行考察后，认为日耳曼人中"优良的风俗习惯，其效力远胜于别的地方的优良的法律"。[3] 部落大会上选举的巡审长官，之所以由 100 名陪审顾问伴随，其目的可能是当巡审长官进行审判时，可以在陪审顾问中咨询风俗习惯。

第三，亲兵队是日耳曼人中另一个重要的组织。有些出身高贵

---

① 塔西佗：《阿古利可拉传　日耳曼尼亚志》，第 52 页。
② 塔西佗：《阿古利可拉传　日耳曼尼亚志》，第 53 页。
③ 塔西佗：《阿古利可拉传　日耳曼尼亚志》，第 57 页。

或祖上有战功的日耳曼少年，可以担任酋帅，但是即使这样的少年，也厕身于年富力强、阅历深厚的成年人之间，不以做侍从为耻。侍从之中有等级，这由他们服侍的主人决定，侍从之间为了谁是第一侍从而竞争，酋帅们也为了拥有最多、最勇敢的侍从而竞争。由一群优秀侍从环绕的酋帅，安宁无事时可显示威仪，冲锋陷阵时可防护左右，这样的酋帅不仅在本部落，而且在邻近的部落中享有盛名，会受到外族使臣的称誉，被赠以厚礼，甚至仅凭威名就足以慑服敌人。在战场上，酋帅和侍从要同样勇敢，勇气稍怯者即是对自己的耻辱。"酋帅们为胜利而战斗；侍从们则为酋帅而战斗。"如果本土长年安静太平，很多高贵的青年就自愿到正在发生战争的部落，"一则因为他们的天性好动而恶静；再则因为他们在危难之中容易博得声誉；三则因为只有在干戈扰攘之中才能维持人数众多的侍从"。[①] 酋帅慷慨地赐给侍从战马和长矛，并供以充足的筵席饮宴，而这一切都是从战争和劫掠中得来的。

此外，日耳曼人中已出现偿命金。日耳曼人有义务继承父亲和亲属的宿仇及旧好，但是宿仇是可以和解的，"甚至仇杀也可以用若干头牛羊来赎偿"，[②] 这不仅使仇家全族感到满足，而且对整个部落更为有利，如果允许自由地血亲复仇，冤冤相报是非常危险的。至于日耳曼人的土地，是"公社共有的"，[③] 公社之内按贵贱分配，他们的土地广阔平坦，易于分配，而且每年耕种新的土地。"日耳曼人中，没有一个部落是居住在城郭内的"，[④] 他们散居于水泉边、草地上或树林中，住宅不许彼此毗连，建筑不用石瓦，全用原木，还喜欢挖掘地窖。

总之，塔西佗笔下的日耳曼人虽不是专指盎格鲁人-撒克逊人，

---

① 塔西佗：《阿古利可拉传　日耳曼尼亚志》，第54页。
② 塔西佗：《阿古利可拉传　日耳曼尼亚志》，第57页。
③ 塔西佗：《阿古利可拉传　日耳曼尼亚志》，第60页。
④ 塔西佗：《阿古利可拉传　日耳曼尼亚志》，第55页。

但是学者们认为塔西佗的描述具有一定的共性，[①] 因此，我们可以推断出，迁徙前的盎格鲁-撒克逊人已处于父系氏族阶段，虽有酋帅，但是酋帅权力不大，部落大会和亲兵队是部落的重要组织，酋帅和亲兵好战的本性，使酋帅亲兵结成的共同体，易于向外部寻找战争机会。所以，当不列颠人和沃蒂根国王向撒克逊人求援时，盎格鲁-撒克逊人会自然地接受请求，渡海来到不列颠。[②]

三、盎格鲁-撒克逊人在不列颠立国

449 年，盎格鲁-撒克逊人受不列颠王的邀请，乘 3 艘巨船到达不列颠，奉命驻扎在岛的东部，同苏格兰人和皮克特人作战，把他们赶到较远的地方。初战得胜的盎格鲁-撒克逊人将捷报，以及不列颠富饶而不列颠人胆怯的情况告知他们的族人，于是，撒克逊人组成更大的船队，配备更强的军队来到不列颠。新来者获准在不列颠人中居住，条件是他们要同不列颠的敌人作战，保卫国家的安全与和平，不列颠人则付给他们适当的报酬。克里斯托弗·A. 斯奈德认为不列颠人与盎格鲁-撒克逊人达成的条约，"十分符合罗马对待蛮族联盟的军事政策。"[③] 比德记载了这些新来者的民族状况："这些新来的人来自日耳曼的三个较为强大的民族即撒克逊人、盎格鲁人和朱特人。肯特人、怀特人（即占据怀特岛的居民）以及住在怀特岛正对面的西撒克逊地区，至今仍然称为朱特人的那些人都是朱特人的后裔；东撒克逊人、南撒克逊人和西撒克逊人来自居住在今天称为古撒克逊人地区的撒克逊人。从居住在称为安格尔恩地

---

① 肯尼思·O. 摩根主编：《牛津英国通史》，第 62 页；F. M. Stenton, *Anglo-Saxon England*, 3rd edn., Oxford: Oxford University Press, 1985, p. 11.

② 马克垚先生认为，盎格鲁-撒克逊人迁徙不列颠是当时"民族大迁徙"活动的一部分，不一定需要当地人的邀请。见马克垚：《英国封建社会研究》（第 2 版），北京：北京大学出版社，2005 年，第 3 页。

③ 克里斯托弗·A. 斯奈德：《不列颠人：传说和历史》，第 89 页。

区（该地区据说处于朱特人和撒克逊人地区之间，迄今为止一直是废墟）的盎格鲁人中繁衍了东盎格鲁人、高地盎格鲁人、麦西亚人和居住在亨伯河北岸的所有诺森伯里亚人的后裔以及其他盎格鲁人。"①《盎格鲁-撒克逊编年史》E 本 449 年条目下的内容，与比德的记载相同。孔令平先生认为迁徙不列颠的民族，除盎格鲁人、撒克逊人和朱特人三大支外，还有弗里西安人、斯瓦本人等。② 王兴业认为通称的盎格鲁-撒克逊人中，其实包含着：盎格鲁人、撒克逊人、朱特人、弗里西安人、斯维比人、法兰克人。③ 克里斯托弗·A. 斯奈德则认为除三大支民族外，还有法兰克人、斯堪的纳维亚人，但是不包括弗里西安人。④ 综合史料记载与学者们的研究，我们可以认为，449 年迁徙不列颠的民族是以盎格鲁人、撒克逊人和朱特人为主体的。

这些移居者最早的首领，比德依据传闻记载为亨吉斯特和霍沙两兄弟，他们的祖先可追溯到奥丁神，也就是说，他们出身于王族，同时又成为军事首领。盎格鲁-撒克逊人继续成批地竞相涌入不列颠，人数剧增，对邀请他们前来的不列颠人造成威胁。有一段时间，盎格鲁-撒克逊人甚至同皮克特人勾结起来，他们以要求更多的补给为借口，寻衅滋事，进而与不列颠人作战，"公共和私人住宅被夷为平地；各地神父在祭坛上被活活打死；主教和他们的教徒，失去了一切尊严，被惨无人道地用火烧死或用剑刺死。"⑤ 一些人逃往山区，另一些人则逃往海外。《盎格鲁-撒克逊编年史》从 455 年起，到 556 年止，屡次记载盎格鲁-撒克逊人与不列颠人作战，其间，安布罗斯率领不列颠人在巴顿山取得抗击

---

① 比德：《英吉利教会史》，第 48—49 页。
② 蒋孟引主编：《英国史》，第 42 页。
③ 王兴业：《盎格鲁-撒克逊人组成初探》，《辽东学院学报》，2005 年第 4 期，第 30 页。王兴业将 Swabians 译作斯维比人，孔令平先生译作斯瓦本人，现通译士瓦本人。
④ 克里斯托弗·A. 斯奈德：《不列颠人：传说和历史》，第 93 页。
⑤ 比德：《英吉利教会史》，第 49 页。

盎格鲁-撒克逊人的大捷，大多数学者们将其时间界定为485—500年之间。①

那么，频繁作战的盎格鲁-撒克逊人与不列颠人之间，哪支在当时的人口构成中占据优势呢？传统的观点属于"烧—杀模型"，认为盎格鲁-撒克逊人在一次次血腥的战争中，其数量压倒了不列颠人口的数量。另一种观点认为盎格鲁-撒克逊人的征服，只是相对少量的军事精英所为，他们将自己的语言和物质文化强加给不列颠人，其总体数量约在1万至2万人之间。克里斯托弗·A. 斯奈德基于考古学上的新发现和对文字资料的最新解释，提出了盎格鲁-撒克逊人来临的新模型，即"废弃说"，认为在不列颠东部城镇中，人口的急剧下降，是出自不列颠人的主动遗弃和搬迁，而不是盎格鲁-撒克逊人毁灭的结果。不列颠的主教们领导了这场大迁徙，一部分不列颠人在他们的带领下，乘船前往大陆，定居于从布列塔尼到加利西亚的无人地区；留下来的不列颠基督徒将他们的影响，从城镇迅速传播到乡村甚至边远的地区。② 斯奈德并没有明确指明盎格鲁-撒克逊人和不列颠人，哪支在人口构成中占据优势，但其"废弃说"深化了我们对盎格鲁-撒克逊人与不列颠人之间关系的认识。

处于父系氏族阶段的盎格鲁-撒克逊人，应邀来到不列颠，他们是如何完成由部落向国家的过渡的呢？或者说，盎格鲁-撒克逊诸小国是如何建立的呢？史蒂文·巴西特认为有两种理想模式：一是邻近的定居地区稳定地合并，同时占支配地位的部落，其首领转变为国王；另一种是外部集团强行控制后罗马时代早期已经存在的领地。③ 也就是说，盎格鲁-撒克逊诸小国的形成有和平与暴力两种

---

① 克里斯托弗·A. 斯奈德：《不列颠人：传说和历史》，第90页，注55。

② 克里斯托弗·A. 斯奈德：《不列颠人：传说和历史》，第93—97页。

③ Steven Bassett, "In Search of the Origins of Anglo-Saxon Kingdoms," in *idem*, ed., *The Origins of Anglo-Saxon Kingdoms*, London and New York: Leicester University Press, 1989, p. 23.

途径。《盎格鲁-撒克逊编年史》中记载的多是暴力立国的情况，455 年，亨吉斯特和霍沙同不列颠王沃蒂根作战，霍沙战死，"此后，亨吉斯特和他的儿子埃什继承王国。"① 他们被认为是肯特人的祖先。477 年，埃尔和他的 3 个儿子率领 3 条船来到不列颠，杀死许多不列颠人，编年史并没有讲埃尔立国的情况，但是在 829 年记载"盎格鲁-撒克逊盟主"的条目下，将埃尔称为"南撒克逊人的国王"。② 同样，彻迪克和他的儿子金里克也是在征服不列颠人的土地上，建立了西撒克逊人的王国。至于诺森伯里亚，编年史只是提到伊达在 547 年继承王位，"诺森伯里亚王室就起源于他，"③ 也没有说明伊达立国的具体情况。芭芭拉·约克认为，诺森伯里亚王国通过合并伯尼西亚和德伊勒两个盎格鲁-撒克逊王国，以及融合一些小的克尔特王国而形成。④ 这似乎是属于通过和平方式而立国的例子，然而需要注意的是，芭芭拉·约克在这里讲的诺森伯里亚王国，是由小的王国，并不是由部落，合并融合而形成的，是由小国而变为大国，并不能代表部落通过和平方式融合而成为国家的理想模式。至于东撒克逊、东盎格利亚和麦西亚等王国，学者们根据其他资料可以推定其最早的国王，⑤ 但是对其立国过程和方式不是十分明了。

如果我们将立国时期盎格鲁-撒克逊人的状况，同他们迁徙不列颠前的情况进行对比，我们发现，尽管此时期的国王依然必须出身于王族，但是同时他们已经掌握了军事力量，成为军事首领，成

---

① 《盎格鲁-撒克逊编年史》，第 12 页。

② 《盎格鲁-撒克逊编年史》，第 70 页。

③ 《盎格鲁-撒克逊编年史》，第 15 页。

④ Barbara Yorke, *Kings and Kingdoms of Early Anglo-Saxon England*, London and New York: Routledge, 1997, p. 74.

⑤ 东撒克逊王国最早的国王是斯莱德，在他的儿子萨伯特统治时，东撒克逊人接受基督教；东盎格利亚王国最早的国王是韦哈，他的曾孙雷德沃尔德是第四位"盎格鲁-撒克逊盟主"；麦西亚最早的统治者被认为是伊切尔。见 Barbara Yorke, *Kings and Kingdoms of Early Anglo-Saxon England*, pp. 46, 61, 101。

为血统出身与军事领导权的统一体，不再是像他们部落时期，依据出身选举国王，依据勇力选举将军。而且王位之间已是父子相继，也不再是从王族中选举产生国王。血统出身与军事领导权的统一，王位在父子间相继，表明盎格鲁-撒克逊人已走出部落时代，步入国家阶段。① 随着时间的推移，在 7 世纪末、8 世纪初，已接受基督教的英格兰人宗教热情高涨，开始向外传教，两名长期旅居爱尔兰的英吉利神父黑休厄德和白休厄德也加入传教的行列，他们到达盎格鲁-撒克逊人的祖居地"古撒克逊人地区"，希望使他们皈依基督教，当时古撒克逊的情况是："这些古撒克逊人没有国王，统治国家的而是各个总督，一旦战争爆发，他们就抽签，谁中了签，谁在战争中就担当首领，大家都得服从。但是战争一结束，各个总督就又平起平坐了。"② 这说明当时的"古撒克逊地区"仍处于军事民主制阶段，离创建国家还有一段距离。因此，盎格鲁-撒克逊人在播迁英格兰的过程中，建立由国王进行统治的国家，是一个明显的历史进步，对英格兰以后的政治发展产生深远影响。

综上所述，罗马人虽然在盎格鲁-撒克逊人之前来到不列颠，但是由于罗马不列颠只是部分地区实现了罗马化，加上罗马帝国晚期普遍的军事化倾向，所以罗马人撤离不列颠后，罗马人的统治方式并没有在不列颠留存，③ 不列颠人中盛行僭主政治。从欧洲大陆来到不列颠的盎格鲁-撒克逊人，虽然仍处于部落社会阶段，但是已出现权力不大的国王，并且有部落大会、亲兵队等社会组织，这

---

① 恩格斯在《家庭、私有制和国家的起源》中，认为国家和旧的氏族组织不同之处在于：国家按地区来划分它的国民，和公共权力的设立。见《马克思恩格斯选集》（第四卷），第 170、171 页。易建平在《关于国家定义的重新认识》中提出以"武力合法使用权"掌控情况或程度的不同，来区分"早期国家"、"成熟国家"和"完备国家"，见《历史研究》2014 年第 2 期，第 143—161 页。

② 比德：《英吉利教会史》，第 326 页。

③ 齐思和：《英国封建土地所有制形成的过程》，《历史研究》1964 年第 1 期，第 65—67 页。

三者对盎格鲁-撒克逊人影响深远。盎格鲁-撒克逊人在播迁不列颠的过程中，国王实现了血统出身与军事领导权的统一，王位在父子间相继，他们通过暴力建立了诸多小国。

（本文原发表于《历史教学》（下半月刊）2015 年第 8 期）

12世纪英格兰古英语法律抄本书写

——以 CCCC MS 383 号抄本为例[①]

陈志坚

（首都师范大学历史学院）

　　古文字学学者过去普遍认为，古英语抄本书写以及古英语语言的使用应该早已伴随 11 世纪中后期盎格鲁-撒克逊时代的结束而终止，然而近几十年来，随着学者对 12 世纪抄本整理与文本研究相关工作的不断深入，不仅"古英语书写于诺曼征服之后继续存在"的事实得到证实，而且古英语书写者与使用者有意识地对古英语文本"创造性再利用"的意图也不断被揭示出来。

　　首先不得不提及的是古英语书写大量存在于后诺曼征服时代的事实。12 世纪时，在英格兰学术界形成了一股以古英语书写抄本的风潮。这股风潮太过强劲，以致可用"蔚为大观"这个词来形容它。因为这种书写不仅仅体现在单一方面，而是呈现出较强的普遍性，所涉抄本体裁极为广泛。尼尔·李普利·克尔（Neil Ripley Ker）编纂的《盎格鲁-撒克逊抄本目录》（*Catalogue of Manuscripts Containing Anglo-Saxon*）史无前例地罗列出大量诺曼征服之后存在的古英语抄本。[②] 在此基础上，古文字学家伊莱

――――――――――
① 本文系国家社科基金一般项目"家庭财产继承与近代早期英国社会转型研究"（项目批号：18BSS043）阶段性研究成果。

② N. R. Ker, *Catalogue of Manuscripts Containing Anglo-Saxon*, Oxford: Clarendon Press, 1957, pp. xlviii‐l; Dorothy Whitelock, "Review on Catalogue of Manuscripts Containing Anglo-Saxon by N. R. Ker," *Antiquity*, Vol. 32, Issue 126 (1958), pp. 129, 131.

恩·特里哈奈（Elaine M. Treharne）得以对存世的 12 世纪古英语抄本给出整体性描述：其核心部分是"布道集"（Homily）和"圣徒传记"（Hagiography），该部分主要是由阿尔弗里克（Ælfrec，955—1010）以及一些其他匿名作者撰写；除此之外，还有两部"福音书"（Gospel）的复本、一部"本笃修道院院规"（Rules of St Benedict）、"箴言书"（Apothegms）、"对话录"（Dialogue Literature）、"预言书"（Prognostications）、"圣咏经"（Psalters）；另外，还包含阿尔弗雷德大帝（Alfred the Great，886—899 年在位）本人感兴趣，并在其主持之下从拉丁文翻译过来的几部著作，如奥古斯丁（Augustine of Hippo，354—430）的《独语录》（*Soliloquies*）、波埃修斯（Boethius，477—524）的《哲学的安慰》（*Consolation of Philosophy*）等。①

其次，在现有的研究中，学者除了对 12 世纪古英语抄本的年代、缮写室、版式、字体等基础信息加以研究之外，更着重考察的是这一特定时代之中古英语书写者与使用者的意图。尽管这一考察目标因属于心态史范畴而难度较大，但学者利用抄本学（codicology）与古文字学（paleography）方法，将相关抄本置于特定历史文化语境之中考察，仍获得了一定程度的突破。而其实在此之前已有先行者，例如文化史学者的研究工作已经在一定程度上涉及此问题，并倾向于将诺曼征服之后古英语书写的再流行视为 12 世纪文艺复兴这一大型历史文化运动的一个侧面。他们认为，诺曼征服激发了一场修道院广泛参与的古物研究运动，僧侣们搜集并编纂特许状（charters），转写抄本与文书，详细调查年代学与地形学，研究修道院建筑与铭文，搜罗古代抄本与文本；撰写地理志、编年史与人物传记。② 在此基础之上，古文字学学者更进一步，通

---

① Mary Swan，Elaine M. Treharne and Simon Keynes，eds.，*Rewriting Old English in the Twelfth Century*，Cambridge：Cambridge University Press，2000，pp. 1 - 2.
② R. W. Southern，"Aspects of the European Tradition of Historical Writing：（转下页）

过研究古英语抄本编纂者与使用者的"改动"痕迹，来考察抄本书写者与使用者在"保存史料"及表达"对历史崇敬"的心境之外而具有的别样目的。① 苏珊·欧文（Susan Irvine）通过考察 12 世纪的 4 篇布道辞抄本（homiletic manuscripts）发现，书写者对原始文本的重新编纂与再组织准确地反映了使用者的实际需求——为教区教堂中开展虔诚阅读（devotional reading）的僧侣与修女以及不会说诺曼语的俗人提供阅读文本。② 玛丽·斯旺（Mary Swan）对阿尔弗里克《天主教布道辞》（*Catholic Homilies*）的版本及其在 12 世纪的流布（dissemination）情况考察后发现，人们更喜欢使用其摘录版而非完整本形式，摘录版中又偏重合集本（容纳多位作者布道辞的合订本）而非单行本。斯旺凭此推断，布道辞的编纂者与使用者更重视布道辞的实用性而非作者权威。③ 乔纳森·威尔科克斯（Jonathan Wilcox）发现了伍尔夫斯坦（Wulfstan，生年不详—1023）布道辞在 12 世纪"仅少量被采用并在有限范围内流传"的问题，并尝试在其历史文化语境中对文本制作者与使用者的意图作出解读。作者指出，这大概是因为，伍尔夫斯坦的作品政治意味太强，在诺曼征服之后，政权刚刚实现更迭的特殊情况下，这种作品

（接上页）4. The Sense of the Past," *Transactions of the Royal Historical Society*, Vol. 23 (1973), p. 249; R. W. Southern, "The Place of England in the Twelfth-Century Renaissance," in R. W. Southern, *Medieval Humanism and Other Studies*, Oxford: Basil Blackwell, 1970, pp. 158 - 180.

① Susan Irvine, "The Compilation and Use of Manuscripts Containing Old English in the Twelfth Century," in Mary Swan, Elaine M. Treharne and Simon Keynes, eds., *Rewriting Old English in the Twelfth Century*, pp. 42 - 43.

② Susan Irvine, "The Compilation and Use of Manuscripts Containing Old English in the Twelfth Century," pp. 60 - 61.

③ Mary Swan, "Ælfrec's Catholic Homilies in the Twelfth Century," in Mary Swan, Elaine M. Treharne and Simon Keynes, eds., *Rewriting Old English in the Twelfth Century*, pp. 81 - 82.

太容易鼓动英国人的民族情绪，因而不被统治者看好。① 可见，编纂者在拣选古英语作品的时候，加入了自我审查的动作，自觉回避了一些敏感人物与话题。

不难看出，尽管这些 12 世纪的古英语抄本长期以来处于被忽略的境地，但在世纪之交，情况已有所变化，相对成熟的研究成果不断涌现出来，与之相关的研究也逐渐受到学界重视。然而在"被忽略"与"受重视"之间，却存在"成也萧何败也萧何"的悖论，其关键点在于如何看待抄本在流布过程中的"改动"，也即后代抄本编纂者与使用者对前代抄本的再造（reworkings）问题。如果说 12 世纪古英语抄本早先之所以被忽略，在很大程度上是因为学者想当然地认为此一时期已不再有古英语书写的话，那么在克尔于 20 世纪 50 年代揭示了古英语书写于诺曼征服之后继续存在的事实之后，学者仍未正视这些抄本，原因何在？问题可能出在态度与观念方面。由于受到 20 世纪出版文化心态的影响，学者往往强调文本及作者的原始性（original），并据此来确定文本的优先次序（prioritization），从而将纯原始本（pure originals）之外的其他版本定性为蜕化版本（corrupt version），并不自觉地将其边缘化，这是 12 世纪古英语书写被忽视的主要原因。然而，讽刺的是，世纪之交的相关研究之所以"受重视"，恰恰是因为学者认真对待了抄本在流布过程中的"改动"，并藉此探讨抄本编纂者与使用者对纯原始本及其作者的态度，考察他们在新的政治、宗教与文化语境之中继续古英语书写，及其对纯原始本做出"改动"的原因。② 因此，从这个意义上来说，12 世纪的古英语抄本绝非所谓"蜕化版本"，而是在新的历史文化语境之中对纯原始本的创造性再利用，问题的

① Jonathan Wilcox, "Wulfstan and the Twelfth Century," in Mary Swan, Elaine M. Treharne and Simon Keynes, eds., *Rewriting Old English in the Twelfth Century*, pp. 96 - 97.

② Mary Swan, Elaine M. Treharne and Simon Keynes, eds., *Rewriting Old English in the Twelfth Century*, pp. 6 - 7.

关键是在抄本的动态流布过程中考察其文化特性。基于这一认识，本文拟在前人研究的基础上，利用古文字学与抄本学方法，考察 12 世纪古英语法律抄本的书写状况，并以 CCCC MS383 号抄本为例，探讨 12 世纪古英语法律抄本在特定的历史语境下的价值与意义。

一、12 世纪古英语法律抄本书写

12 世纪文艺复兴史家索森（R. W. Southern）曾指出，"在 12 世纪的英格兰，人们表现出对历史前所未有的好奇心，学问的最大进步是体现在对盎格鲁-撒克逊时期历史的研究方面"。[①] 而英格兰早期法律史研究先驱帕特里克·沃莫尔德（Patrick Wormald）则进一步指出，12 世纪英格兰人对盎格鲁-撒克逊历史的兴趣又"明显地体现在法律与法律文献方面，这也是为何一项针对盎格鲁-撒克逊法律的研究往往不依据自然分期法在 1066 年戛然而止，而给予 12 世纪更多的关注"。[②] 实际上，在整个 12 世纪，英格兰学问界对法律抄本的热情始终未减。根据沃莫尔德的分类，其核心部分是时人编纂盎格鲁-撒克逊法律百科全书（legal encyclopaedias）的成果，包含 4 种抄本，另有包含在历史著作（*Gesta*）、福音书（holy books）、布道辞（homily）、赎罪书（penance）中的法律抄本 8 种，加上法律抄本散篇残页（loose leaves）、断篇（fragmentary）与小册子（pamphlet）8 种，总计 20 种，其规模可谓"空前"。[③] 整体而言，"12 世纪留存至今的盎格鲁-撒克逊法律抄本比之前的所有时代的总和还要多，其数量多达 17 种……这是时人对盎格鲁-撒克逊

---

① R. W. Southern, "The Place of England in the Twelfth-Century Renaissance," p. 162.

② Patrick Wormald, *The Making of English Law：King Alfred to the Twelfth Century*，Vol. 1：*Legislation and Its Limits*，Oxford：Blackwell Publishers Ltd，1999，p. 135.

③ Patrick Wormald, *The Making of English Law：King Alfred to the Twelfth Century*，Vol. 1：*Legislation and Its Limits*，pp. vi, 224.

法律持续性兴趣的有力证据"。①

整体观之，12 世纪法律抄本书写呈现出以下 3 方面特征。

首先，这些法律抄本的一个重要特征就是他们并非以官方的诺曼语，也非以当时已占据优势地位的拉丁语，而是以诺曼征服前通行的古英语写就。这其实也是 12 世纪英格兰"古英语书写风潮"的一个有机组成部分。据统计，"在漫长的 12 世纪（大概自 1066 年至 1220 年）"期间，有超过 200 种抄本用古英语书写而成。② 这不仅证明了诺曼征服之后很长一段时间人们仍对古英语文本有"强烈需求"，尤其是在语言、文字、教育等方面；同时也表明，古英语所承载的上层精英文化仍具有相当高等级的地位，尤其在宗教、法律与历史方面；在这些文化成果被新的精英阶层吸收同化之前，古英语仍有其价值。与此相关，沃莫尔德还发现，"自 1066 年诺曼征服至伊丽莎白（Elizabeth I，1558—1603 年在位）女王登位这一段漫长的时间里，亨利一世（Henry I，1100—1135 年在位）统治时期是古英语发展的重要阶段。这一时期在保护、传承古英语记忆方面所做的事情，其影响力可达后面的 4 个半世纪，至今仍决定着英国人对这些知识的理解。只在这个时代，大量诺曼征服之前的法律文献被重新书写"。③ 不难发现，至少表面看来，古英语在诺曼征服之后表现出相对较强的延续性（continuity）。但问题不止于此，

---

① 这里，奥布莱恩（Bruce O'Brien）的统计数字比沃莫尔德要少一些，这是因为前者从后者的数据中去掉了几个未保存至今的和根据最新的研究成果不能确定写作日期的，详见 Bruce O'Brien，"Pre-Conquest Laws and Legislators in the Twelfth Century," in David A. Woodman and Martin Brett, eds., *The Long Twelfth-Century View of the Anglo-Saxon Past*, New York: Routledge, 2015, p. 232; Bruce O'Brien, "Why Laws were Translated in Medieval England: Access, Authority, and Authenticity," in Jenny Benham, Matthew McHaffie and Helle Vogt, eds., *Law and Language in the Middle Ages*, Leiden: Brill, 2018, p. 24。

② Sara Harris, *The Linguistic Past in Twelfth-Century Britain*, Cambridge: Cambridge University Press, 2017, p. 63.

③ Patrick Wormald, *The Making of English Law: King Alfred to the Twelfth Century*, Vol. 1: *Legislation and Its Limits*, p. 228.

古英语的这种延续性还体现在较为深入的两个层面。第一，征服之后仍掌握古英语文化的知识阶层对古英语的重要地位有较强的自我意识（self awareness），他们对与古英语密切关联的历史、法律与行政管理经验的权威性（authority）、可靠性（authenticity）有清楚的认知。第二，新的统治阶层也释放出一些信号，在一定程度上肯定了这种征服之前的部分文化元素，希望能为其所用。比如，威廉一世（William I，1066—1087 年在位）在其加冕之时便誓言继续遵循忏悔者爱德华（Edward the Confessor，1042—1066 年在位）时期的法律，之后的亨利一世和斯蒂芬（Stephen，1135—1154 年在位）也有类似的承诺，从而使得盎格鲁-撒克逊时期的法律的延续性与重要性有了具象化的可能。①

其次，12 世纪英格兰的"古英语书写风潮"还呈现出古英语与法律被紧密绑定的特征。新的诺曼统治者虽"轻慢于盎格鲁-撒克逊的诸多制度"，却"独钟情于其法律传统"。② 通过统治者的这种暗示，12 世纪的古英语书写逐渐与法律建立起了如此紧密的联系，以致于"保存、抄录法律文本已成为 12 世纪古英语书写最为现实，最为迫切的推动力"。③ 可以想见，当一种知识既享有较高的声望，又具较强的实践意义，加之诺曼统治者的支持与背书，即便不能被称为"显学"，也大半会成为当时的热门学问，一时间学士文人趋之若鹜，这便是古英语法律书写在 12 世纪英格兰的真实写照。时人对此情势的响应大致有三：第一，汇编古英语法律文献正如圣安德鲁、罗彻斯特和伦敦圣保罗大教堂所做那样，目的是在盎格鲁-

① Bruce O'Brien, "The Becket Conflict and the Invention of the Myth of *Lex Non Scripta*," in Jonathan A. Bush and Alain Wijffels, eds., *Learning the Law: Teaching and the Transmission of Law in England*，1150 - 1900, London: Hambledon Continuum, 2006, p. 2.

② Mary R. Richards, "The Manuscript Contexts of the Old English Laws: Tradition and Innovation," in Paul E. Szarmach, ed., *Studies in Earlier Old English Prose*，New York: State University of New York Press, 1986, p. 187.

③ Sara Harris, *The Linguistic Past in Twelfth-Century Britain*, p. 64.

撒克逊法律与现有社会秩序之间寻求一个平衡点，本题所涉及的CCCC MS383 号文献便属此类；其二，在前述工作的基础上，也有学者将古英语盎格鲁-撒克逊法律翻译成拉丁文，以帮助统治者构建"一个王国、一种法律"的统治秩序，这在很大程度上已不是新瓶旧酒，而是结合了当时社会实践进行修订的结果。出现于亨利一世时期的《四章法》（*Quadripartitus*）便属此类；其三，学术专论（treatise），如《威廉一世敕令》（*Articuli of william I*）、《亨利一世主要法律》（*Leges Henrici Primi*）、《忏悔者爱德华法》（*Leges Edwardi Confessors*）、《威廉一世法》（*Leis Willelme*），这些专论旨在告诉其读者当时的英格兰需要何种法律。① 该部分专论虽然假托威廉一世、亨利一世、忏悔者爱德华之名，但实际均是由匿名的书记员根据盎格鲁-撒克逊法律编纂而成，是前两步骤的自然延伸。值得注意的是，它们大都由拉丁语直接写成，部分被翻译成诺曼法语，少数甚至直接以诺曼法语写就，这标志着这些颇为有用的法律知识在新旧统治精英之间已部分地完成交接。

其三，这些古英语法律文书——尤其是其核心部分——呈现出较强的"家族相似性"（family resemblance），② 在尺寸、版式、字体等诸方面都具有相同的特征。在该部分，笔者拟以抄本学的方法对 4 种典型的古英语法律抄本进行分析，以观察其整体"面貌"。根据盎格鲁-撒克逊法律史宿耆菲利克斯·利伯曼（Felix Liebermann）的研究，业已发现的 12 世纪古英语法律抄本中有 4 种最具参考价值。利伯曼赋予它们的代号分别是 B、Bu、E、H，其具体信息如下：Cambridge, Corpus Christi College, MS 383; London, British Library, MS Burney 277; Cambridge, Corpus Christi College, MS 173; Strood, Medway Archive and Local

---

① Bruce O'Brien, "The Becket Conflict and the Invention of the Myth of *Lex Non Scripta*," pp. 2 - 3.
② Patrick Wormald, *The Making of English Law*: *King Alfred to the Twelfth Century*, Vol. 1: *Legislation and Its Limits*, p. 224.

Studies Centre，MS DRc/R1。其中 H 号抄本也常被称作《罗彻斯特文集》(*Textus Roffensis*)。① 从外观尺寸方面看，CCCC MS 383 长度为 185mm，宽度为 115mm；Burney 277 长度为 203mm，宽度为 130mm；CCCC MS 173 长度为 290mm，宽度为 210mm；《罗彻斯特文集》长度为 168mm，宽度为 129mm。4 种抄本平均长度与宽度分别为 212mm 与 144mm。据奥布莱恩统计，同时代法律抄本平均长度与宽度分别约为 185mm 与 129mm。② 另据特里哈奈统计，同时代 8 种非法律古英语抄本平均长度与宽度分别为 232mm 与 155mm。③ 不难看出，与用于宗教仪式的大型抄本相比，这类抄本属于中小尺寸，基本上与现代大 32 开本图书一般大小。即使与诺曼征服之前的同类法律抄本相比，其尺寸也明显变小。由此可见，12 世纪的古英语法律抄本尺寸普遍较小。关于这一尺寸的意义目前尚无定论，但学者普遍将之与便于取阅、易于携带等考虑联系起来，加之这类图书并无彩绘、饰金等豪华装饰，故其制作成本相对低廉，应是颇具实用性的参考性书籍，可能是法律研究者的案头必备，抑或是公务人员随身携带之物。④ 从其版面安排来看，这些古

---

① 参见 Felix Liebermann, ed. , *Gesetze der Angelsachsen*, Vol. 1, Halle: Max Niemeyer, 1903, pp. xix, xx, xxiv, xxvi; N. R. Ker, *Catalogue of Manuscripts Containing Anglo-Saxon*, Items No. 39, 65, 136, 373。

② Bruce O'Brien, "The Becket Conflict and the Invention of the Myth of *Lex Non Scripta*," pp. 5 - 6.

③ Elaine M. Treharne, "The Production and Script of Manuscripts Containing English Religious Texts in the First Half of the Twelfth Century," in Mary Swan, Elaine M. Treharne and Simon Keynes, eds. , *Rewriting Old English in the Twelfth Century*, pp. 14 - 15.

④ 参见 Bruce O'Brien, *God's Peace and King's Peace: The Laws of Edward the Confessor*, Philadelphia: University of Pennsylvania Press, 1999, p. 108; Bruce O'Brien, "The Becket Conflict and the Invention of the Myth of *Lex Non Scripta*," pp. 6 - 7; Patrick Wormald, *The Making of English Law: King Alfred to the Twelfth Century*, Vol. 1: *Legislation and Its Limits*, pp. 190 - 209; Katharin Mack, "Changing Thegns: Cnut's Conquest and the English Aristocracy," *Albion*, Vol. 16, no. 4 (1984), p. 380.

英语法律抄本无一例外均是单栏书写（single column），这与同时代的拉丁文抄本——通常是双栏书写（double column）——完全不同。不仅如此，这一时期非法律领域古英语抄本也均采取这种版式。个中原因大概有二：其一，节省空间。考虑到其尺寸与制作成本，分两栏书会浪费更多的书写空间；其二，拟古主义（archaism）。因其抄录的范本（exemplars）——也即诺曼征服之前的古英语抄本——即为单栏书写，因此 12 世纪的抄工有刻意模仿古代作品版式的可能，这是一种拟古主义的表现。① 从字体方面看，12 世纪古英语法律抄本使用的是"英格兰本土小写体"（English Vernacular Minuscule），这一字体有时也被称作是"盎格鲁-撒克逊圆小写体"（Anglo-Saxon Round Minuscule）。② 在诺曼征服之前的很长一段时间里，英格兰本土抄本使用的一般是从爱尔兰传教士那里学习来的盎格鲁-撒克逊小写体（Anglo-Saxon Minuscule）。③ 11 世纪时，在来自大陆加洛林小写体（Caroline Minuscule）的影响下，在英格兰形成了两种风格迥异的字体，也即：英格兰加洛林小写体（English

---

① Phillip Pulsiano and Elaine M. Treharne, eds., *Anglo-Saxon Manuscripts and Their Heritage*, London and New York: Routledge, 1998, p. 234; Elaine M. Treharne, "The Production and Script of Manuscripts Containing English Religious Texts in the First Half of the Twelfth Century," pp. 15, 38.

② Bruce O'Brien, "Why Laws were Translated in Medieval England: Access, Authority, and Authenticity," pp. 23 - 24; Jane Roberts, *Guide to Scripts Used in English Writings Up to 1500*, Liverpool: Liverpool University Press, 2015, pp. 48 - 51; Stefan Jurasinski, Lisi Oliver and Andrew Rabin, eds., *English Law Before Magna Carta: Felix Liebermann and Die Gesetze der Angelsachsen*, Leiden and Boston: Brill, 2010, pp. 128 - 129; Edward Maunde Thompson, *An Introduction to Greek and Latin Palaeography*, Oxford: Clarendon Press, 1912, pp. 472 - 473, 475; Thomas Gobbitt, "The Other Book: Cambridge, Corpus Christi College, MS 383 in Relation to the Textus Roffensis," in Bruce O'Brien and Barbara Bombi, eds., *Textus Roffensis: Law, Language, and Libraries in Early Medieval England*, Belgium: Brepols Publishers, p. 74.

③ 盎格鲁-撒克逊小写体（Anglo-Saxon Minuscule）的源头是岛屿小写体（Insular minuscule），后者是由圣哥伦巴（St. Columba）自爱尔兰传入，艾奥纳（Iona）和林迪斯法奈（Lindisfarne）两座修道院曾是这一字体向外传播的中心。

Caroline Minuscule）与盎格鲁-撒克逊圆小写体。前一种更多地表现出加洛林小写体的影响，而后者则保留了较多的岛屿元素。两种字体并存于世，二者相互影响，但各司其职，前者主要用于书写拉丁文文献，而后者则用于书写英国本土语言——古英语（old English）——的书写，且后者的影响更为深远，直到 12 世纪，当人们需要书写古英语法律抄本的时候，依然会选用这种字体。①

通过上述对 12 世纪古英语法律抄本总体流行情况的考察，可以发现，古英语语言以及相关联字体并没有因为诺曼征服戛然而止，而是呈现出较强的延续性，直到 12 世纪时，仍在各领域被大量使用，特别是在法律领域。之后，通过对几种经典法律抄本的抄本学考察，还可发现，12 世纪的一系列古英语法律抄本具有较强的"家族相似性"特征，这一结果并非偶然，而是有意为之的，在一定程度上印证了古英语及其字体的延续性。笔者以为，如果再贴近考察，比如深入剖析一种古英语法律抄本，则可发现更多"改动"与"编纂"的痕迹。这样，即便不能准确揣测抄本制造者与使用者的意图，也能在一定程度上观察他们是如何使得自己的工作适应 12 世纪的特定历史文化语境的。

二、抄本学与古文字学视角下的 CCCC MS 383 号抄本

CCCC MS 383 号抄本制作于 12 世纪初年，可能源自伦敦某地，但不久之后便被转移至圣保罗大教堂。该抄本包含了较早版本的 25 种盎格鲁-撒克逊法律文献及其他文本。有理由相信，它们被集结在一起是为了编著当时的另一部重要文献——《四章法》。中

---

① Peter A. Stokes, *English Vernacular Minuscule from Æthelred to Cnut*, c. 990 – c. 1035, Cambridge: D. S. Brewer, 2014, pp. 7 - 8, 10 - 12; Michelle P. Brown, *A Guide to Western Historical Scripts from Antiquity to 1600*, London: The British Library, 1990, p. 59; Elaine Treharne, *Living Through Conquest: The Politics of Early English*, 1020 - 1220, Oxford: Oxford University Press, 2012, p. 121.

世纪末期，该文本辗转流传至坎特伯雷大主教马修·帕克（Matthew Parker, 1504—1575）手上。帕克如获至宝，因为此时他正致力于证明英国教会在相当早的时期（比如，盎格鲁-撒克逊时期）就已独立于罗马教会的观点，而这一文本中所包含的盎格鲁-撒克逊法律资料正是帕克所需。在帕克获得该抄本之前，它曾一度被诺威奇牧师兼古物收藏家罗伯特·塔尔博特（Robert Talbot, 1505—1558）收藏，因为抄本中明显包含他的笔迹。同时，该抄本中还包含马修·帕克秘书（此人亦是古物学家）约翰·乔瑟林（John Joscelyn, 1529—1603）的笔迹。不仅如此，这些 16 世纪的古物学家还发现，抄本中的某些注释是在 13 世纪时添加。目前，该抄本藏于剑桥大学基督圣体学院的帕克图书馆（Parker Library, Cambridge, Corpus Christi College），其数据化版本亦可在帕克网络图书馆（Parker Library on the Web）中找到。下面，笔者将利用抄本学与古文字学的方法考察这一抄本的尺寸外观、语言与字体，以期对 CCCC MS 383 的编纂与使用有进一步的认识。

（一）尺寸与外观：抄本学的视角

CCCC MS 383 符合前文关于 12 世纪古英语法律文献外观的论述，属于小尺寸抄本，因并不是所有页面都有一致的尺寸，故须依据其平均长度与宽度审其规模，观其大小。首先，这种尺寸的图书不可能用于展示性的宗教仪式，因为后者为体现其神圣性，一般尺寸更大且装饰豪华。此外，以 CCCC MS 383 为代表的法律抄本也不大可能为收藏目的而制作，因其制作工艺也不甚讲究，整体给人以异常"朴素"之感。例如，抄本中有多页皮纸（parchment）直观缺陷明显，缺角者有之，破洞者亦有之，且上述缺陷非因后来使用所致，而是制作之时就已如此，这表现出抄本制作者敬惜字纸的态度，皮纸不论其材质优劣，悉数用之。[①] 关于其功能，有学者强

---

① Cambridge, Corpus Christi College，MS 383，fol. 8，fol. 9，fol. 12，fol. 19，fol. 27，fol. 50，fol. 57，fol. 60，fol. 63，fol. 65.

调其"便携性"（portable），认为时人有携带此书到处走动的需求，[①] 这并不是没有可能，而且后文关于折子（quire）[②] 结构和出借范本[③]的论述在一定程度上也印证了这一看法。但整体而言，笔者认为这是一本可随时取阅的掌上参考书，因此其内容的"全面性"与使用过程中的"实用性"应是其价值所在。关于前者，CCCC MS 383 一直被认为是最早被汇编成册的盎格鲁-撒克逊法律参考资料，其内容已颇为全面，充分反映出编纂者将盎格鲁-撒克逊法律集于一册的想法，堪称一部单行本的法律指南，或一部前所未有的"法律百科全书"。[④] 关于后者，理查兹（Mary R. Richards）称其为"一部朴素，甚至有些粗糙的抄本"，而沃莫尔德则认为，与同时代的其他著作相比，CCCC MS 383 更"朴实无华"，更"符合实际"。[⑤]

---

① Thomas Gobbitt, "Audience and Amendment of Cambridge, Corpus Christi College 383 in the First Half of the Twelfth Century," *Skepsi*, Vol. 2, series 1 (2009), pp. 9, 20; Patrick Wormald, *The Making of English Law: King Alfred to the Twelfth Century*, Vol. 1: *Legislation and Its Limits*, p. 235.

② 所谓"折子"，是一叠由若干张对开的皮纸（bifolium）对之后形成的状态，它是组成一部抄本的基本单位，一部抄本一般由数个，甚至数十个折子构成。假设某折子是由 4 张对开的皮纸构成，则会形成 4 张 8 页 16 面的格局，其中页称"folio"，"folios"或"folia"，常被缩写为"fol."。具体到每一页，正面一般被称为"recto（常被缩写为'r.'）"，背面则被称为"verso（常被缩写为'v.'）"。参见 Michelle P. Brown, *Understanding Illuminated Manuscripts: A Guide to Technical Terms*, London: The J. Paul Getty Museum in Associated with the British Library, 1994, pp. 21, 42, 57, 105。

③ "范本"一般指可供抄写的图书，在古滕堡（Johannes Gutenberg）发明活字印刷之前，几乎所有图书均由手抄完成，因此在抄工之间，范本借还是常有之事。中世纪中期，随着人们对图书需求的激增，甚至发展出成熟的范本租借制度（pecia system）。这类范本通常并不装订，而是保持活页状态，并被分成若干个活页折（pecia）——通常以折子为单位——以方便出租出借。参见 Michelle P. Brown, *Understanding Illuminated Manuscripts: A Guide to Technical Terms*, pp. 55, 97。

④ Patrick Wormald, *The Making of English Law: King Alfred to the Twelfth Century*, Vol. 1: *Legislation and Its Limits*, pp. 224, 228.

⑤ Mary R. Richards, "The Manuscript Contexts of the Old English Laws: Tradition and Innovation," p. 183.

在其尺寸外观之外，CCCC MS 383 的内部折子结构（quire structure）也透露出一些有价值的信息。该抄本当前可见的折子结构是 16 世纪重新装订时遗留下来的。其时，帕克及其团队在原抄本 7 个折子的基础之上新增了两个折子，也即"折 A"（quire A）与"折 B"（quire B）。如此，除去首尾的扉页（flyleaves），该抄本分别由以下折子顺序构成：折 A、折一、折二、折三、折 B、折四、折五、折六、折七。从该抄本目前的折子结构来看，其中存在两大问题。第一，由于"折一"的位移而造成的文本断裂。目前的"折一"原应位于"折三"之后，却被提到文本开头。这造成了一篇有关纵火罪（*Be Blaserum*）的法律被截成两半，前 6 行位于"折三"末页底部，后 3 行位于"折一"首页顶部。① 第二是因折子佚失而形成的断头断尾文本。据沃莫尔德估计，该抄本中至少有 3 个折子佚失，也即在当前的"折一"之后，"折二"之前，以及"折三"之后，从而造成"折一"中的埃塞尔斯坦二世法（II Athelstan）无尾而终，以及"折二"与"折四"开头部分的阿尔弗雷德法（*Domboc*）与克努特法（I Cnut）以断头形式开始。② 从现有证据看，这两个问题在帕克时代重新装订该抄本时就已经存在了，因为帕克在接受该抄本后曾以红色蜡笔在抄本中所有正面页（recto）右上角编号，而后来装订时虽增加了新的折子，但其编号并未因此而改变。③ 除此之外，托马斯·戈比特（Thomas Gobbitt）根据该抄本各折子中磨损情况的差异，以及抄本在装订与裁边后边缘注释的保留情况，提出该抄本可能在制作完成后的较长一段时间内（至少到 12 世纪上半期）并未装订成册，而是保持一种"散折状态"的

① Cambridge, Corpus Christi College, MS 383, f. 30v. , line20‐26；f. 10r, line 1‐3.

② Cambridge, Corpus Christi College, MS 383, f. 15v. , f. 16r. , f. 30v. , f. 38r.

③ 参见 Cambridge, Corpus Christi College, MS 383 所有 recto 页面右上角的红笔书写页码，但仅有奇数编号如 1、3、5、7、9……，且在插入折子折子 B 的折三末尾与折四开头，该编号并未中断，如折三末尾 recto 页（f. 30r.）所标编码为 41，而折四开头 recto 页（f. 38r.）所标编码为 43。

假说。① 笔者认同这一说法，并发现了一些新证据佐证此观点。观察抄本还可发现，此抄本各折封面存在独特水渍污染形态，另外各折内页普遍存在多余墨迹污染对页的问题，而各折封面则没有该问题，这些差异确实可佐证"散折状态"的假说。② 这一假说有重要意义，因为它不仅在一定程度上佐证了前文所述 CCCC MS 383 的"便携性"和"实用性"，也可作为后文即将谈到的"过渡性资料摘编"观点的证据之一。一部文献资料在制作完成之后并不急于装订在中世纪并不是普遍现象，而且一般都有其特殊缘由，这里其实也不例外。后文将提到，从用料、内容、语言等方面观察，CCCC MS 383 在本质上只是一个大型编纂工程最为初级的产物。在此之后，仍有大量工作要做，需要有大量的人员参与，不装订可使得更多的人同时参与进来；如果制作完成即装订，则可能会给后续的修订、参考、共享造成障碍。因后文还会详细论述文字方面的修订与版面的重新组织，这里仅列举两点证据，它们分别与内容和纸张使用相关。其一，分析折子结构可知，"折六"与"折七"中分别于两处出现了半张对开纸的情况，也即两折中的"叶 3"与"叶 6"不像其他的折子一样是由一张完整的对开纸对折而成，而是以单独的半张纸（half sheet）的状态存在。笔者猜测大半是某半张纸上抄录的内容出现大面积的舛误，故才不得已将其替换掉，但为了节省材料，只替换半张，未出错的半张仍予以保留；③ 其二，经与同时

---

① 戈比特提出的这两条证据，其主要依据如下：第一，该抄本各折的首尾页都污损严重，而折子内部页面则不然；其二，如果年代确凿的边缘注释在裁边时被部分地裁掉，则表明在此时间点前抄本在很大程度上仍处于散折的状态。详见 Thomas Gobbitt, "Audience and Amendment of Cambridge, Corpus Christi College 383 in the First Half of the Twelfth Century," pp. 10 - 11.

② 关于各折封面独特水渍污染形态差异参见 Cambridge, Corpus Christi College, MS 383 抄本：f. 22v. and f. 23r.；f. 45v. and f. 46r.；f. 53v. and f. 54r.；f. 61v. and f. 62r. 关于各折封面与内页墨迹污染对页的差异，请参见 CCCC MS383 抄本：f. 16v. and f. 17r.；f. 47v and f. 48r.；f. 50v. and f. 51r.；f. 58v. and f. 59r.

③ Cambridge, Corpus Christi College, MS 383, quire 6 and quire 7.

代另一部法律抄本——《罗彻斯特文集》——对照可发现，两部抄本有相当多的部分内容是重复的，这表明时人在制作同类文献的时候有彼此借鉴的需求，不装订的话，自然会方便不少。①

除了尺寸外观、折子结构外，版面布局也有必要作一简单陈述，因为它是理解其他内容的基础。版面布局包含刺孔（pricking）、划线（ruling）与布局（*Mise-en-page*）三方面具体内容。② 该抄本的刺孔是在所有折子折叠之前就一次性完成的，从而使得在此基础上形成的页面布局相对规整且具有一致性。刺孔在抄本边缘的保留情况可用来判断抄本装订、裁剪的频次。本抄本的"折七"因其版面大小较为贴近装订者设定的尺寸，故在修剪的过程中几乎未被剪刀触及。通过观察该折页面边缘的刺孔（prick marks）可发现，刺孔已经非常贴近抄本页面边缘。结合上述信息，只要观察其他各折刺孔与抄本边缘的距离，或者刺孔残留的数量即可发现，该抄本并未经历过多次装订与修剪，这从一个方面也佐证了前文提及的抄本长时间处于"散折状态"的观点。CCCC MS 383 在划线时使用的是硬点（hard point）工具——通常是一支铁笔，其优点是既能留下清晰可见的辅助线，又能避免色痕。③ 关于划线，

① Thomas Gobbitt，"The Other Book：Cambridge，Corpus Christi College，MS 383 in Relation to the Textus Roffensis，" p. 71；Mary R. Richards，"The Manuscript Contexts of the Old English Laws：Tradition and Innovation，" pp. 184 - 186.

② 刺孔、划线与布局是抄工在正式开始书写之前，于皮纸之上必须事先完成的几个步骤。三者密切相关，刺孔是为划线之参考，划线则有助于页面布局之形成，而在刺孔之前，页面布局亦须了然于胸。为提高工作效率，同时也为确保所有页面布局整洁一致，抄工一般在将多张对开的皮纸叠摞在一起，在对折皮纸之前即完成刺孔、划线的动作（穿过页面中间地带的辅助格线可以证明这一点）。详见 Michelle P. Brown，*Understanding Illuminated Manuscripts：A Guide to Technical Terms*，pp. 86，102，111。

③ 不同于硬点笔（hard point）无痕垄沟效果线条，金属笔（metal point）会留下有色线条，亚铁笔（ferrous point）会留下棕色线，铅笔（lead point）会留下银灰色线条，铜笔（copper point）会留下绿灰色线条。详见 Michelle P. Brown，*Understanding Illuminated Manuscripts：A Guide to Technical Terms*，pp. 65，78，86。

首先需要明确的是，从部分水平线会穿过中间地带，并与对页的水平线交汇的事实可以确定，每一对开页的划线是一次性完成的。在该抄本的所有原始页面中，共有两种类型的划线方式。其中，第 10 至 30 页（fols. 10‑30）使用的是 LO22 型布局，而第 38 至 69 页（fols. 38‑69）使用的是 LO23 型布局。两种模式大致相同：二者均是 1 栏 26 行，由 26 条横线与 2 条竖线构成，2 条竖线延伸至页面顶端与底部，中间部分为书写区域，书写从第一条线上方开始。除了部分横线，大部分横线的左右两端均至竖线而止，而第一条、第三条，以及倒数第一条、倒数第三条则可同时延伸到页面边缘地带和中间地带。两种模式的不同之处体现在第二条横线与倒数第二条横线的长度上。LO22 型的第二条与倒数第二条横线只可延伸至中间地带，而不能延伸至页面边缘地带。LO23 型的第二条与倒数第二条横线则只可在两条竖线之间，而不可延伸至任何一边。①

（二）语言与字体：古文字学的考察

CCCC MS 383 以古英语书写。古英语又称盎格鲁‑撒克逊语，于中世纪早期在英格兰、苏格兰南部与东部等地区被使用，属西日耳曼语，与近代英语无论在读音、拼写，还是词汇、语法上都有很大不同，其语法与拉丁语、德语及冰岛语颇为相近，这也从一定程度上透露出其与古弗里西语及古撒克逊语的密切关系。古英语早期虽以卢恩字母（Runes）书写，但在基督教传教士将拉丁字母表传入不列颠后，就开始采用拉丁字母书写。但拉丁字母表并不能完美匹配古英语的发音，为了增强其适应性，新的古英语拉丁字母表弃用了原拉丁字母表中的字母 k、q、z，并新增了四个新字母 æ、ð、þ 与 ƿ，前二者从拉丁字母中改造而来，后二者则是借自卢恩字母。

CCCC MS 383 书写所用字体属于英格兰本土小写体，是英格兰岛屿小写体——或称盎格鲁‑撒克逊小写体——在来自欧洲大陆

---

① https：//www. le. ac. uk/english/em1060to1220/mss/EM. CCCC. 383. htm，2020 年 8 月 20 日可访问。

的加洛林小写体的影响下形成的一种杂交字体，同时期形成的还有英格兰加洛林小写体。这一过程始于 10 世纪中期，完成于 11 世纪早期，其契机是大陆文化的传入。这一时期，欧洲大陆发生了本笃修道院改革（Benedictine Reform），亦称克吕尼改革（Cluniac Reforms）。威塞克斯国王埃德加（Edgar，959—975 年在位）极力支持这一运动，并任命 3 名本笃修士邓斯坦（Dunstan，909—988）、埃塞尔沃德（Æthelwold，约 909—984）、奥斯瓦尔德（Oswald，生年不详—992）分别为坎特伯雷大主教、温彻斯特主教与伍斯特主教。由此，大陆的宗教仪式、学者、图书制作方法，乃至字体——加洛林小写体——得以源源不断地输入英格兰。在这种情况下，英格兰本土小写体与英格兰加洛林小写体逐渐成形。

虽然背景相同，形成时间也相差无几，但二者仍有明显区别。英格兰加洛林小写体，更多地具有加洛林小写体的圆润与清晰，属于岛屿小写体化的加洛林小写体；而英格兰本土小写体更多地具有岛屿字体的厚重与晦暗，属于加洛林小写体化的岛屿小写体。自形成之日起，两种字体就并存于世，但各司其职，前者主要用于书写拉丁文文献，而后者则用于英国本土语言——古英语——的书写；两种字体还相互影响，甚至还形成了像《阿尔弗里克的语法书》（Ælfric's Grammar）这样的双语文献，其正面以古英语书写，字体为英格兰本土小写体；背面则以拉丁文书写，字体为英格兰加洛林小写体，堪称经典。[①] 有证据表明，两字体并存的状态持续了相当长的时间，甚至延宕至诺曼征服之后，直到 12 世纪中期还被用于书写。两种字体形成了两套不同的字母表，尽管在互相影响下已有很多字母呈现出相似特征，但在 a，d，e，f，g，h，r，s 等字母的书写方面，仍有很大差异。克尔在其《盎格鲁-撒克逊抄本目录》中对两种字体的特征均有描述，以下笔者将基于克尔的描述，并结

---

① British Library，Harley MS 3271，fols. 7r. - 90r.

合 CCCC MS 383 中部分字母的书写，对该抄本字体——英格兰本土小写体——的特征试作分析。[1]

在抄本 CCCC MS 383 中：英格兰本土小写体的字母 a 具有加洛林风格，稍弯曲的字杆（shaft）向右下方延伸，并以一个向上的挑笔结束，字碗（bowl）位于字高的三分之二处；字母 æ 明显是岛屿样式的无头 a，右半部分的 e 从 a 肩膀部分突出，其末笔顺着笔头角度方向有一个夸张的挑笔；字母 d 明显是岛屿样式的弯背样，也即其右侧字杆自腰部向上会向前倾斜，据克尔称，与前一世纪相比，此时倾斜度已稍减。ð 字母与 d 具有同样特征，只不过字杆比 d 更长，其交叉笔画会逐渐变细；岛屿样式的字母 e 常常呈蜂刺样，因其交叉笔画特别夸张，一般会顺着运笔方向，朝着右上方有个挑笔动作，从而形成一条像蜂刺一样的线条；字母 g 为岛屿样式，顶部是几近水平的短横，自其中部向下，发展出一个钩状笔画，尾部不闭合，有挑笔。尽管克尔认为英格兰本土小写体的 h 整体应具有加洛林风格，但在 CCCC MS 383 中，h 呈现出较为浓重的岛屿风格，整体并不圆润，右足并不向中部收紧，反而是两足均有挑笔衬线；字母 m、n 结合了岛屿与加洛林风格，其整体字形，特别是弧线部分较为圆润，是为加洛林风格，而左上角的楔形衬线和与 h 一样的两足则是岛屿风格的体现；字母 r 明显是岛屿风格，左侧字杆突出基础线，下沉到与 p 的左侧笔画相当，而其右侧笔画则有点像 n 的右侧笔画，极易与刚刚提到两字母混淆；字母 p 为岛屿风格，左上角有厚重的楔形衬线，底部字足有长衬线；字母 s 有时写作加洛林样式，非常像今天的小写字母 f 去掉中间的短横并在其相应位置左侧点上一点。有时也写作岛屿样式，非常像今天的小写字母 r 左侧笔画延伸到基础线一下，并向左扫笔。与今天一样的圆 s 一般会出现在拉丁文注释和大写字母中；字母 t 为岛屿风格，字杆不会穿过横笔画；字母þ与 p 类似，只不过其字碗位于字杆三分之二处；

---

[1] N. R. Ker, *Catalogue of Manuscripts Containing Anglo-Saxon*, pp. xxvii - xxxiii.

字母þ与 p 也易混淆，区别在于前者一般无字足，字杆较直，字碗
笔画与字杆连接点稍靠下，约位于字杆三分之一处；字母 y 顶部两
笔画均有楔形衬线，左侧笔画较粗，顶部多悬空加一点。整体观
之，CCCC MS 383 所使用的英格兰本土小写体更少地受到加洛林
小写体的影响，属于典型的岛屿小写体风格。即使与同时代的古英
语抄本相比，也较多地使用岛屿元素，因此可推断，编纂者在该抄
本上更注重拟古主义手法的使用。

三、CCCC MS 383 号抄本与法律编纂

尽管 CCCC MS 383 抄本成型于诺曼征服之后，但观其内容却
是盎格鲁-撒克逊时期法律条文的汇编。不仅如此，CCCC MS 383
抄本并非是对该时期所有法律条文的全面过录，而是编纂者有意择
取的结果。于此过程中，法律条文的择取、顺序的安排、语言的流
变，与其他同类抄本之间的关系，以及文本抄写过程中的诸多细
节，无一不透露出抄本编纂者与使用者的真实意图。在该部分，笔
者将通过对 CCCC MS 383 抄本内容及其与同时期其他同类抄本关
系的考察揭示 12 世纪的抄本编纂者与使用者在新的政治、宗教与
文化语境之中对盎格鲁-撒克逊法律的创造性再利用。

（一）CCCC MS 383 抄本内容

笔者拟从以下三个方面观察 CCCC MS 383 的内容。

首先是抄本的基本内容。大体上看，CCCC MS 383 是对盎格
鲁-撒克逊时期法律文献的汇编，但并非是对该时期所有法律的全
面抄录，而是包含了多位国王法典节录、条约、誓证、婚姻、遗
嘱、地产管理、国王世系等诸多内容的大杂烩。如果按照抄本的原
始书写顺序，第一组是阿尔弗雷德的法律体系，包括阿尔弗雷德与
伊尼法典及一系列附属文件。阿尔弗雷德与伊尼法典之后首先是附
属于该法典的四个小法条，它们分别是纵火与谋杀罪的神命裁判
法、失窃物归还奖赏法（*Forfang*）、百户区集会程序法

(Hundred）与埃塞尔雷德一世法（I Æðelred）。随后的两条应该也隶属于阿尔弗雷德法律体系，其一是阿尔弗雷德大帝与丹麦人格思鲁姆（Guthrum II, 902—918 年在位）达成的条约（Frið），其二是长者爱德华（Edward the Elder, 899—924 年在位）与格思鲁姆共同制定的关于英国人与丹麦人须共同遵守教会相关规定的法律。第二组又是一系列王室法典的罗列，但并非以年代为序，亦非全文抄录，而是摘录其特定法条。其中，埃塞尔斯坦法仅涉及海盗、铸币与商品买卖问题。随后，克努特法（I-II Cnut）与爱德华法（I-II Edward）再次确认了阿尔弗雷德的法律体系，而埃德蒙法（I-II Edmund）仅涉及教会法与宿仇（vendettas）。在埃德蒙法的之后则是一篇关于发誓（Swearian）的法条，指导人们如何发誓。第三组是不同来源法律的大杂烩，除了再次收录了阿尔弗雷德与格思鲁姆的条约之外，还包括：婚姻（Wifmannes）、偿命金（Wergild）、牛只失窃诅咒（Cattle charm）、遗赠（Hit Becwæð）、埃塞尔雷德与维京人条约（II Æðelred）、威尔士条约（Dunsæte）、地产之上人员管理（Rectitudines Singularum Personarum）、地产管理人职责（Gerefa）。第四组为两份附录列表：其一是为埃塞克斯（Essex）、米德尔塞克斯（Middlesex）与萨里（Surrey）服役的海员名录（Scipmen）。其二是威塞克斯王室的世袭表（WSG）。

其次是抄本的实用性。观察该抄本所包含的内容，可发现其中包含 4 个关键点。第一，该抄本所收入的法典大致以年代为序，但又非完全以年代为序，即使是被收入的法典，往往也不是原样抄录，而是择其部分，并加以改编。整部抄本虽看起来有些像大杂烩，然而其中却似乎隐藏着一条主线，也即"诺曼统治者的实际需求"，抄本编纂者似乎是以诺曼统治者的兴趣为主轴，关注其时最为迫切、最为重要的问题，如"敌人是谁"。针对这些问题，抄本密切关注诺曼征服之前威塞克斯诸王与丹麦人、威尔士人、维京人之间处理边界争端，以及就边界地区施行何种法律签订的条约。① 不仅如此，诺曼统治者确曾认可并维持了一些旧有条约的效力，例如阿尔弗雷德大帝与格思鲁姆之间的条约。② 第二，帮助诺曼统治阶层快速了解盎格鲁-撒克逊人原生社会习惯以施行更好的统治，因此，抄本中既整体包含阿尔弗雷德与伊尼法典、克努特法典内容，还包含既已存在于上述法典中的一些专门问题，如纵火、谋杀等重大刑事犯罪，以及婚姻、财产、遗嘱等重要民事问题。例如在抄本中，除了黑棕色正文字体之外，还有之后被添加进去的朱红色字。这些红色字的功能之一就是为法典的各法条加入标题，格式均为"BE + 模式"。其中，"BE"在古英语中有"关于"之意，整个词组实际是以非常简短的形式描述某一法条的主要内容。如"BE MORÐSLIHTUM"即为"关于谋杀"。③ 除此之外，抄本中某一法条即使是以国王命名，也只是择取其中一些重要问题。如埃塞尔斯坦法仅摘录其处理海盗、铸币与商品买卖的条款。第三，有证据表明，该抄本处于初级性收录阶段，而且更像一个资料汇编。例如，阿尔弗雷德与格思鲁姆的条约被重复收录。④ 再如，"牛只失窃诅咒"被抄工抄录之后又被持红笔的改工以打叉的形式划掉，可能是后者以为该词条不宜收录。⑤ 这极有可能是由不同分工造成，或许抄工仅负责抄录，并不关心内容，而持红笔的改工则专门负责对内容加以审核。第四，海员名录将此抄本与伦敦圣保罗大教堂联系起来，因为其上所列海员服役所得地产均属于该教堂，由此亦揭示出抄本的潜在赞助人——圣保罗大教堂主教莫里斯（Bishop Maurice，

---

① Thomas Gobbitt, "The Other Book: Cambridge, Corpus Christi College, MS 383 in Relation to the Textus Roffensis," p. 72.

② Mary R. Richards, "The Manuscript Contexts of the Old English Laws: Tradition and Innovation," pp. 182 - 183.

③ Cambridge, Corpus Christi College, MS 383, fol. 30v.

④ Cambridge, Corpus Christi College, MS 383, fol. 12v., line 2 - line 26; Cambridge, Corpus Christi College, MS 383, fol. 57r., line17 - fol. 57v., line 23.

⑤ Cambridge, Corpus Christi College, MS 383, fol. 59r.

生年不详—1107），其人曾任王室大法官，以及威廉一世的私人牧师。①

再次是抄本的"过渡性资料摘编"之性质。事实上，前文所论"初级收录"的问题已经从一个侧面佐证了这一论点，但深入考察CCCC MS383 抄本，仍能发现其他四点细节也指向这一问题。第一，抄本中出现了大量不同的拼字错误，即使针对同一个词也出现了多种拼法。不仅如此，该抄本抄工"单词分割不一致到了无以复加的程度"。另外，该抄工还"严重缺乏法律常识，甚至不知道某一国王的律法何时开始，何时结束"。这足以表明，目前版本抄工的素质并未达到专业水平。以单词拼写为例，排除名词变格法导致的差异之外，同一单词产生了多种拼法，如国王写作 *cyng*、*cyning*、*cing*、*cyninc*、*kyninges*、*cinge*，② 这一问题可能是由拼字法（orthography）的更新滞后导致。众所周知，口语发音与书写的发展更新往往是不同步的，更多的时候是后者滞后于前者。可能是诺曼征服之后，口语发音因为新统治者的入主已经发生变更，而书面的古英语仍停留在征服之前的状态，这导致抄工不知所措。例如马克·福克纳（Mark Jonathan Faulkner）就发现，这类拼字法的问题在诺曼征服之后的古英语抄本中是普遍现象。③ 而在年代稍

---

① Cambridge, Corpus Christi College, MS 383, fol. 69r., line 15 - fol. 69v., line 2; Mary R. Richards, "The Manuscript Contexts of the Old English Laws: Tradition and Innovation," p. 183.

② 在阿尔弗雷德与格思鲁姆达成的条约中，提到"阿尔弗雷德"时用 cyng (f. 12v., line 2)，而说到"格思鲁姆"时用 cing (f. 12v., line 3)。但在该条约第二版本中，提到"阿尔弗雷德"时用 cyninc (f. 57r., line 15)，而提到"格思鲁姆"时用 cyning (f. 57r., line 16)；伊尼法典第 23 条中，一处用 cyng (f. 25r., line 12)，而另一处用 cyning (f. 25r., line 15)。伊尼法典第 76 条中，一处用 kyninges (f. 30v., line 14)，而另一处用 cinge (f. 30v., line 15)；埃德蒙法典（I Edmund）中，在同一行文字中出现了两种拼法，cyniges 和 cyninges (f. 54v., line 20)；埃塞尔雷德一世法（Æðelred）中，一处用 cining (f. 11r., line 11)，另一处用 cyng (f. 11v., line 26)。以上页行标注均出自 Cambridge, Corpus Christi College, MS 383 抄本。

③ Mark Jonathan Faulkner, *The Uses of Anglo-Saxon Manuscripts*, c. 1066 - 1200, Oxford: Oxford University Press, 2008, p. 14.

靠后的 12 世纪法律抄本——如《罗彻斯特文集》——中，拼字法就大致调整到了与口语同步的状态。① 第二，在主要抄工以黑棕色墨水完成正文的抄写后，又有持红笔的改工进行了一系列的修订、改动、删改，这表明整个编纂团队对这一初级作品仍有不满意之处，仍在继续努力完善之，从而使得该抄本可堪使用。编纂团队其他成员的后续努力主要体现在以下几个方面。比如，有一持红笔画工（字体不同于黑棕墨水抄工）用与抄本正文同样的字体将每一条款的大写首字母（initials）补齐，其尺寸稍大。如果说持红笔画工的工作可以理解成抄工与画工之间默契配合的话（因为后者给前者预留了书写空间），② 那么另一位持红笔改工的工作应是完全出乎黑棕墨水抄工的意料之外。这位改工不仅总结出大部分法条的主题，并将它们书于正文的行间右侧空隙处，很多时候空间不足以书写，以至于不得不挤占页面边缘空间。除此之外，还有一位持深棕色笔改工（色调比主抄工的黑棕墨水要淡一些）尝试以添加类似方括号标识的方式对连续不断的初级文本进行分节，并顺便查缺补漏。③ 由此可见，主抄工之外的其他成员的努力旨在让这一初级文本在法律意义上更具可读性，但至于这一目标是否已实现，也只有抄本使用者自己知道了。第三，该抄本可能并非官方文献，或称诺曼统治者主持修订的文献。证据之一是该抄本中包含一些地方信息，同时也包含一些以地产管理者为潜在使用对象的信息。前者如为埃塞克斯、米德尔塞克斯与萨里服役的海员名录，而且这些海员因此服役所得地产均领自伦敦圣保罗大教堂。后者如有关地产之上人员管理和地产管理人职责的内容在很大程度上不能被称为"法

---

① Patrick Wormald, *The Making of English Law*: *King Alfred to the Twelfth Century*, *Vol. 1*: *Legislation and Its Limits*, p. 249.

② Thomas Gobbitt, "The Other Book: Cambridge, Corpus Christi College, MS 383 in Relation to the Textus Roffensis," p. 74.

③ Cambridge, Corpus Christi College, MS 383, fol. 28v., fol. 47r., fol. 47v., fol. 48r., fol. 48v., fol. 51v., fol. 52r., fol. 58v.

律"，更像是给相关人员的指南性参考资料。另一条证据是，在年代稍靠后的另外两部类似的法律抄本中，这两部分内容部分或全部被删除——《四章法》删除了地产管理人职责，而《罗彻斯特文集》删除了全部。但不可否认的是，即便该抄本不是由诺曼统治者主持编纂，也或多或少是在其影响之下，或者说是在其释放出的政治意图导向之下制作的。与 CCCC MS 383 共享大部分内容的《四章法》及其编纂者的身份在一定程度上佐证了这一点。《四章法》的编纂者同时也是官方文献《亨利一世主要法律》的编纂者，另外，《亨利一世主要法律》的三分之一内容直接来自《四章法》。① 第四，该抄本最后两部分，也即海员名录与威塞克斯王室的世袭表，预留了大写首字母的位置，但最终的结果是未予添加，而且威塞克斯王室的世袭表甚至没有写完就戛然而止。这表面上看是技术问题（可能是抄工团队成员之间的配合存在问题），但实际上却是抄工对抄本的态度问题。这两篇文献所在位置本是上一文献未用尽的剩余空白区域（而且还是折七的末页），有经验的抄工大致考量一下文本字数与空间便知此处明显不足以书写上述两篇文献。如这两篇文献相对重要，而且必须要写完，则抄工完全可以变小字体、变小行距、字距，甚至可以越过辅助格线，也要将既定的文本挤进有限的空间。但事实是，抄工反而是增大字体，加大行距、字距，严格遵守辅助格线，用尽空白区域即停笔。抄工此举充分说明，最后两篇文献只是用来填补空白，敷衍之意跃然纸上，同时也表明，抄本本身就是一个相对不受重视的初级品。② 因此，不得不说 CCCC MS 383 在很大程度上仍是法律汇编的初级品，由相对不

---

① Mary R. Richards, "The Manuscript Contexts of the Old English Laws: Tradition and Innovation," p. 184; Patrick Wormald, *The Making of English Law: King Alfred to the Twelfth Century*, Vol. 1: *Legislation and Its Limits*, p. 465.

② Cambridge, Corpus Christi College, MS 383, fol. 69r., fol. 69v., 也可参见 Thomas Gobbitt, "The Other Book: Cambridge, Corpus Christi College, MS 383 in Relation to the Textus Roffensis," pp. 78 - 79.

熟悉法律知识的抄工书写，是在经历了诸多的修订之后勉强可参考的法律笔记或草稿。这一点或许也佐证了前述该抄本曾在很长一段时间里呈未装订"散折状态"的论述。

（二）CCCC MS 383 与其他抄本关系

在 12 世纪法律抄本书写的语境之下，CCCC MS 383 并非孤案，在其之后仍有两部类似的法律抄本问世，其一是发现并收藏于罗彻斯特大教堂的《罗彻斯特文集》，其二是于亨利一世统治时期编纂完成的一部综合性法律文献——《四章法》。前者是由罗彻斯特大主教厄尔努夫（Ernulf，1040—1124）主持编纂，包含古英语和拉丁语两种语言，被莫沃尔德誉为"法律百科全书"。后者则是完全使用拉丁文编纂，是现存最大部头的盎格鲁-撒克逊法律文献，也是亨利一世时期编著而成的两部重要法律文献之一（另一部即CCCC MS 383）。据称该文献是为亨利一世时期的法律人及行政官员编著，在后世的法律界也颇有盛誉，很多法学家，如 13 世纪的法学家布雷克顿（Henry de Bracton，1210—1268）和 15 世纪的福特斯丘（John Fortescue，1394—1479），都曾参考过这一文献。因与 CCCC MS 383 同属 12 世纪法律文献范畴，又大致出现于同一时期，故笔者拟在该部分对此 3 部抄本作一简单对比，以期在彼此关系及其发展变化之中捕捉一些有用的信息。深入对比 3 部抄本，可发现以下 3 个关键点。

第一，3 部抄本在一定程度上共享资料。证据之一是《罗彻斯特文集》与 CCCC MS 383 共享相当部分的资料，在前者 26 种文本中，后者拥有 16 条之多，于其之中，二者共用的古英语文本也达 9 条之多。[①] 这或许从一个角度佐证了前文关于 CCCC MS 383 "便携性"的论述。证据之二是 CCCC MS 383 中出现过的 20 条内容普遍

---

① Thomas Gobbitt，"The Other Book：Cambridge，Corpus Christi College，MS 383 in Relation to the Textus Roffensis，" pp. 71 - 72；Patrick Wormald，*The Making of English Law：King Alfred to the Twelfth Century*，Vol. 1：*Legislation and Its Limits*，p. 249.

出现在《四章法》的 5 个版本中。[1]

第二，将 CCCC MS 383 置于 3 部抄本发展演变的过程之中考察可发现，CCCC MS 383 不过是个初级品，远非最终成果，其他两抄本也非最终成果，甚或 3 抄本均处于草稿阶段，[2] 其语言、内容、编纂方法总是在随着诺曼统治者及后征服时代的实际需求而处于不断流变的状态之中，其最终目标是形成既符合诺曼统治者胃口，又适用于后征服时代的法律制度。因 3 部抄本语言、内容、编纂方法的变迁往往杂糅在一起，难以厘清，故笔者权且以诺曼统治者的实际需求为主轴纵论个中的复杂流变。如前所述，CCCC MS 383 是以古英语编纂而成，而在《罗彻斯特文集》中，已有半数以拉丁语写成，其余仍为古英语，从而形成了一个古英语与拉丁文混杂的双语抄本。表面看来，这大约是体现了行政、司法的主导语言由古英语向拉丁语自然转变过程，征服之前的法律文本以古英语书写，之后由拉丁文书写的安排也算合理，但观察其交汇地带，则会发现问题并非如此简单。例如，先前以古英语撰写的《克努特法》(I-II Cn) 被弃置不用，一个以拉丁文书写的《克努特法概要》(*Instituta Cnut*) 被炮制出来，不仅翻译、收录了原有《克努特法》的全部内容，还包括一些以拉丁文译出的属于其他国王的法条，以及一些不能确定来源但声称是与肯特国王、大主教、伯爵有关联的文献。不仅如此，其后还紧随一部以拉丁文编撰而成的《威廉一世敕令 (1066—1087)》(*Articuli Willelmi*)。从抄工对该部分的书写来看，两文献之间并无明显分界线，以至于看起来就像是一篇文献，明显体现出编纂者在克努特 (Cnut the Great, 1016—1035 年在位) 与威廉一世之间建立联系的意图。除此之外，从抄本折子上

---

① 关于《四章法》的具体内容，可参阅沃莫尔德整理的表格，详见 Patrick Wormald, *The Making of English Law：King Alfred to the Twelfth Century*, Vol. 1：*Legislation and Its Limits*, pp. 240 - 241。

② Patrick Wormald, *The Making of English Law：King Alfred to the Twelfth Century*, Vol. 1：*Legislation and Its Limits*, p. 243.

的编码标记可知，《克努特法概要》曾被编纂者安排在文集的篇首
位置，但不知是何原因，这一安排最终并未实现。① 到了《四章法》
那里，上述努力已初见成效。其编纂者不仅成功将《克努特法》置
于其文集篇首，还把《忏悔者爱德华法》纳入文集第 II 卷中，并在
前言中声称，"盎格鲁-诺曼国王所确认的'爱德华法'指的是克努
特的法律，它们虽然被冠以爱德华的名号，但实际上源自克努特时
期的法律与习惯"。② 不仅如此，《四章法》在语言上也有相应的调
整。该抄本中的所有文本均已被译成拉丁文，而且不久之后，从中
脱颖而出的几部最能反映诺曼统治者实际需求的法律专论，如《亨
利一世主要法律》、《忏悔者爱德华法》、《威廉一世法》，无一例外
均被翻译成方便诺曼人阅读的诺曼法语。

由此可见，3 部抄本所使用的语言明显表现出从古英语到拉丁
语，再到诺曼法语的转变。与此同时，两部法律汇编对克努特律法
地位的有意抬升已明显透露出其背后的政治意图。③ 因为在后征服
时代的政治语境中，诺曼国王和学者经常使用的 "Cnut's laws" 并
不是字面意义上的 "克努特的法律"，而是指代 "爱德华法"
（*Laga Edwardi*），其实后者也并非忏悔者爱德华在位期间颁布的
法典，而是指忏悔者爱德华在位期间仍发挥效力的法律，是诺曼征
服之前英格兰 "善法" 的代名词，所有这些法律均在诺曼征服之后
得到威廉一世的确认。④ 将克努特、忏悔者爱德华与威廉一世牢牢
绑定在一起，其背后隐藏着 12 世纪诺曼统治阶层两方面的诉求，

① 关于这一点，详见后文的论述，此处不赘。
② Bruce O'Brien, "Pre-Conquest Laws and Legislatiors in the Twelfth Century," in Martin Brett and David A. Woodman, eds., *The Long Twelfth-Century View of the Anglo-Saxon Past*, Burlington: Ashgate, 2015, p. 235.
③ 然而，这只是个开始，从《克努特法概要》与《忏悔者爱德华法》的后续发展来看，隐藏在法律编纂背后的政治意图有逐渐显现之趋势，直至其最终浮出水面。详见后文，此处不赘。
④ Bruce O'Brien, "Textus Roffensis: An Introduction," in Bruce O'Brien and Barbara Bombi, eds., *Textus Roffensis: Law, Language, and Libraries in Early Medieval England*, pp. 2-3, 6, 8.

一是将威廉一世因征服而获得的统治权合法化，二是给诺曼制度披上盎格鲁-撒克逊的外衣，并试图将其英国化（Anglicization）。关于后者，实际是指诺曼人着意在这一过程中将诺曼法律与习惯逐渐渗透进盎格鲁-撒克逊法律文献，以加速其本土化的进程。例如，《克努特法概要》中有述，英国人欲避免被起诉，既可使用烙铁神命裁判法，也可使用决斗，决斗即为诺曼人习惯法。《罗彻斯特文集》中还包含一种来自诺曼底的文本，其名为《论指控人》（De Accusatoribus），主要论述指控教会及教会人士需注意的问题。据考察，该文本摘引自《伪伊西多尔教令集》（Pseudo-Isidore），该教令集由时任坎特伯雷大主教的兰弗兰克（Lanfranc，约1005—1089）自诺曼底的贝克修道院（Bec Abbey）带回，并自那开始在英格兰流行。①

第三，从 3 部抄本的流变情况看，它们对"年代顺序"的态度从不在意逐渐转为重视。前文有述 CCCC MS383 并不在意年代顺序，威塞克斯王室世袭表被置于抄本末尾处，而且如前文所述，该部分极有可能呈断尾状态。而在另两部抄本中，年代顺序逐渐受到重视，并俨然已成为安排盎格鲁-撒克逊法律文本顺序的基本原则。② 虽然这并不代表"年代顺序"的完全胜利，因其与"内容优先"理念之间的斗争仍在延续，但却表明，"年代顺序"已经强大到可以与"内容优先"放在一起被考量的程度了。这一点在《罗彻斯特文集》中表现得尤为明显。证据之一是，威塞克斯王室世袭表被放置在非常靠前的位置。证据之二是，依据诺曼统治者意图炮制出的《克努特法概要》所在折子编号为罗马数字"I"，然而在抄本的成书状态，它并未居于篇首位置，而是按照年代顺序被置于接近

---

① Mary R. Richards, "The Manuscript Contexts of the Old English Laws: Tradition and Innovation," pp. 184 – 185.

② Bruce O'Brien, "Textus Roffensis: An Introduction," p. 3; Patrick Wormald, *The Making of English Law: King Alfred to the Twelfth Century*, Vol. 1: *Legislation and Its Limits*, pp. 238 – 239, 245.

抄本末尾处。这表明，在两种方案中，似乎是"年代顺序"胜出。[1] 然而，更多的细节表明，二者之间的斗争无处不在。例如，同样是在《罗彻斯特文集》中，在按照年代排序的埃塞尔雷德法典之后的空白处被"强行"附上了"征服者威廉关于无罪辩白的令状"（William I's writ on exculpation），而且是以古英语的形式出现。之所以用"强行"二字，是因为埃塞尔雷德法末尾的空间根本不足以书写征服者威廉的令状，抄工越过了页面底部施画的辅助格线，并多写了3行才勉强完成。[2] 另外，"年代顺序"与"内容优先"的斗争也体现在《四章法》中，例如在其几个早期版本中，克努特律法虽被置于篇首，但使用的是古英语版本《克努特法》的拉丁文译文，而非《克努特法概要》。而在其后期版本中，编纂者在保持篇首内容不变的情况下，又将《克努特法概要》附于其后。[3]

通过对3部抄本的对比不难发现，在12世纪法律抄本编纂者的"汇编法律，以资参考"的意图之外，还体现出诺曼统治者政治意图的重要影响，而且这种影响还呈现出不断加强的趋势。法律书写、历史意识与政治目的在这些抄本中已不再是独立的存在，而是被紧紧地结合在一起，密不可分。

四、余论：古英语法律文书编纂者的艰难抉择

综上所述，古英语的使用并未随着诺曼征服的到来而终结，而是呈现出很强的延续性，特别是在12世纪，人们对古英语的兴趣突如其来，并呈爆发趋势，以致形成以一个以古英语书写的风潮。

---

[1] Bruce O'Brien, "Textus Roffensis: An Introduction," pp. 3 - 8.

[2] Cambridge, Corpus Christi College, MS 173; Strood, Medway Archive and Local Studies Centre, MS DRc/R1, ff. 47r. - 47v., 或参见 Bruce O'Brien, "Textus Roffensis: An Introduction," p. 10。

[3] 前期版本主要有三，分别是：John Rylands Library MS Lat 420；BL, Royal MS 11 B ii；BL, Add MS 49366，而后期版本是指 BL, Cotton MS Titus A xxvii。

这种书写广泛地体现在宗教、文学、历史、哲学领域，并形成了为数众多的抄本作品。在法律领域也不例外，学者纷纷响应这一新趋势，一时间对盎格鲁-撒克逊法律文献的搜集与整理并以古英语书写俨然成了热门学问，以至于保存、抄录法律文本成为 12 世纪古英语书写最为强劲的推动力。利用抄本学对 4 种典型古英语法律抄本的考察可发现，这类抄本呈现出较强的家族相似性，均为以英格兰本土小写体进行单栏书写的小尺寸抄本，具有便携且易于参考的特性。

继而，以 CCCC MS 383 号抄本为中心的考察印证了古英语法律书写的"延续性"，同时也揭示出更多其所独有的特征。首先，以抄本学和古文字学的方法对 CCCC MS 383 的近距离观察表明：它除具有 12 世纪古英语法律抄本所共有的"便携性"之外，还体现出"实用性"和"全面性"；并有多项证据表明，该抄本很有可能在相当长的时间里仍处于"散折状态"；与同时代的古英语抄本相比，该抄本所使用的英格兰本土小写体更多地呈现出岛屿元素。随后，通过考察 CCCC MS 383 的主要内容及其与同时代两部法律抄本的关系我们发现，CCCC MS 383 并非以年代为序对盎格鲁-撒克逊法律文献的原样过录，而是仅择取部分大型法典，并将一些小型法律热点问题融入其中，从而形成的一种颇具参考价值的法律汇编。然而，多方面的证据表明：它远非一部成熟的作品，而是扮演着"过渡性资料摘编"之角色，为后续编著更为权威的法律汇编做准备工作；虽不是在国王的主持之下编纂，但它却在很多方面迎合了诺曼统治者的实际需求，其重要法典与专门问题相结合的编纂方式使得抄本使用者快速了解盎格鲁-撒克逊法律；通过与同时期其他抄本的对比可见，诺曼统治者明显也已注意到盎格鲁-撒克逊法律的重要价值与意义，并多方施加影响，力图将其政治意图与法律汇编结合起来。

由此可见，通过对 12 世纪古英语法律抄本本身，及其使用者、编纂者对其改造与改编的考察，从而使得在一定程度上观察其编纂者与使用者的工作与 12 世纪的特定政治文化语境之间关系成为可能。但是，一些相关的重要问题仍不明朗，如：12 世纪古英语法律抄本编纂则与使用者的真实意图是什么？又是什么驱动着这次古英语法律书写风潮？为何是 12 世纪？这些问题都非常值得研究，而且"知之甚少"并不代表毫无头绪，本文对 CCCC MS 383 近距离观察，及与同时代其他抄本的比较过程中所得的一些细节或许给出了一些有价值的线索。

纵观整个盎格鲁-诺曼王朝，其立法活动可谓少之又少，但这一时代的法律学者却对搜集、翻译、整理、汇编诺曼征服之前的法律一直保持着浓厚的兴趣，甚至延宕至金雀花王朝，直到格兰维尔（Ranulf de Glanvill，约 1125—1190）断言英格兰法律为"非成文法"（*lex non scripta*）为止。[①] 这种长期、持续的兴趣绝非简单的怀旧情绪所致，而是包含诸多复杂的诉求，其中既包含统治者的政治意图，也反映出法律学者学术旨趣。然而，面对如此复杂的诉求，法律学者到底如何抉择？

第一，若隐若现的政治力量。本文所涉法律抄本有一个共同点，即都能与某主教座堂的主教直接或间接地存在联系，正如 CCCC MS 383 之于伦敦圣保罗大教堂的莫里斯主教，《罗彻斯特文集》之于罗彻斯特大教堂主教厄尔努夫，《四章法》的作者之于约克大主教杰拉德（Gerard of York，生年不详—1108）。这是因为，中世纪早期的主教座堂一般是当地的学术中心，而其主教或大主教往往又是这些学术中心的主持者，同时还与国王保持密切联系，有的甚至直接在王国里兼任高级职务，充当重要事务的咨议人，参与王国重大政策策略的制定，当然也包括起草法律。例如在伊尼法典的前言中就直接提到了主教哈德（Hædde，生年不详—705）与主教艾肯沃尔德（Eorcenwold，生年不详—693）。而事实上，像埃德

---

① Bruce O'Brien, "The Becket Conflict and the Invention of the Myth of *Lex Non Scripta*," pp. 12 - 15.

加、埃塞尔雷德二世（Ethelred II, 978—1013；1014—1016 年在位）和克努特的法典就是由坎特伯雷大主教邓斯坦和约克大主教伍尔夫斯坦等人所起草。基于这样的背景，有大主教直接或者间接地赞助这些法律抄本的编纂与制作，并于其之中体现国王的政治意图，或者受到国王政治意图的影响，就是很自然的事情了，"因为国王能给他们无限的权力，使他们得以参与公共事务，而教皇的教令则做不到这一点"。① 这种若隐若现的联系也体现在本文涉及的 3 部法律抄本中：CCCC MS 383 面世之时，伦敦圣保罗大教堂的两位主教与该抄本密切相关，其一是前文提及的曾任王室大法官，以及威廉一世的私人牧师的莫里斯。其二是理查德·德·博米斯（Richard de Beaumis，生年不详—1127）。后者因为替亨利一世镇守威尔士边境而赢得国王的信任，并以通晓法律与行政而著称，同时也是前王室地产管理官（reeve）。② 而《罗彻斯特文集》则确定无疑由罗彻斯特大教堂主教厄尔努夫编纂。《四章法》的作者与约克大主教杰拉德保持密切关系，另外，他本人的两件事迹也能使得我们能贴近了解他：其一，虽然他的母语不是英语，却坚称英国是其祖国；其二，他认为亨利一世在诺曼底的军事行动是以大获全胜收场（实际相反）。另外，利伯曼还认为他有反教皇立场，在授职权争论之中站在国王立场之上，并是最早提出英国化，本土化的人之一。③

　　人员方面的关联之外，法律汇编内容的安排更能折射出统治者的政治意图，这主要体现在两个方面：首先，这几部法律抄本的编纂及其后续发展过程中，最能体现诺曼统治者政治意图渗透意愿的

① Frederick Pollock and Frederic William Maitland, *The History of English Law Before the Time of Edward I：Volume I*, Cambridge：Cambridge University Press, p. 21.

② Thomas Gobbitt, "Audience and Amendment of Cambridge, Corpus Christi College 383 in the First Half of the Twelfth Century," pp. 8 - 9.

③ Patrick Wormald, *The Making of English Law：King Alfred to the Twelfth Century*, Vol. 1：*Legislation and Its Limits*, p. 473。

环节莫过于《克努特法概要》，以及后来的《忏悔者爱德华法》。这两部法律不仅构成诺曼统治者统治合法性的来源，也反映了其本土化，英国化的意愿。威廉一世于诺曼征服之初就确认了忏悔者爱德华的法律，并称之为"爱德华法"。而且，亨利一世和斯蒂芬也均在其加冕宪章中对"爱德华法"予以了确认，这更证明了"爱德华法"的重要性。但问题是忏悔者爱德华统治期间并未颁布法律，直到 12 世纪 30 年代，一部由匿名者编纂的《忏悔者爱德华法》才得以问世，据称是盎格鲁-撒克逊贵族于 1070 年集会上呈给威廉一世并获其认可的法律，但实际上不过是一位匿名作者对诺曼征服之后英国地方习惯的简单记述，根本不是盎格鲁-撒克逊法律。因此法律学者必须因应统治者的需要回答"爱德华法是什么"的问题，并制造出一个"爱德华法"出来。正因如此，法律学者才有了下列一连串动作：其一，抬高克努特王及克努特律法地位，在编纂的法典中强调克努特律法与"爱德华法"之间的联系，并将其置于法典的首篇；其二，编纂一部拉丁文的《克努特法概要》。实际是在翻译古英语《克努特法》的基础上，补充大量克努特之前的法条，从而使其更能代表盎格鲁-撒克逊法律与习惯；其三，《克努特概要》形成后不久，一个名为《克努特法咨议》（*Consiliatio Cnut*）的更新版本随即出现。相对于《克努特概要》，改动主要体现在一头一尾，篇首增加的序言指出了克努特同时兼任"挪威国王"的事实，并称其颁布法典目的是统一帝国（包括英格兰和挪威）的法律。言辞之中，"一个王国，一部法律"的理念呼之欲出。篇尾则是增加了几条来源不明的条款，但与"十户联保"与"讼前宣誓"相关；其四，约 1175 年，来自《克努特法咨议》的 37 条内容被添加在"忏悔者爱德华法"之后，其主要内容与司法程序相关，这一改动使得后者的容量增加了近一倍；其五，约 1190 年，扩容后的"忏悔者爱德华法"、确认"忏悔者爱德华法"的威廉一世敕令、诺曼公爵的族谱作为三合一的组合（Tripartita）首次出现于亨廷顿的亨利（Henry of Huntington）的《英国史》（*Historia Anglorum*）末尾。

此后，这种固定组合开始频繁出现于法律、文学与历史文本中。① 由是观之，本文所涉几部法律汇编抄本不过是法律学者解决"'爱德华法'是什么"这一大哉之问的初始步骤而已。这一过程中，"王权的巨大影响力"昭然若揭，然而不得不说，这其实是阿尔弗雷德大帝以来的英格兰的常态，而且这种状态还后延至金雀花王朝。文化精英处于"受控制"，甚至是"被豢养"的状态，大学的形成滞后自不待言，连那些忠诚的主教研究一下教会法都会被告知，这样的研究会影响对国王的忠诚。②

其次，本文所涉几部法律汇编中出现体现诺曼统治者现实需求的"实用专题条款"，编纂者在择取条款时基本不考虑所谓"年代顺序"，只要有助于维持诺曼统治与社会稳定，特别是事关国王、教会与和平问题的，能收尽收。诺曼征服之后，原有的盎格鲁-撒克逊贵族要么已被消灭，要么沉降为社会中层，并与大量下层民众一起构成了蕴藏着巨量不稳定因素的"盎格鲁-撒克逊汪洋大海"，因此对于那些犹居孤岛一般统治着这一征服之地的诺曼统治者来说，盎格鲁-撒克逊法律中消除"不稳定"因素的法条此时仍有其用武之地。故此，他们本着"实用主义"的理念，尽可能收录之：一个过时的和平协议，如阿尔弗雷德与格思鲁姆的条约（甚至不惜收录两次）；一个古老得不能再古老的习惯，如牛只失窃诅咒；一个地方组织制度，如十户联保；一种司法程序，如讼前宣誓。

第二，一个法律学术派别的形成。然而在如此背景之下，也并非所有人都与过去绝缘，拒绝继承，也有一些学者，非常有可能与

① Bruce O'Brien, "Pre-Conquest Laws and Legislatiors in the Twelfth Century," pp. 441 - 442; Bruce O'Brien, "An English Book of Laws from the Time of Glanvill," in Susanne Jenks, Jonathan Rose and Christopher Whittick, eds., *Laws, Lawyers and Texts: Studies in Medieval Legal History in Honour of Paul Brand*, Leiden: Brill, 2012, pp. 61 - 62.

② Patrick Wormald, *The Making of English Law: King Alfred to the Twelfth Century*, Vol. 1: *Legislation and Its Limits*, pp. 474 - 475.

上述法律学者是同一批人，选择面对过去，上文谈及的那些坚持"年代顺序"，并抵制将《克努特法概要》放在抄本首位的编纂者就属此类。他们虽不能避免"被政治裹挟"的命运，不能摆脱"受控制"的状态，却仍存有崇高的学术理想，追求其学术旨趣，并在条件允许的情况下，将其理念融入所编纂的作品中去。在后征服时代的英格兰，这并非个别现象，而是形成了一个包括兰弗兰克、沙特尔的伊沃（Ivo of Chartres，1040—1115）、约克的杰拉德、厄尔努夫、《四章法》的作者在内的知识群体（intellectual community）。他们的共同点之一是都来自法兰克王国诺曼底的贝克修道院。该修道院在兰弗兰克的主持之下，曾是 11 世纪欧洲的学术中心，从这个学术机构出来的大量知识分子有着共同的理想、相同的学术观点与政治理念，以至形成了一个明显的纽斯特里亚学派（Neustrian School），或称弗兰西亚（Francia）学派。事实证明，他们之间有频繁的通信，并在授职仪式、都市大主教权力，以及针对教皇的态度方面保持着一致的立场。之后一段时间，该学派的后代学者几乎遍布英国各大主教座堂和主教座堂，成为益格鲁-诺曼王朝的学术中坚力量。在这一学派正在形成的各种政治道德信念中，如何处理历史与法律的关系是其重要方面。质言之，其整体理念是面向过去的，不仅正视历史，且承认现行法律与历史上的法律之间存在延续性、继承性，以及一定程度上的模糊空间，而不是一刀切地割裂二者联系。

考其实践，这一学术群体在法律编纂方面的活动表现为百科全书式的法律书写，并具有全面化与系统化的特点。"全面化"可在伦巴德人（The Lombards）的法律编纂方法那里找到源头，而"系统化"则来自法兰克人（The Franks）对法律的特殊处理方式。伦巴德人是百科全书法律文本的先驱，其成文法文化、司法程序以及对法律文献的处理，对案件的整理都发展到了无以复加的地步。另外，对法律的抽象思考以及将法条分门别类地罗列也是其重要特征，这一点在 CCCC MS 383 与《罗彻斯特文集》中多有体现。梅特兰也曾关注伦巴德人法律成就与英格兰的联系，并指出其核心人物应该是那位曾在帕维亚（Pavia）任律师，并见识过伦巴德人整理过的罗马法的兰弗兰克。① 法兰克人的影响主要来自其学术中心贝克修道院，系统化的教会法是其核心内容。尽管兰弗兰克是贝克修院的中心人物，但在教会法方面，沙特尔的伊沃似乎才是主角。教会法虽经小狄奥尼修斯（Dionysius Exiguus，约470—544）、伪伊西多尔（Pseudo-Isidore）和沃尔姆斯的伯查德（Burchard of Worms，约950—1025）等人数次整理，但在12世纪时却是由沙特尔的伊沃汇编成册。其关于授职权等方面的论述及其对抗教皇特权的立场均对英国学者有诸多影响。例如诺曼无名氏正是在伊沃思想的影响下才敢于以大胆的言辞反对教皇格里高利七世（Gregory VII，1015—1085），并在授职权问题上提出主教—贵族双重身份论，从而力挺英国王权。② 另外，伊沃于12世纪20年代写给罗彻斯特主教的一系列信件表明，伊沃与抄本《罗彻斯特文集》存在联系，这些证据至今还保存在罗彻斯特大教堂的图书馆中。③ 其实，在伊沃之前，经由兰弗兰克从诺曼底带回的伊西多尔伪教令集已对英格兰产生了一定影响。《罗彻斯特文集》、《亨利一世主要法律》和《忏悔者爱德华法》中都包含来自伪教令集的内容。早在鲁弗斯统治时期，圣加莱主教威廉（William of St. Calais，生年不详—1096）在国王法庭上以叛逆罪受审时，就曾携带一本《伊西多尔伪教令集》，并据此书中的条款要求按照宗教法规仲裁（*exceptio*

---

① Frederick Pollock and Frederic William Maitland，*The History of English Law Before the Time of Edward I：Volume I*，pp. 22 - 24，77 - 78，108，116 - 118；Patrick Wormald，*The Making of English Law：King Alfred to the Twelfth Century*，*Vol. 1：Legislation and Its Limits*，pp. 468 - 471.

② ［德］恩内斯特·康托洛维茨著，徐振宇译：《国王的两个身体：中世纪政治神学研究》，上海：华东大学出版社，2018年，第120—122页。

③ Patrick Wormald，*The Making of English Law：King Alfred to the Twelfth Century*，*Vol. 1：Legislation and Its Limits*，p. 472.

spolii)，并声言要上诉至罗马。① 除了贝克修道院，加洛林帝国敕令集的编纂方式及内容均有可能对英格兰的法律编纂者产生影响。因为这种法兰克人理想的法律编纂方式或许也经由知识阶层带入英格兰。在《亨利一世主要法律》中，法兰克人的继承法已成为其核心内容之一，其中对地域差异性的重视也被认为是源自"法兰克经验"。另外，在"忏悔者爱德华法"的"威塞克斯法律"一章中，对继承法的记载也被发现是逐字逐句地抄录自 5 个世纪前法兰克人的《里普利安法》(*Lex Ribuaria*)。②

最后，回头再看 CCCC MS 383 可发现，它是后征服时代特定政治文化语境的产物，并与另两部抄本一道构成 12 世纪法律文化的复杂综合体。其中，既体现了诺曼统治者施加的影响，也蕴含着知识阶层的学术理想与旨趣，同时也映射出后征服时代的"政治与文化"窘境。诺曼征服者虽有强权，但亟需论证其统治合法性，而盎格鲁-撒克逊的统治精英已被摧毁多年，仅留下一些可怜的成文文献，古英语几乎已无人能懂。恰在此时，由诺曼底输入的知识群体担负起这一艰巨的使命，以其有限的罗马法知识，开启了整理与编纂古英语法律文献的浩大工程。基于这种分析，虽然 CCCC MS 383 与另两部抄本相比更像"急就章"，其意义是非凡的，是后征服时代第一部古英语法律文献的汇编。从这个意义上讲，后征服时代的英格兰学者面临的窘境也并非完全是坏事，它在一定程度上使得

---

① Mary R. Richards, "The Manuscript Contexts of the Old English Laws: Tradition and Innovation," pp. 184 - 185; Frederick Pollock and Frederic William Maitland, *The History of English Law Before the Time of Edward I: Volume I*, p. 117; Patrick Wormald, *The Making of English Law: King Alfred to the Twelfth Century*, *Vol. 1: Legislation and Its Limits*, p. 414; Paul R Hyams, "The Common Law and the French Connection," in R. Allen Brown, ed., *Proceedings of the Battle Conference on Anglo-Norman Studies: IV*, Woodbridge: Boydell and Brewer, 1982, p. 82.

② Paul R Hyams, "The Common Law and the French Connection," p. 82; Patrick Wormald, *The Making of English Law: King Alfred to the Twelfth Century*, *Vol. 1: Legislation and Its Limits*, pp. 414, 466.

英格兰的法律自觉（legal consciousness）比欧洲大陆来得更早一些。然而不得不说，这种法律自觉仍显稚嫩，其大哉之问也是为了解决一时之需，真正意义上的法律复兴还要等到 12 世纪末 13 世纪初，那时的英格兰也有强大的王权与法国的文化输入，只不过那时的知识群体需要解决的大哉之问是"英格兰需要什么样的法律"。

（本文原发表于《古代文明》2022 年第 1 期）

"自由"还是"特权":
《大宪章》"Libertas"考辨

蔺志强

（暨南大学历史系）

在西方社会大众和为数不少的学者眼里，《大宪章》的主要价值仍然是所谓自由理念的发扬。然而，《大宪章》阐述的究竟是什么"自由"？这个问题其实大可讨论。首先需要指出，由于现有《大宪章》中译本中屡次出现的"自由"一词是翻译而来（而且基本是基于英文译本的翻译），因而这个问题在一定意义上是一个中文世界特有的问题。问题之源是中文"自由"被用来对译了《大宪章》拉丁文原文中包括 libertas 在内的多个术语，从而造成了表达和理解上的混乱。本来作为中译本底本的英文译本是很小心地试图用 free，freedom，liberty 或 liberties 等不同词汇区别这些拉丁文术语的，而且这几个英文词汇在表述中世纪史事时确实各有特定的内涵，在英文读者中虽也常被混淆，但尚可辨别。但由于它们在现代英语中的含义趋同，都等于或近似于自由，[①] 所以到中文版以后便

---

① 虽然在当代英语中 freedom 和 liberty 可以互换使用，但在近代二者含义还是有很大不同的。一般认为前者可称为强调摆脱束缚的自由，而后者指作为权利的自由，直接译为自由并不合适，因而有人把它译为"自由权"（相关回顾见牛笑风：《自由主义的英国源流》，长春：吉林大学出版社，2008 年，第 8—10 页）。甚至在 1920 年出版的《Freedom and Liberty》一书中，作者也认为 liberty 是指个人在生活中的随心所欲，其发展的极致就是无政府状态和混乱，liberty 只有与 law 结合，才是作为英国立国之本的 freedom。见 William Benett, *Freedom and Liberty*, London：Oxford University Press，1920，pp. 5 - 8，118. 可见 liberty 在英语世界也曾是一（转下页）

被同化为"自由"一个词了。包括《大宪章》的俗名"自由大宪章（拉丁文 Magna Carta Libertatum/de Libertatibus，英文 The Great Charter of Liberties）"，也是这种误译的结果。虽已有学者意识到其中的不确之处，但出于对约定俗成的无奈，无人深究。结果就是以一个"自由"混同了《大宪章》条款中的几个概念，同时使人对这些概念的中世纪所指失去了追寻的动力，误读《大宪章》便是必然的了。

目前国内有关《大宪章》的讨论虽多，也有学者注意到了正确理解 liberties 的重要性，但尚未见基于《大宪章》原始文本及十三世纪相关文献进行的词源考证与分析，因而对《大宪章》及其时代的 libertas 为何只能理解为特权而不是自由缺乏令人信服的论证和研究。西方学者虽有长期的阐释与研究传统，但在西方语境下的微妙表达往往并不能被我们恰当地把握，或根本未引起我们的重视。比如霍尔特在其名著《大宪章》中的一句话就被翻译为"《大宪章》宣布自由，而不是确认自由（a statement of liberties rather than an assertion of liberty）"[1]，可见，如果缺乏对相关语义背景的了解，这句话的意思我们就难以正确地解读。更何况西方学者之间也不无分歧，[2] 只有在把握其用语的基本含义之后才可能真正理解和评判。

有鉴于此，本文不揣浅陋，试图对《大宪章》文本中涉及"自由"之处做一点梳理工作，还原各种"自由"的本来面目，并解释其在十三世纪语境下的内涵，以期对探讨《大宪章》有关规定的真正价值及正确认识中古英国的政治文化有所促进。

（接上页）种特殊的"自由"，与作为现代理念的自由或公民自由 civil liberty 不可混同。而不论何种理解，其根源都与 Libertas 在中古时代的含义密切相关。

[1] J. C. Holt, *Magna Carta*, 2ⁿᵈ edn., Cambridge：Cambridge University Press, 1992, p. 5. 中译见詹姆斯 C. 霍尔特：《大宪章》（第 2 版），毕竞悦、李红海、苗文龙译，北京：北京大学出版社，2010 年，第 4 页。根据下文的讨论，笔者认为此句应译为："《大宪章》是对各项特权的宣示，而非对自由的确认。"

[2] 霍尔特的有关论述在目前占主流地位，但其中并未对 libertas 的概念予以辨析。

一、《大宪章》与"自由"结缘

在目前正式出版的几个《大宪章》中译本中，"自由"大约出现 24—26 次，① 其对译的拉丁词汇可分为如下几类（文本顺序为：拉丁文/英文/中文。拉丁文文本是霍尔特著作中采用的 Cii 版本，英文译文如无特殊说明也采用霍尔特的译法，② 并参考卡彭特的最新翻译。③ 流行的中文译法用楷体标出④）：

1. 形容词 liber/free/自由。其中又可分为：

1）自由地位：第 1 条；第 63 条。这两处都是特指英格兰教会的地位而言的，规定：Anglicana ecclesia⑤ libera sit. /the English church shall be free. /英格兰教会当享有自由。

2）自由人：第 1 条；第 15 条；第 20 条；第 27 条；第 30 条 2 处（但中译略去 1 处）；第 34 条；第 39 条。这 8 处明确了相应条款的适用对象为自由人 （liber homo/free man）。其中，第 1 条规定，整个《大宪章》的各项权利授予对象是 omnibus liberis hominibus regni nostri/to all free men of our kingdom/我们王国内的一切自由人。第 15 条规定，今后除了赎身等三种情况，任何人不得向 liberis

① 晚近正式出版的《大宪章》文本的主要中译有：詹姆斯 C. 霍尔特：《大宪章》（第 2 版），第 502—511 页；齐延平：《自由大宪章研究》，北京：中国政法大学出版社，2007 年，第 323—330 页；徐震宇：《自由的缔造者》，北京：中国法制出版社，2009 年，第 168—256 页。这些译本参考的其他早期译本不一一列举。需要指出，已有的《大宪章》中译本都是 1215 年版的译文，事实上这个版本几个月后即失效，它与 1216 年版及 1225 年的最终版本有非常大的不同。这是另外一个重要问题，本文不多涉及。

② 詹姆斯 C. 霍尔特：《大宪章》（第 2 版），第 393—411 页；J. C. Holt, *Magna Carta*, 2nd edn. , pp. 448 - 473。

③ David Carpenter, *Magna Carta*, London：Penguin books, 2015，pp. 36 - 69. 该书的《大宪章》拉丁文本转写自英国林肯大教堂所藏版本。

④ 限于篇幅，各条款只引用涉及"自由"的部分。

⑤ 第 1 条为 ecclesie，第 63 条为 ecclesia。第 1 条的错误应该来自霍尔特书，几个中文著译所附拉丁文本亦从霍错。

hominibus suis/his free men/他的自由人征收协助金。第 20 条规定，liber homo/free man/自由人犯轻罪，罚款应与犯罪程度相当。第 27 条针对的是 liber homo/free man/自由人死后未立遗嘱的情况。第 30 条规定，国王的官吏不得随意向任何 liberi hominis/free man/自由人征用马匹或车辆，除非得到该自由人的同意。第 34 条规定，涉及土地占有案件的起始令状不得再发出，以免使 liber homo amittere possit curiam suam/free man may lose his court/自由人丧失其法庭。著名的第 39 条则规定，除非经过同等人审判或依据法律，任何 liber homo/free man/自由人不得被逮捕或剥夺权利和财产。

上述条款中对谁是自由人并无刻意说明，因而为后世的发挥留下了空间。但从其中的一些话语中我们还是可以窥视到这些自由人究竟是何身份。第 15 条中，自由人有缴纳协助金的义务，我们知道这是封臣的身份标志之一；第 34 条，起始令状的功能是将案件从领主法庭转入王室法庭审理，所以这里"丧失法庭"的自由人，显然是指有权开设法庭的贵族；① 第 27、30 条则表明自由人有一定的财产，而且针对的是约翰王以封君身份侵夺遗产或其他财产的行为。综合来看，自由人虽在个别条款中可以有较宽泛的指称对象，但主要应当是指在封君封臣制度下的各级贵族。②

---

① 有人把此处解释为确认普通自由人受到司法保护的权利，比如大英图书馆提供的《大宪章》译本即将此句译为：if a free man could thereby be deprived of the right of trial in his own lord's court（以免自由人被剥夺在其自己领主的法庭接受审判的权利），见 http：//www. bl. uk/magna-carta/articles/magna-carta-english-translation，2015 年 11 月 1 日。这种解读在西方民间仍很流行，但在学界却早已弃用，包括斯塔布斯在内的学者都认为此处是保护领主的司法权不受普通法扩张的影响。参见 William Stubbs, The *Constitutional History of England*, 5th edn., Vol. I, Oxford：Oxford University Press, 1891, p. 576; J. C. Holt, *Magna Carta*, 2nd ed., p. 225。

② 对自由人内涵的理解应当放在当时的背景之下，而非根据字面来发挥。正如《大宪章》有很多条款甚至省去"自由"的限定，仅以"人"为规定的对象，但不能因而解释为已惠及包括农奴在内的"所有人"。这类条款包括：

第 20 条：proborum hominum/of reputable men/正直之人 （转下页）

3）自由习惯：第 13 条 2 处。这两处针对伦敦和其他市镇、港口，申明其可享有水陆之上的 liberas consuetudines/free customs/自由习惯。

4）自由保有土地：第 16 条；第 19 条。这两处提到的是以骑士役为条件的土地保有方式之外的另一种方式 liber tenement/free holding/自由保有，以及以这种方式持有土地的人 libere tenentes/freeholders/自由保有者。

2. 副词 libere/freely/自由地。

这个词在《大宪章》第 61 条和第 63 条各出现一次。其中 61 条申明国王"publice et libere/publicly and freely/公开（而自由）地"允许任何人向 25 人委员会宣誓效忠，此处中译本仅译出公开，未译出"自由地"一词。第 63 条也是说明人们可以"libere et quiete/freely and quietly/自由而安宁（地）"享有上述的各种规定。

3. 名词 libertas/liberty/自由。其中，

1）单数：第 1 条（1 处）。此处申明国王已赐予教会 libertatem electionum/freedom of elections/选举自由。注意这是《大宪章》唯一一次以单数出现的 libertas，英文一般译为 freedom，但卡彭特教

（接上页）第 23 条：Nec villa nec homo/No town or person/任何城镇与人不得

第 26 条：legalium hominum/worthy men/合法之人

第 29 条：probum hominem/reputable man/正直之人

第 44 条：Homines qui manent extra forestam/People who live outside the forest/居于森林区以外之人

第 48 条：probos homines/reputable men/正直之人

第 62 条：homines nostros/our men/朕之人（臣民）

第 63 条：homines in regno nostro/men in our kingdom/朕的王国内之人

这些用语在中世纪并无独特之处，也不会有什么歧义。但正是在这些地方体现了霍尔特所谓"《大宪章》最大最重要的特点：它是有适应能力的（adaptable）。"（J. C. Holt, *Magna Carta*, 2nd edn., p. 2.）也就是说后世的法学家可以很方便地利用这些用语把《大宪章》的适用范围扩大为全体国民。

授的最新译本把它译为了 liberty。^①

2）复数：第1条（2处）；第13条（2处）；第52条；第56条；第59条；第60条；第61条2处；第63条。在这11处，libertas 以复数出现，英译本全部译为 liberties，中译本有时译为自由，有时译为自由权，或自由权利。此处中译最有争议，下文将详论。这里先列举各条的具体内容及一般的中英文译法。

第1条首先针对英国教会，规定教会 habeat jura sua integra，et libertates suas illesas/shall have its rights undiminished，and its liberties unimpaired/其权利将不受干扰，其自由将不受侵犯。

第1条的最后一句话，实际是置于第1条和第2条之间，统领《大宪章》全部下文的。该句指出，王国的所有自由人都将享有 omnes libertates subscriptas/all the liberties written below/下面附列之各项自由。

第13条首先规定伦敦 habeat omnes antiquas libertates/shall have all its ancient liberties/应享有其旧有的自由，以及我们上文提到的"自由习惯"，然后规定其他市镇和港口也应享有其所有的"自由"和"自由习惯"。

第52条规定，任何人不经同等人的审判而被剥夺 terris，castellis，libertatibus，vel jure suo/lands，castles，liberties，or his rights/土地、城堡、自由或权利，将立即归还。

第59条规定，国王将按照对待英格兰贵族的方式，归还苏格兰国王亚历山大的姐妹和其他人质，以及 libertatibus suis，et jure suo/his liberties and his rights/（他的）自由与权利。

第60条又是一个总结性的条款，指出所有 consuetudines predictas et libertates quas nos concessimus/aforesaid customs and

---

① David Carpenter，*Magna Carta*，p. 39. 这两种译法有很大差异：以前的译法常被用来强调教会可以"自由选举"，而新译法可以解释为"作为一项特许权的选举权"，在此使用单数 libertas 的原因也不言自明了。

liberties which we have granted/我们在上述敕令中所公布的一切习惯与自由，国王本人应遵守，同时所有无论教俗人士在对待"他自己的人"的时候，也应遵守。

第 61 条规定，贵族应选出 25 人，以一切手段维护和保证 pacem et libertates quas eis concessimus/the peace and liberties which we have granted to them/我们所赐予（他们）的和平和自由；在本条最后又重申，国王不会以任何方式撤除或减损 aliqua istarum concessionum et libertatum/any of these concessions or liberties/上列诸让步与自由。

第 63 条规定，国王将乐见王国的所有人享有 omnes prefatas libertates，jura，et concessiones/all the aforesaid liberties，rights，and concessions/上述各项自由、权利与特权（让与）。

以上是《大宪章》文本中的各种"自由"。

在讨论这些词语的内涵之前，我们还须指出，《大宪章》与自由结缘，不仅由于其文本当中多处涉及各种"自由"，还因为它作为一个文件本身也很早就被贴上了"自由"的标签。在中文世界它被广泛地称为《自由大宪章》，可以说并非空穴来风。因为《大宪章》在诞生的最初几十年内就在各种档案文献中被时人称为 Magna Carta Libertatum 或 Magna Carta de Libertatibus，即 the Great Charter of Liberties。以今义对译，岂不就是《自由大宪章》？

所以，为理清《大宪章》与自由的关系，先简单回顾一下《大宪章》在其早期历史中获得的各种称谓也不无启发。

1234 年 2 月，亨利三世致函肯特郡守，说明自由人出席法庭的事项，其中提到有关权利来自 carta de libertatibus/the charter of liberties，[①] 显然是指《大宪章》。同年 10 月，亨利三世致函林肯郡守，就《大宪章》中关于百户区法庭召集方式的规定进行了说明，

[①] C. Trice Martin *et al*.，eds.，*Close Rolls of the Reign of Henry III*，1231 - 1234，London：Mackie and Co.，1905，p. 551.

信中，亨利三世称《大宪章》为 carta nostra de libertatibus/our charter of liberties。① 这些是《大宪章》与"自由"结合的较早例证。

然而《大宪章》的早期使用者们颇为任性，导致它的名讳可谓花样繁多。不过这些不确定的称呼中却包含着理解它的难得线索。比如，1253 年亨利三世为获得贵族的财政支持，宣布要重新确认《大宪章》，在其发布的公函（letter patent）中，将《大宪章》称为 magna carta nostra communium libertatum/our magna carta of common liberties，② 按习惯的翻译，即"朕所颁布的有关共同自由的大宪章"。

1258 年开始的英国贵族改革运动中，《大宪章》多次被作为贵族与国王博弈的筹码摆上台面，从而以多种形式被记载在文献中。1259 年 11 月，贵族政府发布了有关派往各地巡回的委员会成员与法官等工作方式的条例，其中规定，如有人申诉其依《大宪章》所享有之"自由"（libertates in magna carta de libertatibus/liberties in the great charter of liberties）受到侵犯，也应同样办理。③ 在此，《大宪章》既"大"且"自由"，集齐了后世的身份标签。

不过《大宪章》的名称在此时远未固定，1264 年 1 月，亨利三世与改革派贵族请法王路易九世仲裁纠纷，贵族提交的申诉书中指责国王背弃遵守《大宪章》的誓言，在这里它被称为 cartam de libertatibus Anglie/the charter of liberties of England，④ 即"英格

① 拉丁文版见：C. Trice Martin et al., eds., Close Rolls of the Reign of Henry III, 1231 - 1234, pp. 588 - 589；英文译文见：Harry Rothwell, ed., English Historical Documents, 1189 - 1327, London: Routledge, 1975, pp. 350 - 351。
② David A. Carpenter, 'More light on Henry III's confirmation of Magna Carta in 1253', Historical Research, Vol. 86, No. 232, May 2013, pp. 191 - 195.
③ I. J. Sanders, ed., Documents of the Baronial Movement of Reform and Rebellion 1258 - 1267, Oxford: Oxford University Press, 1973, pp. 162 - 163.
④ I. J. Sanders, ed., Documents of the Baronial Movement of Reform and Rebellion 1258 - 1267, pp. 258 - 259.

兰自由宪章"。或许因为是提交给法国国王的诉状,才特意强调了英格兰。

1264 年 8 月 15 日,亨利三世与叛乱者达成协议,承诺之前由国王赐予其国内臣民的《大宪章》和《森林宪章》将被永远遵守,这里两份宪章被称为 carte libertatum generalium et foreste,即 the charters of general liberties and forest。① 按流行译法,似可译为"关于一般自由和森林的宪章"。

1265 年 3 月 14 日,亨利三世进行和平宣誓,承诺如果违背《大宪章》和《森林宪章》,将被处以绝罚。在此,两个宪章表述为 carte antique communium libertatum et foreste/the charters of ancient common liberties and forest,② "古老的共同自由宪章"和森林宪章。

1266 年 10 月 31 日,在标志着贵族改革和叛乱尘埃落定的《肯尼沃斯宣言》(the Award of Kenilworth)中多次提到《大宪章》和《森林宪章》,但每次都称呼不一。在第 3 条声称已劝服国王完全地保护和遵守"自由宪章和森林宪章(cartas libertatum et foreste/the charters of liberties and forest)。③ 第 9 条则简单地称两个宪章为"立誓保证的宪章(cartas iuratas/the sworn charters)。④ 而在第 16 条又宣称,违反监护权规则者应以大宪章(Magna Carta)之规定惩处。⑤ 在这里,《大宪章》已开始霸道地独占这两个大写的拉丁文词汇了。

---

① I. J. Sanders, ed., *Documents of the Baronial Movement of Reform and Rebellion 1258-1267*, pp. 298-299.

② I. J. Sanders, ed., *Documents of the Baronial Movement of Reform and Rebellion 1258-1267*, pp. 312-313.

③ I. J. Sanders, ed., *Documents of the Baronial Movement of Reform and Rebellion 1258-1267*, pp. 320-321.

④ I. J. Sanders, ed., *Documents of the Baronial Movement of Reform and Rebellion 1258-1267*, pp. 322-323.

⑤ I. J. Sanders, ed., *Documents of the Baronial Movement of Reform and Rebellion 1258-1267*, pp. 328-329.

笔者在此翻检的史料远不全面，无法也无意确定哪个称呼最早在什么时候出现。我们关心的是，前面的例子似乎反映出，早在13世纪中期以前，《大宪章》只要带有修饰词，那便是libertates，并且有"共同自由、古老的共同自由、一般自由、英格兰的自由"等多种称呼。

然而笔者也发现一个有意思的"例外"：1259年10月改革派贵族颁布的《威斯敏斯特条例》（The Provisions of Westminster）规定《大宪章》与《森林宪章》应当被遵守和执行。这份纲领性的法律文件以中古法文写成，两个宪章被称为 les chartres de franchise et de la forest，[①] 即 the charters of franchise and forest。

这个被同时代人用来对译拉丁文 libertas 的法文词汇 franchise 后来也保留在英文当中。但无论法文还是英文，在中文世界它的译名都从来不是自由，而是"特权"。

二、《大宪章》"自由"辨析

从上文的梳理可见，在《大宪章》及13世纪英国的政治话语中，被我们译为"自由"的实际并不止一个词语，它们的使用语境与含义有很大差别。这些词哪些适于称为自由，是什么意义上的自由，哪些在当时并非自由，具体所指为何，很有探讨的必要，也是正确评价《大宪章》及其时代的钥匙。

1. 形容词 liber 和副词 libere

这两个词翻译为自由是合适的，其含义符合我们今天使用自由一词时的一般所指，不会引起太大的误解。特别是副词 libere，其意就是"不受限制地"，不需多论。

至于形容词 liber，其含义与它所修饰的名词紧密相关，不过一

① I. J. Sanders, ed., *Documents of the Baronial Movement of Reform and Rebellion 1258－1267*, pp. 150－151.

般也是指不受某种约束的状况,比如自由人、自由保有土地。这当然是两个重要的值得研究的概念,但是《大宪章》对自由人的身份和自由领有土地的定义没有任何说明和改变,它们在当时是既有的、有共识的存在。因此,这两个词出现次数再多,也不会使《大宪章》更"自由"。

但以下两个情况略需说明。

首先是第 1 条所说的教会"应当享有自由"。其实按拉丁文本直译,应该是:"英格兰教会应当是自由的(liber)。"这不仅是词性上的还原,而且这样就不会让只读中文版的读者在看到紧接着的"其自由(libertates)将不受侵犯"时产生疑惑,或给两个"自由"画上等号。更重要的是,这一表述比原译法更能直接地反映出这一条的独特之处:这是《大宪章》唯一一处授予"自由地位"的条款。通过这一条款,教会被保证处于自由的地位,不必受国王的某些限制。除此之外,没有任何其他对象被表述为"应当是自由的",也就是说其地位没有改变。在当时,作为自由人主体的贵族都在封君封臣体系之下,是各自领主的人,在地位上并不自由。所以至少在这个意义上讲,把《大宪章》看作赋予自由的文件是不合适的。

不过,教会的自由地位意味着什么其实也值得探讨。它很可能只是指教会的地产变成自由领有地,不须像国王的其他直属封臣一样承担封建义务。这一点在《大宪章》中没有说明,也未发现研究者论及。不过作为《大宪章》思想源泉之一的亨利一世加冕特许状①中的相关表述却颇有启发。在该特许状的第 1 条,亨利宣称:"朕已使上帝的教会获得自由,也就是,朕将不会出售也不会出租教会的产业;在大主教、主教或修道院长死后,朕将不会利用空位期从教会的直领地或其封臣的领地收取任何东西。"② 亨利一世保证

---

① Charter 在中世纪本来就是国王赐予的特许状。但约定俗成,本文在涉及《大宪章》的时候,也称宪章。不过这是最明显的也是最容易引起误解的时代错乱的产物。

② David C. Douglas and George W. Greenaway, eds., *English Historical Documents*, *1042 - 1189*, 2nd edn., London:Routledge, 1981, p. 433.

将放弃的，都是封君对封臣所拥有的权利。

其次是第 13 条规定的伦敦和其他市镇将享有其"自由习惯（liberas consuetudines/free customs）"。习惯或传统在英国法律史的地位自不必说，尊重习惯或传统就是尊重法律，就是法治精神。然而这里的习惯为什么以"自由"形容呢？显然不能理解为"使伦敦自由"的习惯，也就是说，这一条也没有使《大宪章》更值得贴上自由的标签。其实在 13 世纪前后的语境下，习惯被分为了几种：与自由习惯相对的，是奴役习惯（servile customs）；与好习惯（good customs）相对的，是坏的习惯（evil customs）。① 如亨利一世的加冕特许状就宣称将"废除一切邪恶的习惯"。② 《大宪章》第 48 条也明确宣布要针对 male consuetudines/bad customs/坏的习惯进行调查。因此第 13 条保护"自由习惯"应该是表明只有好的、符合其自治市地位的习惯才会得到保护。这为国王和城市本身留下了释法的空间。

从以上分析可知，除赐予教会自由地位之外，其他与形容词 liber 相关的自由本身都不是《大宪章》所关注或予以改变的对象。因此，虽然将它们翻译为自由是正确的，但《自由大宪章》的得名，及其后世与自由的无尽纠葛，不是因为它们。

2. 名词 Libertas

这是《大宪章》的核心词汇毫无疑问。前文的梳理已显示出它对《大宪章》的意义：《大宪章》第 1 条把后面"赐予全体自由人"的 60 多条内容统称为 libertates/liberties，时人对《大宪章》的称呼也是 magna carta libertatum/the great charter of liberties。过去我们的认识是：因为 libertas 等于 liberty 等于自由，所以《大宪章》

① Alan Harding, 'Political Liberty in the Middle Ages," *Speculum*, Vol. 55, 1980, p. 428. 该文认为自由习惯是属于司法权的范畴，并且是赋予个人的，见 pp. 428 - 429。

② David C. Douglas and George W. Greenaway, eds., *English Historical Documents*, *1042 - 1189*, 2ⁿᵈ edn., p. 433.

是《自由大宪章》，它赋予"全体自由人"的，是自由。其开创性、革命性自然不言而喻。

也就是说，《大宪章》之所以"自由"，正是因为 libertas。

那么，在《大宪章》和十三世纪的语境中，libertas 究竟是不是等同于自由？或者即使非要用自由翻译这个词，那它究竟是什么意义上的自由？

为了揭开 Libertas 的内涵，弄清它是什么，不是什么，用什么来翻译才比较确切，在前文的分析之外，我们还有一个线索，即再回到《大宪章》的文本中，看看它是与什么词并列使用的。

1. jura sua integra，et libertates suas illesas［jura/rights/权利］

13. libertates et liberas consuetudines suas［consuetudines/customs/习惯］

52. terris，castellis，libertatibus，vel jure suo［terris/land/土地、castellis/castles 城堡、jure/right/权利］

59. libertatibus suis，et jure suo［jure/right 权利］

60. consuetudines predictas et libertates［习惯］

61. pacem et libertates quas eis concessimus［pacem/peace/和平］

63. omnes prefatas libertates，jura，et concessiones［权利、concessiones/grants/赐予］

我们看到，在第 1、63 条，libertas 都以复数形式与 jura 并列使用，而 jura 是 ius 的复数形式，意为 rights，即"权利"。第 52、59 条的 jure 则是 ius 的单数形式。由此可知，libertas 不同于一般意义上的权利。如果按一些学者的建议翻译为"权利"，则又混淆了 libertas 和 ius，相关条款的解读又会出现混乱。从罗马时代起，ius 即指一个人作为公民所具有的权利，与生俱来，不可剥夺，当然也无须赐予。

在第 13、60 条，libertates 与 consuetudines 并列，后者意为 customs，即"习惯"。在中古英国的传统中，习惯是法律的主要形式，这二者并用，意味着 Libertas 也具有法律的地位，并得到国王尊重的承诺。

第 61 条中，libertates 与 pacem（和平）并用，它们都是国王所赐（concessimus），这也是 libertas 的一个重要特征。

基于以上梳理与分析，本文认为，如果不加解释地将 libertas 译为自由，并以其现代含义附会，会对《大宪章》及其价值造成很大误解。

1）在概念上，libertas 与自由差异明显。

在中世纪语境下，libertas/liberty 与一般意义上的自由没有关系，对它的确切翻译应当是"特权"（或特许权）。这个译法可以从众多西方学者的讨论中得出。比如在卡彭特注释《大宪章》的最新著作中，其术语表对 liberty 的解释是：（i）由国王赐予的特权（privilege）；（ii）一块豁免于行政司法管辖之外的区域，如私有百户区。① 除此两项，别无它义。前述用来对译 libertas 的中古法文 franchise，在中古法国和英国也是同样的含义，在今天也译为"特权"（或特许权）。事实上国内出版的辞书如《元照英美法词典》也列出了 liberty 和 franchise 的有关义项，但并未言尽，也未进行应用上的区分。②

因此，libertas 的更确切翻译应当是"特权"（或特许权）。如果因有 magna carta libertatum/libertatibus 这样的习惯称呼而一定要给《大宪章》加一个定语的话，应该是《特（许）权大宪章》。不过，鉴于特权一词和自由一样在现代中文世界有太深刻的既有解释，也不太适于中性地描述一个中世纪概念，所以更好的办法是和现代西方学界一样，仅称之为《大宪章》。

2）libertas 是中世纪政治生活的一个核心概念，其作为"特权"

---

① (i) A privilege conferred by the king. (ii) An exempt area of jurisdiction such as a private hundred. In David Carpenter, *Magna Carta*, p. 467.

② 薛波主编：《元照英美法词典》（缩印版），北京：北京大学出版社，2013 年，第 844、845 页。

而具有的特点，使它与近代以来的自由含义迥然不同。

首要的不同之处，在于 libertas 不具有普遍性，不但在全体臣民中不普遍，即使在贵族群体中也不是普遍的、共有的。借用《元照英美法词典》对 franchise 的解释：它是政府授予个人或团体的做某事的特权，而非公民普遍享有的权利。[①] 词典中所使用的当然是现代的措辞，说的也是其现代含义，但在中世纪，这正是 libertas 的重要特点之一。

概括而言，libertas 在中世纪英国有如下特征：

a. 它是作为封君的国王（也适用于作为封君的贵族相对于其封臣）授予贵族或城市的代行某项权力的特权或豁免于某项义务的特权。这事实上使特权领有者获得了一种在其管辖区域内的自治权。这也是前文提及 libertas 既可指某种特权，也可指特权行使之地域的原因。[②] 这一性质也使 libertas 与一般的权利 ius 区别开来。

b. 特权的内容是特定的、具体的。一个特权领有者从国王那里得到的特权理论上应当是具体、明了的。一个赐予针对一个具体的事项，构成一个特权。众多分门别类的 libertas/liberty，构成一个贵族或城市的 libertates/liberties。这也是《大宪章》中 libertas 绝大多数使用复数的原因。

c. 特权的授予对象一般是某个具体的贵族或城市，因此不同的贵族和城市之间，拥有的特权从内容到范围都差别极大。

d. 无凭据则无特权。特权的拥有一定要有合法的凭据。国王颁发的特许状（charter）是最有效的凭据。

e. 特权的取得一般是通过赎买的方式。费用一次缴纳或是每年交付贡金，以换取某方面的自治特权。

《大宪章》是一个特殊的特许状，它把特权的授予对象扩展到

---

① 薛波主编：《元照英美法词典》（缩印版），第 577 页。
② 有关中世纪英国的这种区域自治现象，笔者曾作过简要介绍。见蔺志强：《中古英国政府对地方特权的政策初探》，《中山大学学报》（社会科学版）2010 年第 3 期。

"全体自由人"。这不禁使人联想：当全体人民都拥有摆脱束缚的"特权"时，不就是拥有自由了吗？

然而正是在这里，要注意避免对《大宪章》的进一步误读。

人人享有平等的权利（美国法律中也使用 privilege 一词指这种权利）才是近代自由的本质特征。《大宪章》所涉的"全体自由人"并非全体人民，而主要是贵族群体，这一点前文已论及。而《大宪章》的主要条款也都是保护贵族的封建特权的。这正是《大宪章》的特权与近代的自由之间的根本区别所在，这一点无需多论。

在此需要强调的，是《大宪章》也没有将同等的特权授予其所谓的"所有自由人"：在贵族群体之中，在不同城市之间，特权也是千差万别的。也就是说，即使在它设定的有限对象范围内，特权也不但不具有普遍性，而且不具备平等性。

上述这些认识，在《大宪章》文本的有关表述中有充分的印证。

以特权来翻译 libertas 之后，前述的几个相关的条款大致应当是：

第 1 条：英国教会应当是自由的，其权利将不受干扰，其各项特权将不受侵犯；本王亦将下列所有各项特权授予王国的所有自由人。

第 13 条：伦敦应享有其旧有的各项特权及自由习惯，其他市镇和港口也应享有其所有各项特权和自由习惯。

第 52 条：任何人不经同等人的审判而被剥夺土地、城堡、各项特权或权利，将立即归还。

第 59 条：国王将归还苏格兰国王的各项特权与权利。

第 60 条：所有上述的习惯与特权，国王本人应遵守，同时所有无论教俗人士在对待"他自己的人"的时候，也应遵守。

第 61 条：贵族应选出 25 人，以一切手段维护和保证和平及我们所赐予（他们）的特权；国王不会以任何方式撤除或减损上述诸让步与特权。

第 63 条：国王将乐见王国的所有人享有上述各项特权、权利与赐予。

可以看出，《大宪章》在第 1 条将其后所有条款规定都称为特权，并明确授予"所有自由人"。从各条款内容看，确实有一些是适用于所有授权对象的，比如司法方面的规定等。但大多数是只与特定群体相关的，比如封臣的权利义务、针对城市的条款等。

然而更值得注意的是，在上面列出的这几个提到特权的条款中，教会、伦敦、其他市镇甚至苏格兰国王①等贵族和团体②都得到保证，其原有的特权将继续享有或被归还。他们的这些特权具体内容是什么，《大宪章》没有必要列举，因为他们各自有特许状等特权依据。同时《大宪章》也没有打算让所有贵族或城市利益均沾。直观地说，就是《大宪章》授予这些贵族或城市保持原有特权的特权。

结果是，在十三世纪之后，教会维持着其特殊地位，但只有像达勒姆这样的特权教区发展为高度自治的"巴拉丁"特权领地（palatine），几乎就是国中之国。伦敦则比其他任何城市都拥有更多的特权。对于贵族而言，祖宗留下的一纸特许状可以使他享有几个"私有的百户区（private hundreds）"，理直气壮地拒绝国王的官吏涉足其中。而没有特许状的贵族则只能望特权兴叹，或者在国王的官吏逼迫下拔出宝剑强作特权的"凭证"。③

总之，libertas 在《大宪章》的时代是一种即使在贵族群体中也不共享的特权，它反映的是中世纪的既有政治秩序。如果一定要

---

① 苏格兰国王因在英格兰领有土地而具有英格兰国王封臣的身份。正如英国国王因大陆领地而成为法国国王的封臣。

② 此处似可以用法人的概念解释城市拥有特权的身份，但是当时并没有明确法人的概念。而且，贵族的特权也不是授予其个人的，也应当是以一种法人身份领有特权。实际上，国王在赐予特权时，并不会在性质上区别对待贵族和城市。《大宪章》12 条就规定，伦敦也要以与贵族同样的方式缴纳协助金。

③ Michael Prestwich, *Edward I*, New Haven and London：Yale University Press, 1997, p. 259.

用自由翻译它，需要我们对自由进行重新定义，指出这是特殊的"中世纪自由"。它和古典时代奴隶们呼喊的"不自由毋宁死"以及法国革命年代的"自由引导人民"所体现的追求都颇为不同。以自由翻译 libertas 已经在大众当中造成误导，以为这是英国人民在中世纪追求自由并获得胜利的证据，这样既不利于认识中世纪，也无助于理解西方近代化的进程。因此让 libertas 回归中世纪的本义十分必要。

（本文原发表于《历史研究》2016 年第 3 期）

中世纪晚期英格兰议会政治中的
大宪章与王权[①]

许明杰

（复旦大学历史学系）

13 世纪末至 15 世纪初，议会曾反复确认大宪章多达四十九次，这是英格兰政治史上极为突出的现象。[②] 学界对此已多有关注研究，大致存在两种观点。一种观点强调大宪章体现了"王在法下"的宪政原则，议会反复确认说明该原则在现实的政治生活中得到了贯彻实践。早在 17 世纪初，著名学者爱德华·柯克就曾指出"总共有 32 次议会法令确认、确立并勒令实施"大宪章，因此该文件在中世纪便是国家法律，乃"法中之法"。[③] 辉格宪政史学派奠基人威廉·斯塔布斯更是鼓吹大宪章的历史意义，甚至直言"整个英格兰宪政

① 本文系 2019 年度国家社会科学基金青年项目"法律视角下中世纪晚期英格兰民众与国家关系研究"（项目号 19CSS002）的阶段性成果，并受到上海市浦江人才计划（18PJC019）资助。论文初稿曾在"第三届全国世界史中青年学者论坛（2019 年）"上报告，感谢在场专家的反馈意见。复旦大学历史学系"英国史研讨班"向荣教授以及郁迪、黄嘉欣等同学就论文修改提出了中肯的意见，苗梦与严新宇等学友也有指点，邢冰洁同学对原始文献进行了收集整理，剑桥大学博士候选人黄怡洁惠助部分外文文献，谨致谢忱。感谢匿名评审专家的宝贵意见。不足之处，由笔者承担责任。
② 关于议会确认大宪章的实际次数，学界有不同的说法（例如下文提及的爱德华·柯克与费丝·汤普森之说）。笔者根据《王国法令集》与《中世纪英格兰议会档案》两部核心原始文献做了最新统计，具体见文末表格 1。
③ Edward Coke, *The Second Part of the Institutes of the Laws of England*：*Containing the Exposition of Many Ancient, and Other Statutes*, 2 volumes, London：printed for E. and R. Brooke, 1797（originally published in 1604），vol. 1, Proeme.

史不过是大宪章的一部评注"。他虽并未明确指出议会确认大宪章活动的政治作用，但特别强调爱德华一世在 1297 年应议会请求发布的《宪章确认书》的意义，君主由此向人民做出巨大妥协，客观上"教导整个国民维护宪政权利"。[1]

辉格学说曾在西方学界长期占据主流，产生了巨大影响。20世纪以后，该学说逐渐因为将历史过分简单化而招致不少批评[2]，但其对中世纪大宪章的解释路径仍为大多数英美学者所继承，甚至得到进一步发挥。例如美国著名宪政史学者 C. H. 麦克文指出，议会反复确认说明大宪章成为国家普通法的一部分，而且"在任何实际意义上说都是基本法"。[3] 费丝·汤普森则认为多达 44 次的确认活动体现了议会"不断警醒君主'王在法下'之道德胜利"。[4] W. H. 邓纳姆更进一步强调，议会反复确认说明"大宪章的'内容与宗旨'在 1300 至 1600 年之间三个多世纪里享有无限且囊括一切的权威，充当了当时的宪法"。[5] 时至 21 世纪，学者拉尔夫·特纳依然延续这一思路，指出"在 13、14 世纪大宪章成为不满的臣民联合反对国王的旗帜，要求确认该宪章成为他们实施的政治改革方案的基础性内容。因为这种不满，大宪章到十五世纪初便得到超过

---

① William Stubbs, *The Constitutional History of England in its Origin and Development*, 3 volumes, Cambridge: Cambridge University Press, 2011 (originally published in 1875 - 8), vol. 1, p. 532; vol. 2, pp. 5, 144 - 145.

② 赫伯特·巴特菲尔德：《历史的辉格解释》，张岳明、刘北成译，北京：商务印书馆，2012 年（英文原书最早出版于 1931 年）。

③ C. H. McIlwain, "Magna Carta and Common Law," in H. E. Malden, ed., *Magna Carta Commemoration Essays*, London: The Royal Historical Society, 1917, pp. 122 - 179（引文出自第 131 页）。

④ Faith Thompson, "Parliamentary Confirmations of the Great Charter," *The American Historical Review*, vol. 38, no. 4 (July, 1933), pp. 659 - 672（引文出自第 663 页）。

⑤ 见 W. H. Dunham, "Magna Carta & British Constitutionalism," in S. E. Thorne *et al.*, *The Great Charter: Four Essays on Magna Carta and the History of Our Liberty*, New York: Pantheon Books, 1965, pp. 20 - 47（引文出自第 20 页）。

四十余次确认，证明该宪章成为（王国）土地上的基本法"。①

　　另一种观点则强调不能高估或神话大宪章在中世纪政治生活中的作用，认为该文件在当时并非国家的"基本法"或"最高法"。著名学者约翰·贝克指出，议会确认虽然意味着大宪章成为"王国法律"，但中世纪的英格兰并不存在所谓的宪政体制，因而大宪章对君主的限制有限。事实上，不少君主在确认大宪章的同时，又时常违背。② 甚至有一种说法认为，"正是因为它（大宪章）并未真正发挥作用"，故而"反复确认才有必要"。③ 这里要特别提及我国学者孟广林的观点，他认为大宪章作为文本化的"王国法律"，虽然在厘清封建特权阶层与王权之间权力边界、规范封建统治秩序方面发挥了重要作用，但并未有效地限制王权，在其诞生之后的三个多世纪里"经历了屡起屡仆的'命运沉浮'"。他特别指出，大宪章能否限制王权取决于两个因素：一是"国王与贵族之间政治势力的实际对比"，二是"国王是否考虑培固其政治基础而做出某种让步"。④ 总体来说，这种观点相比前一种观点更加体现了对当时历史复杂性的关注与吸纳，因而更为接近真实。

　　概括来说，上述两种观点虽然对大宪章的评价存在争议，但均认为该文件的主旨是限制王权，差别主要体现为这种限制是否真正有效。不过议会确认大宪章需要君主批准同意，而这一时期的君主又确有实权，且基本能够掌控议会，他们何以允许议会确认限制自身权力的大宪章呢？况且此类确认活动自亨利三世至亨利五世共计

① Ralph Turner, *Magna Carta: Through the Ages*, Harlow: Pearson Education Limited, 2003, pp. 2 - 3.

② John Baker, *The Reinvention of Magna Carta 1216 - 1616*, Cambridge: Cambridge University Press, 2017, pp. 1 - 46.

③ Edward Jenks, "The Myth of Magna Carta," *The Independent Review*, vol. 4, no. 14 (November 1904), pp. 260 - 273（引文出自第 271 页）。

④ 孟广林：《英国"宪政王权"论稿：从〈大宪章〉到"玫瑰战争"》，北京：人民出版社，2017 年，第 52—67 页。马克垚先生也提出过类似的主张，见马克垚：《英国封建社会研究》，北京：北京大学出版社，2005 年，第 71—74 页。

七位君主累计发生达四十九次，何以这些君主皆会如此呢？更加匪夷所思的是，这些君主还包括爱德华一世、爱德华三世、亨利四世、亨利五世等有为国王，这又该如何解释？

因此笔者认为，为弄清议会确认大宪章活动发生的深层次根源，有从君主集权的视角进行继续探索的必要。本文研究发现，这类活动的频繁开展离不开君主的支持，而君主此举并非随意为之，乃是出于当时政治形势的迫切需要。随着 13 世纪中叶以来议会政治的形成和发展，君主面临如何通过议会实现集权的新命题。因为议会在财政税收等国家关键性事务上拥有极大的话语权，君主需要同议会进行合作与博弈，而大宪章是其中的重要媒介。到 15 世纪，随着议会政治的异化，大宪章的作用逐渐走向衰落。议会确认大宪章活动的形成与演变显示了这一时期英格兰王权的妥协式集权特点。

一、议会确认大宪章与君主的作用

大宪章最先由约翰王于 1215 年被迫发布，以向臣民授予特许状（grant of charter）为形式。[①] 此后继位的亨利三世也曾多次使用这种方式确认大宪章，据统计至少有 10 次。[②] 很明显，作为君主特许状的大宪章的权威是有限的。然而此后出现的议会确认（parliamentary confirmations）则将大宪章提升到更高的地位。鉴于议会是当时国家最高的政治机构之一，广泛代表封建统治阶级的

---

① "*magna carta*/the great charter" 原意是国王赐予的"大特许状"，将其翻译为"大宪章"并不符合中世纪英格兰的历史现实。但根据国内学界的约定俗成，本文仍使用该翻译。国内学界已有学者指出这一点，见蔺志强：《"自由"还是"特权"：〈大宪章〉"Libertas"考辨》，《历史研究》2016 年第 3 期，第 184 页注释 1；孟广林：《英国"宪政王权"论稿》，第 46 页注释 1。

② Faith Thompson, *The First Century of Magna Carta*: *Why it Persisted as a Document*, Minneapolis: University of Minnesota Press, 1925, p. 116, Appendix C.

核心群体，① 大宪章得到该机构正式确认意味着获得了更高的权威。

议会确认最早出现在亨利三世时期。1267 年议会通过的《马尔伯勒法令（The Statute of Marlborough）》第 5 条明确说：

> 吾主国王（亨利）……召集王国的审慎远虑之士，包括高等与低等阶层……制定法令、条例与法规如下。……大宪章的所有条款应当遵守，无论条款是涉及国王还是其他人。如若必要，总巡回法庭法官在巡视时以及郡守在其管辖之各郡须予以调查。对于违反者，（郡守）可免费获得令状，进而向国王、王座法庭法官或总巡回法庭法官申诉。……违反者一旦确认有罪，吾主国王会予以严惩。②

很明显，此次议会以王国法令的方式确认了大宪章，强调"所有条款应当遵守"，并就其具体实施做出明确规定，说明大宪章已正式享有国家法律的地位。

爱德华一世时期的议会确认更加提升了大宪章的地位。这类活动总计四次，分别发生在 1297 年、1299 年、1300 年、1301 年，虽然次数并不多，但更加凸显了大宪章的政治地位。1297 年颁布的《宪章确认书（*Confirmatio Cartarum*）》最为关键，该文件说：

---

① 中世纪英格兰议会的成员基本能够代表当时封建统治阶级的核心群体。除君主及其官员之外，议会成员主要包括由贵族、高级教士代表组成的上院，以及郡骑士和市民代表组成的下院。概括来说，这些成员代表了三类精英阶层，即贵族、教士与平民精英，即地位财富都具有一定水平的"自由人"。值得一提的是，大宪章的适用范围也基本对应这类"自由人"群体。可参见 F. W. 梅特兰：《英格兰宪政史——梅特兰专题讲义》，李红海译，北京：中国政法大学出版社，2010 年，第 75—90、165—177 页；J. R. Maddicott, *The Origins of the English Parliament*, 924 - 1327, Oxford: Oxford University Press, 2010, pp. 444 - 450. 向荣教授也指出中世纪议会在很大程度上代表整个王国，见向荣：《中世纪欧洲的政治传统与近代民主》，李剑鸣主编：《世界历史上的民主与民主化》，上海：上海三联书店，2011 年，第 200—207 页。

② *The Statutes of the Realm* (hereafter cited as *SR*), 11 volumes, London (no publisher information), 1810 - 1828, vol. 1, the Statutes, pp. 19, 20.

　　爱德华，受命于上帝之英格兰国王……告知汝知晓……在朕之父王亨利在位之时经整个王国一致同意的自由宪章与森林宪章的每一条款均应准确无误地遵守。朕决定将这两份宪章盖上朕之御玺，寄往王国各郡郡守与朕之所有其他官吏，以及朕之城镇。还附上令状，使得上述宪章得到公布，并就朕确认之所有条款向民众宣讲。朕之法官、郡守、镇长以及其他官吏，根据朕的土地之法律，须允许（人民）就其所有条款发起诉讼，换言之，为朕之王国的富足（须将）大宪章看作普通法（the Common Law）。朕亦决定：朕之法官或其他官吏就其处理之诉讼所做出的任何判决如若违背上述宪章的条款，这些判决应当撤销或视作无效。朕还决定将这些宪章盖上朕之御玺，寄往朕之王国各地的主教座堂，由其保管并向人民宣读，每年两次。如果任何人的言语、行为或劝言与上述宪章相悖，或违背其任何条，所有大主教与主教应当宣布开除其教籍，该处罚应当定期实践并发布，每年两次。如果这些主教中的任何人懈怠此事，坎特伯雷与约克两位大主教须及时敦促并迫使其按上述方式履行职责。①

　　从内容上看，该文件基本延续了《马尔伯勒法令》，但更加突出强调了大宪章作为国家法律的特殊地位，不仅明确说大宪章由"整个王国一致同意"，"每一条款均应准确无误地遵守"，而且还正式规定该文件成为王国的"普通法"，是民众诉讼之依据。

　　爱德华一世时期的议会确认为后世确立了典范。此后的议会确认活动更加频繁，几乎成为一种常态。爱德华三世、理查德二世与亨利四世三位君主分别召开议会47、25、10次，确认大宪章22、

① *SR*，vol. 1，the Statutes，p. 123. 该记载提及森林宪章，此文件起始于1217年，当年发布的大宪章将关于森林的一部分条款独立出来，便是所谓的森林宪章。

13、6 次，平均每两届议会便确认一次。这类确认进一步巩固了大宪章作为国家法律的地位，这于相关的王国律令中的话语有明显体现。1330 年议会通过的决议便说："先王以及本王（在位）之时制定的大宪章、森林宪章以及所有其他法令的所有条款如今都应遵守维持"。① 此决议明确将大宪章、森林宪章与"其他法令"并列，而且位于最前，可见其地位。此后有多次议会确认重复了这种话语，在爱德华三世时期至少有 7 次。② 其中两次决议甚至明确将大宪章定位为法令之首。1341 年的决议说："此后制定的任何（法律条款）如若违反大宪章与森林宪章，则应在下一届议会得到公开宣布，由王国的贵族予以适当匡正"。1368 年的决议更是说："此后制定的任何法令如若违反（大宪章与森林宪章），便应视作无效"。理查德二世、亨利四世时期的议会确认也基本延续了这类话语。

议会确认活动何以会在这一时期如此频繁地出现呢？主流观点往往强调臣民的作用，认为大宪章旨在限制王权专制，符合臣民的普遍利益，而臣民借助议会这一政治平台，通过立法、请愿活动维护自身权益，促成议会确认大宪章并开展相关活动，改善君主政府统治。③ 而君主受制于臣民的强大压力，只能被迫同意。例如上文提到，汤普森认为确认活动体现了议会"不断警醒君主'王在法下'之道德胜利"。文森特则提出，大宪章不断得到确认"大多数情况下是回应议会请愿"。④ 概括言之，这种观点认为，议会及其代表的臣民在确认活动中起到了主动乃至主导性的作用，而君主的作

---

① *SR*，vol. 1，the Statutes，p. 261.

② 这些议会分别召开于 1336 年、1341 年、1354 年、1362 年、1363 年、1365 年、1368 年，见 *SR*，vol. 1，the Statutes，pp. 275，295，345，371，378，383，388。

③ 此处的"君主政府"是指以国王为核心的一系列国家行政司法机构，包括王廷、御前会议、文秘署、财政署、王室法庭等等。值得一提的是，英格兰君主政府在 1300 年前后已经达到相当规模，可参见 F. W. 梅特兰：《英格兰宪政史——梅特兰专题讲义》，第 27—141 页；马克垚：《英国封建社会研究》，第 51—110 页。

④ Nicolas Vincent，*Magna Carta：A Very Short Introduction*，Oxford：Oxford University Press，2012，pp. 89 - 90.

用则是次要的、被动消极的。

这一观点看似有道理，但不符合常理。这一时期英格兰的君主作为整个王国的最高统治者，乃行政与司法之源，任何国家法律如果缺少其支持，恐怕很难得到通过颁行，更遑论得到贯彻实施。而且议会作为王国政府的核心机构，本身由君主召集，其活动也在很大程度上受君主掌控。① 如果没有君主的大力支持，议会确认活动如何能如此频繁地开展呢？

而且实际证据也说明君主在其中发挥了突出作用。首先，从程序上说，君主的角色必不可少。就确认大宪章活动本身来说，虽然议会成员有发起公共请愿之功，但最终需君主认可批准。爱德华一世时期的四次议会确认便体现了这一流程。例如 1300 年议会通过的《有关两部宪章的条例（Articuli super cartas）》明确说："鉴于高级教士、伯爵与男爵在威斯敏斯特举行的议会上提出请求，我主国王再次授予、重述并确认（父王亨利授予人民的权利大宪章与森林宪章）"。② 此后议会确认的流程也类似，但是更为规范。例如 1327 年议会确认大宪章的决议反映了爱德华三世时期及其之后确认活动的典型流程，该决议说：

> 在威斯敏斯特举行的议会上，爱德华三世国王在其王国平民代表（即下议院议员——引者注）当面向他及其御前会议请愿祈求之下，由议会的高级教士、伯爵、男爵与其他大人同意，为朕及朕之后人永久批准如下条款：首先，权利大宪章与森林宪章的每一条款都应遵守维持。③

---

① F. W. 梅特兰：《英格兰宪政史——梅特兰专题讲义》，第 126—129 页；马克垚：《英国封建社会研究》，第 289 页；孟广林：《"王在法下"的浪漫想象：中世纪英国"法治传统"再认识》，《中国社会科学》2014 年第 4 期，第 192—200 页；蔺志强：《13世纪英国的国王观念》，《世界历史》2002 年第 2 期。

② SR，vol. 1, the Statutes, p. 136.

③ SR，vol. 1, the Statutes, p. 255.

　　由此不难看出，议会的三股主要力量均参与到确认活动之中，先由下议院议员"请愿祈求"，后由上议院议员同意，最终由君主"批准"。既然是"批准"，就说明君主地位在上，议会其他成员在下，而非相反。另外一个更典型的例子是 1372 年议会，该事例可以说明君主批准可能是大宪章确认的最终决定性环节。在此次议会上，平民议员发起公共请愿，请求国王批准确认，但国王却并未给予回应和支持，大宪章因此也未获确认。①

　　不仅如此，大宪章作为王国法律还需要宣传实施，这些活动直接仰赖君主力量的参与。例如上文引述的 1297 年《宪章确认书》就明确提到，该文件乃是以国王爱德华一世的名义向全国发布，而且"盖上朕之御玺寄往王国各郡"，君主还勒令地方官员负责向当地民众宣传，并"允许（人民）就其所有条款发起诉讼"。该记载实际上反映了当时英国法律行政体系的运行机制：王国律令先由君主中央政府发布，相关政治文件随即发往各地，由地方官员宣传贯彻。而且鉴于大宪章以及有关确认的决议文件往往由拉丁文、法文书写，地方官员在宣读的过程中还会使用本土英文加以解释。②

　　更加需要指出的是，君主对于议会确认大宪章活动的态度也并非全然消极。《议会档案》对于爱德华三世及其之后议会确认大宪章活动的流程有较为详细的记录，其中包括君主对相关公共请愿（common petitions）的回应（answers），这于国王的态度有清晰的反映。③ 例如在 1343 年议会上，针对确认大宪章之公共请愿，君主

① *Parliament Rolls of Medieval England*，1275–1504（hereafter *PROME*，CD-ROM，Scholarly Digital Editions），eds.，Chris Given-Wilson *et al.*，Leicester，2005，vol. ii，311，No. 16. 更多介绍，可参见 *PROME*，introduction of Parliament of November 1372。

② Anthony Musson，*Medieval Law in Context：The Growth of Legal Consciousness from Magna Carta to the Peasants' Revolt*，Manchester：Manchester University Press，2001，pp. 225–228.

③ 关于中世纪议会公共请愿的介绍，可参看 W. Mark Ormrod，Helen Killick and Phil Bradford，eds.，*Early Common Petitions in the English Parliament*，c. 1290–c. 1420，Cambridge：Cambridge University Press，2017，pp. 1–18.

回应说"朕素来赞同此事，此次亦然"。① 而在 1351 年议会上，君主的回应更是说"吾主国王当然乐见此事，即大宪章与所有其他（法令）必须得到遵守维持，不得丝毫违背"。② "赞同（wills）""乐见（pleases）"等话语在君主的回应中屡屡出现。

此外，《议会档案》还记载了许多其他援引大宪章的请愿活动，这些请愿活动也时常得到君主的积极回应。这类活动最早出现在爱德华一世时期，主要是私人请愿（private petitions），总计至少有10 起。③ 在这些请愿中，请愿人直接援引大宪章的条款为其诉求张目，这些诉求如若合理，往往会得到国王支持。例如其中一则来自北部约克郡纳尔斯伯勒的市民，他们向国王申诉说当地的国王森林总管以他们未管束好狗犬为由勒令其缴纳罚金，但森林总管此举"违背了大宪章的条款"，因为他们实际上居住在"自由狩猎"区域，并无侵犯行为。而国王回应说会"公正处理（justice will be done）"。④

这类援引大宪章的请愿活动在此后的议会上不断出现，特别集中于爱德华三世到亨利四世时期。在这一时期，不仅此前的私人请愿活动得到延续，而且新出现的公共请愿活动发挥了更为突出的作用。例如下议院议员在公共请愿活动中时常引述大宪章第 29 条来督促君主改善施政方式⑤，规劝国王匡正下辖官员或法官的违法行

---

① *PROME*，vol. ii，139，Nos. 24–25.

② *PROME*，vol. ii，227，No. 11.

③ 这些案件出自《议会档案（PROME）》。值得一提的是，爱德华一世时期的议会档案有不少丢失损坏，因此实际案件数可能远多于此，见 *PROME* 的介绍 "Edward I, 1272–1307"（http://127.0.0.1：8000/AnaServer? PROME + 1747 + contents. anv）。有关中世纪议会私人请愿的介绍，见 Gwilym Dodd, *Justice and Grace：Private Petitioning and the English Parliament in the Late Middle Ages*, Oxford：Oxford University Press，2007；刘鹏：《英国议会请愿的起源》，《世界历史》2020 年第 1 期。

④ *PROME*，vol. vii，20，No. 43.

⑤ 该条款在 1215 年版大宪章中列为第 39、40 条，在 1225 年版、1297 年版合为第 29 条，见钱乘旦、高岱主编：《中古英国社会与法》，北京：北京大学出版社，2018 年，第 262 页。

为。据《议会档案》统计，这类请愿在爱德华三世至亨利四世时期至少出现 16 次，而这些诉求普遍得到君主的积极回应。例如在 1362 年的议会上，下议院议员发起的公共请愿说"大宪章与其他法令规定，任何人只有经过公诉或其他正当的法律程序，方能由特殊拘捕令予以逮捕或监禁"，但法庭却通过特殊拘捕令直接捉捕了很多人，故而议员请求君主释放受害人。而国王则回复"欣然同意此事"，允诺会"秉公处理"。[①] 特别值得一提的是，在君主的支持之下，这类公共请愿还促成议会通过了相关的法律。笔者据《王国法令集》统计，基于大宪章第 29 条通过的议会法令集中于爱德华三世时期，共出现 4 次，例如 1351 年议会法令说"根据大宪章的规定，任何人不得被监禁，不得被剥夺自由持有土地、权利以及自由习惯，除非按照（王国）土地上的法律…并经过正当的法律程序"。[②]

因此可见爱德华一世、爱德华三世等君主在议会大宪章活动中的突出作用和支持态度，这是大宪章从特许状转变为王国法律的重要原因。相比此前的约翰王，这些君主的此种态度可谓截然不同。约翰王最初签署大宪章乃是不得已之举，当时反叛贵族兵临首都，形势危急，因而他被迫接受"城下之盟"，而待实力恢复之后则断然撤销确认。不过奇怪的是，既然大宪章旨在限制王权，上述这些国王，包括爱德华一世等有为君主竟然多次同意甚至支持议会确认大宪章，这又是为什么呢？

对于这一问题，现有研究的解答并不充分。据笔者所见，相比最近的学者，反倒是早期学者有所解释。柯克说大宪章"曾由好国王确认超过三十次"[③]，可见他注意到议会确认需要国王同意批准，

---

① *PROME*，vol. ii，270，No. 20.

② *SR*，vol. 1，the Statutes，pp. 267，321，362，382.

③ John Rushworth，*Historical Collections of Private Passages of State*，*Weighty Matters in Law*，*Remarkable Proceedings in Five Parliaments*，*Beginning the Sixteenth Year of King James*，*Anno 1618 and Ending the Fifth Year of King Charles*，*Anno 1629*，London：printed by Tho. Newcomb for George Thomason，1659，p. 502.

此举源于君主的优良品行。斯塔布斯进一步论述了这一看法，但具体阐释有所不同。他特别强调爱德华一世确认大宪章的意义，但对爱德华三世等其他君主评价不高。他曾评述说爱德华一世能力突出、性格强势，但对大宪章的态度与前任君主迥异，竟然能在 1297 年颁布《宪章确认书》，此乃"我国历史上最奇异的现象之一"，此举充分体现国王是"诚善节制"、"遵循规矩"之统治"天才"。[①]

从宪政史的立场出发，这种看法自然不难理解。按照这一逻辑，君主竟然主动确认大宪章，可谓自损利益，确实说明其品行。不过这种看法明显违背常理。君主频繁支持议会确认大宪章，如此损己利民，难道他们是圣人吗？须知议会乃是当时王国最高的政治机构之一，在议会确认大宪章当属国之大事，国王必然不会等闲视之。君主是世俗政治中的统治者，绝非圣人，在重要的政治决策中考虑最多的必定是自身利益，所谓的道德因素即便有考虑，也居于次要地位，更何况是爱德华一世、爱德华三世等有为之君。由此推断，君主支持议会确认大宪章必定别有深意，此举定能给王权带来明显的益处。既然大宪章带有浓厚的限制王权色彩，君主如何通过支持议会确认大宪章来获得利益呢？下文将结合议会政治的实质性特征来进行深入探析，尝试对这一矛盾现象的根源进行解释。

二、大宪章与议会政治中的权力博弈

（1）议会与大宪章的"权力杠杆"作用

形成于 13 世纪的英格兰议会，在整个中世纪后期一直是王国政府最重要的机构之一，旨在处理"王国的重大事务"。[②] 据统计，

---

① 作者对爱德华一世的这类评价反复出现，见 William Stubbs, *The Constitutional History of England in its Origin and Development*, vol. 2, pp. 5，102，144，517。

② "王国的重大事务"语出 12 世纪英格兰编年史家马姆斯伯里的威廉（William of Malmesbury），用来描述威廉一世时期王廷的职能，而学者马蒂科特以此来描述议会，甚为恰当，见 Maddicott, *The Origins of the English Parliament*, 924 - 1327, pp. 166，441。

从爱德华一世到亨利七世共十位君主在位约 240 年时间里，议会累计召开超过 214 次。① 值得一提的是，英格兰乃是中世纪西欧议会制度发展最成熟的国家，无论从议会召开的频率或是其在国家政治生活中起到的作用都冠绝西欧，因此有学者提出"议会君主制"的概念来描述当时英格兰的政治体制。②

议会制度能够发挥如此重要的作用自然离不开国王的参与和支持。事实上，议会本身就是君主中央政府的机构之一，只有君主召集方能召开，而且会议议程与活动也在很大程度上由国王主导，因此有所谓"王之议会（the king's parliament）"以及"没有国王就没有议会（No king, no parliament）"的说法。③

君主为何如此倚重议会？关键在于该制度对君主治国至关重要。英格兰国王作为王国的最高统治者，本身代表着封建统治阶级的整体利益，为了更好地治理国家，自然需要充分吸纳臣民中的精英分子参与政治。而议会乃是当时王国最具广泛代表性的政治机构，恰恰满足了君主同封建精英群体合作治国的这种需要。不过，国家的治理毕竟事关重大，往往牵涉统治阶级内部复杂的利益关系，不同利益群体之间时常存在矛盾，而且有时还会表现为激烈的

① 见下文表格 1。
② 有关这一时期西欧议会制度的概况以及英格兰议会的独特性，可参看迈克尔·琼斯主编：《新编剑桥中世纪史·第六卷·约 1300 年至约 1415 年》，王加丰等译，北京：中国社会科学出版社，2020 年，第 42—46 页；John Watts, *The Making of Polities: Europe, 1300 – 1500*, Cambridge: Cambridge University Press, 2009, pp. 233 – 238；J. R. Maddicott, *The Origins of the English Parliament*, 924 – 1327, pp. 376 – 453。有关"议会君主制"概念的阐释，可参看 J. E. A. Jolliffe, *The Constitutional History of Medieval England* (second edition), London: Adam & Charles Black, 1937, p. 331；孟广林、黄春高：《英国通史（第二卷）：封建时代——从诺曼征服到玫瑰战争》，南京：江苏人民出版社，2016 年，第 67—77 页。
③ 例如 G. O. Sayles, *The King's Parliament of England*, New York: W. W. Norton & Company, Inc., 1974；Gerald Harriss, *Shaping the Nation: England 1360 – 1461*, Oxford: Oxford University Press, 2005, p. 67；孟广林：《"王在法下"的浪漫想象》，第 192—200 页；孟广林、黄春高：《英国通史（第二卷）：封建时代——从诺曼征服到玫瑰战争》，第 76 页。

博弈乃至冲突。特别是君主，不仅位高权重，而且还有集权专制的倾向，因此王权的实践往往会侵犯臣民的权益，更是容易引发精英群体的不满。而议会则为统治阶级解决这一问题提供了绝佳的平台，有利于包括君主在内的不同政治群体在利益博弈中通过协商妥协达成一致、实现合作。

由此可见，议会对于君主治理国家、实现集权是有明显益处的。概括来说，议会可以充当君主的"权力杠杆"，如果使用得当，可以最大程度地吸收统治阶级的成员参与国家政治，实现同贵族、教会与地方精英的合作，从而扩张王权。不过正如我们需要选择合适的支点方能充分发挥杠杆的功能，君主也需要恰当的媒介手段才能将议会的集权效益最大化。具体来说，君主要想获得议会及其所代表的政治精英群体的充分支持，就必须做出适当合理的妥协，从而强化与支持者的合作乃至联盟关系。而大宪章无疑是君主实现这一目标的重要媒介，因为大宪章从根本上说是涉及当时封建统治阶级内部权益分配的一份政治文件，其内容体现了对君主专制权力的限制以及对政治精英群体权益的保护。也就是说，大宪章乃是当时君主与政治精英群体之间最为重要的封建"契约"。因此议会中大宪章活动的频繁开展象征着双方这种合作性"契约"关系不断得到确认强化，而大宪章成为"王国法律"则更加意味着双方的合作关系获得进一步巩固。

更加具体地说，君主通过支持议会确认大宪章活动往往能获得实际的益处，体现为如下三个方面。其一，缓和与政治精英群体的矛盾，化解政治危机。其实在议会正式形成之前，亨利三世便使用过这一策略。亨利继位时接手的是父亲约翰王留下的政治残局，反叛贵族正虎视眈眈，因此国王不得已多次确认大宪章，进而也成功地化解了危机。亨利能力平庸，在其独立执政之后胡作非为，到1250年代引起了以孟福尔为首的贵族集团的激烈反对，双方最终兵戎相见，引发内战。在内战期间，孟福尔一度以大宪章为旗帜反对国王，甚至在1264年公开确认了大宪章。此后国王获得内战胜利，却在 1266 年确认大宪章，并在 1267 年议会上再次予以确认，[①] 此乃议会确认大宪章的开始。国王到 1266 年已然掌控政局，却以主动的姿态确认大宪章，此举有着重要的政治考虑：回应反对派的改革诉求，恢复同政治精英群体的合作关系，进而稳定政局、赢得民心。而且这一突出举动也起到了明显的效果，不仅加快了内战的结束，而且为亨利三世在位后期乃至此后爱德华一世统治时期的政治稳定奠定了良好的基础。

爱德华三世、亨利四世两位君主在继位之初也使用了这一策略。爱德华三世的父王爱德华二世治国无方，导致国家长期陷入内战，最终兵败被废。新国王继位时正处年幼，面临政治危局，故而应议会的请求在 1327 年、1328 年分别确认大宪章，以稳固王位。[②] 而亨利四世继位之时面临更大的挑战。亨利是通过推翻前任国王理查德二世的统治而篡得王位，因此自身的统治合法性存在更大的危机。为了赢得议会与臣民支持，他曾在即位之初的前四年（1399—1402 年）三次确认大宪章。[③]

其二，确认大宪章有助于君主顺利征收国税，扩大财权。税收关乎王国统治的根本，涉及封建统治阶级的核心利益，因此往往是议会最重要的议题。鉴于当时英格兰存在君主征收国税必须获得公众同意的传统，议会作为体现公众意愿的国家政治机构对君主征税有极大的话语权，故而双方往往就此事务展开激烈的博弈。而大宪章本身就直接体现了公众同意的原则，1215 年大宪章第 12 条就直接说"若无王国的普遍认可，任何缴纳免役税与协助金的义务不得

[①] Michael Prestwich, *Plantagenet England 1225 - 1360*, Oxford: Oxford University Press, 2005, pp. 101 - 117, 120 - 123. 需要指出的是，1267 年议会确认大宪章的决策在很大程度上是王太子爱德华主导的，见 Michael Prestwich, *Edward I*, New Haven: Yale University Press, 1997, p. 59。

[②] *SR*, vol. 1, the Statutes, pp. 255, 257. 有关这一时期英格兰上层政局的情况可参看 W. Mark Ormrod, *Edward III*, New Haven: Yale University Press, pp. 55 - 89。

[③] 分别发生在 1399 年、1401 年和 1402 年，见 *SR*, vol. 2, pp. 111, 120, 132。

强加于国内”，① 因此该文件往往充当双方在利益博弈中进行沟通、达成妥协的媒介。事实上，在议会正式确立之前，君主便使用过这一策略。亨利三世确认的 1225 大宪章便说，王国的臣民同意交纳 1/15 税，“作为此次授予（大宪章）的回报”，② 这说明国王是通过确认大宪章换得了臣民对此次税收的支持。

这一策略在爱德华一世同议会的博弈中体现得极为明显。爱德华是有为君主，政绩战功卓著，受到臣民普遍敬畏尊崇，其在位期间政局基本保持稳定。但 1290 年代后期却出现过短暂的政治危机。危机源头在于当时爱德华盲目发起对法国的战争，导致国家财税压力巨大，但国王又并未合理征收国税，故而引起臣民的极大不满。到 1297 年，形势进一步恶化。国王在并未获得议会充分支持的情况下，强行动员臣民支持对外战争，并试图征收负担很重的 1/5 与 1/8 税③，导致民意沸腾。反对派力量由此联合起来，向国王提交了《进谏书（The Remonstrances）》。《进谏书》特别提及了大宪章，说道：“僧俗人士皆强烈主张，他们有根据大宪章要旨行事之传统。然而（当局）竟然如此忽略（大宪章）的诸多要旨，不仅对人民造成了严重伤害，而且会为不愿遵守（大宪章）之人带来灾祸。有鉴于此，他们请求（当局）予以纠正，为了上帝、神圣教会与它（大宪章）的荣耀以及人民福祉。”④ 但国王起初并未予以回应，双方关系更加剑拔弩张，国家甚至有陷入内战的危险。面临严

① 此处参考蔺志强的翻译，见钱乘旦、高岱主编：《中古英国社会与法》，第 255 页。值得一提的是，该条款在随后的大宪章版本中被删去。

② Harry Rothwell, ed., *English Historical Documents*, III 1189 - 1327, London: The Routledge Press, 1996, p. 346.

③ 这是一种动产税，1/5 与 1/8 是指税率，前者针对城市和古代王室领地，后者针对乡村地区。下文还有多次提及这类国税。有关中世纪英格兰动产税的更多介绍，可参看施诚：《中世纪英国财政史研究》，北京：商务印书馆，2010 年，第 165—179 页。

④ 见 Michael Prestwich, ed., *Documents Illustrating the Crisis of 1297 - 98 in England*, London: The Royal Historical Society, 1980, pp. 115 - 116，原文是中古法语，感谢清华大学吕昭博士在翻译方面予以帮助。

峻的形势，君主政府在当年 9 月底再次召开议会。反对派贵族延续《进谏书》的主张，向君主提交了《不经同意不得征收任意税的上表（De Tallagio non concedendo）》，篇首第一条明确提出"任意税或协助金的征收必须征得…（所有）自由民的同意"。① 经过长时间的讨论甚至争吵，双方最终达成妥协：国王发布了《宪章确认书》，不仅正式确认了大宪章作为"普通法"的地位，而且认可国税征收的公众同意原则；而议会则基本同意了国王的征税要求，交纳 1/9 和 1/10 税。② 纵观此次事件的前后进程，可谓波折不断，充分体现双方就核心利益展开了激烈博弈。然而这场政治危机最终获得和平解决，又充分凸显了君主与反对派贵族是依靠议会、通过妥协达成一致，而大宪章确认乃是其中的关键环节。值得一提的是，爱德华一世此后又三次在议会上确认了大宪章，不仅进一步改善了与反对派势力的关系，而且换得了议会在税收上的继续支持，君主与政治精英群体的关系进而恢复到正常的稳定状态。③

在此之后，大宪章在君主与议会之间的财税博弈中发挥了更加明显的作用，但是相比 1297 年事件缓和许多。例如在 1336 年 3 月召开的威斯敏斯特议会上，君主出于对苏格兰战争的军费需要，向议会提出征收国税，而下议院议员则发起公共请愿，要求确认大宪章。最终双方达成妥协：君主批准议会确认大宪章，议会同意国王征收 1/10 与 1/15 税。④ 这种彼此妥协的博弈方式贯穿了此后议会确认大宪章活动的始终。笔者一一比对了从 1336 年到 1416 年总计 39 次议会确认，发现这些议会均对君主的征税要求予以或多或少的支持，其中包括 1377 年、1379 年、1380 年分别通过的对广大民

① Harry Rothwell, ed., *English Historical Documents*, III 1189 - 1327, p. 486.
② 有关该事件过程的详细介绍，见 Michael Prestwich, *Edward I*, pp. 401 - 435。
③ 例如 1300 年议会通过了 1/20 税，1301 年议会通过了 1/15 税，见 Michael Prestwich, *Plantagenet England 1225 - 1360*, pp. 172 - 178。
④ *PROME*, introduction of Parliament of March 1336; *SR*, vol. 1, the Statutes, p. 275.

众来说负担沉重的三次人头税。① 由此可见，君主通过支持议会确认大宪章可以在很大程度上赢得议会对其征税需求的支持。

事实上，从爱德华一世开始，英格兰长期对外作战，尤其是爱德华三世开启了对法国的大规模战争，而军费高昂，君主在财税方面面临巨大压力，因此需要频繁召开议会向臣民征税②，故而更加凸显出这一策略的重要性。不妨对比亨利三世至亨利五世共七位君主的年收入情况：亨利三世为3.4万英镑；爱德华一世为6.7万英镑；爱德华二世为9.6万英镑；爱德华三世为14万英镑；理查二世为13.8万英镑；亨利四世为8.7万英镑；亨利五世为13.7万英镑。③ 从爱德华一世开始，君主收入的增长部分主要来自税收，包括直接税与间接税，而这些税收大多得到议会批准。④ 另据一项统计，1336—1453年百年战争期间，君主三分之二的收入来自各类税收。⑤

其三，确认大宪章有助于君主扩张法律权力。该过程也体现了君主通过妥协获得议会合作支持的策略。上文提到爱德华一世到亨利四世时期的议会有不少援引大宪章的请愿案例，一部分是议会成

① 笔者逐一查阅了《议会档案》对这39次议会的介绍。有关人头税的更多介绍，可参考施诚：《中世纪英国财政史研究》，第190—195页。

② G. L. Harriss, *King, Parliament, and Public Finance in Medieval England to 1369*, Oxford：Oxford University Press，1975，pp. 231‐508；Christopher Allmand, *The Hundred Years' War: England and France at War c. 1300‐c. 1450*（revised edition），Cambridge：Cambridge University Press，2001，pp. 102‐111，167；孟广林：《"王在法下"的浪漫想象》，第194—195页。

③ 施诚：《中世纪英国财政史研究》，第275—287。

④ 施诚：《中世纪英国财政史研究》，第226—267。当然还有很重要的一部分是来自教士税收，该税的征收一般要征得教士大会的批准。

⑤ Gerald Harriss, "Political Society and the Growth of Government in Late Medieval England," *Past & Present*, vol. 138, no. 1（February, 1993），p. 40. 英格兰君主的国税征收尤其仰赖议会，该特点相比同时期的主要战争对手——法国显得尤为突出，可参看理查德·邦尼主编：《经济系统与国家财政：现代欧洲财政国家的起源，13—18世纪》，沈国华译，上海：上海财经大学出版社，2018年，第127—164页；熊芳芳：《从"领地国家"到"税收国家"：中世纪晚期法国君主征税权的确立》，《世界历史》2015年第4期。

员通过公共请愿督促君主改善施政方式、匡正下辖官员的违法行为，还有另一部分是臣民通过私人请愿来维护个体权益。君主对这些活动的积极回应体现了其对自身法律权力使用的克制与规范，此为君主妥协的一面。但另一方面，议会中有关大宪章的诸多立法、请愿活动又支持君主加强王权。其中最典型的便是议会针对大宪章第 25 条度量衡统一问题进行的立法和公共请愿，在爱德华三世与理查德二世两位国王在位时期最为集中，分别出现 4 次、2 次。① 例如 1360 年议会法令说：

> 鉴于大宪章规定全国须使用统一的度量标准，但该宪章的此条款此前并未获得较好执行，议会一致同意如下：整个英格兰，无论是在有自治特权或无自治特权之区域，所有度量标准，即蒲式耳、半蒲式耳、配克、加仑、半加仑与夸脱均应根据国王的标准来使用……如有需要，国王可随时派遣法官前往各郡，调查、听审与判决相关案件，并就所有违法行为进行处罚。

这一条款本身体现了君主集权色彩，但议会却能多次发起公共请愿并促成立法，可见议会在该问题上与君主存在共识。实际上，这一时期双方就立法问题形成的共识还远不限于此。有研究指出，从 14 世纪中叶开始，随着黑死病引发了经济社会巨变，传统的封建统治秩序遭遇巨大挑战，因此议会支持君主政府就一系列经济社会事务进行了大规模的国家立法，其中以劳工法最为突出。② 对于民众日益强烈的抵制和反抗活动，特别是 1381 年起义，议会和君

---

① *SR*，vol. 1，the Statutes，pp. 285，321 - 2，365 - 6；vol. 2，pp. 63 - 4. *PROME*，vol. ii，240，No. 26；vol. iii，270，No. 42.

② Michael Prestwich，*Plantagenet England 1225 - 1360*，pp. 283 - 284；许明杰：《封建危机与秩序重建——从劳工法看中世纪晚期英国社会与政治的互动》，《世界历史》2017 年第 4 期。

主的立场更是体现了团结一致。①

由此可见，这一时期的议会政治明显体现了统治阶级内部合作统治的特点②，而大宪章是君主与政治精英群体在利益博弈中进行沟通、妥协从而实现合作的重要媒介，而君主则可以借助议会和大宪章的"权力杠杆"加强王权，这是该时期大宪章能够得到不断确认并且成为"王国法律"的根本原因。也就是说，这一时期的议会大宪章确认活动充分体现了双方的"正和博弈"，而非一方对另一方彻底胜利的"零和博弈"，更不是双方两败俱伤的"负和博弈"。

（2）议会与大宪章的"权力杠杆"效用失灵

议会和大宪章虽然可能有助于统治阶级内部形成合作共赢的关系，但这种格局的形成又是有条件的，需要国王有较高的治国才能。具体来说，君主与贵族等政治精英群体虽然同属封建统治阶级，合作治国乃是双方关系的主要特征和常态，但是这种关系和状态的维系却仍然仰赖君主的能力，即国王需要善于同政治精英群体合作，懂得通过适当的妥协来换取臣民的支持。不难发现，爱德华一世、爱德华三世、亨利四世、亨利五世是基本符合这一标准的，这也体现了他们在政治上的高明。然而这种能力并非所有君主都具备，例如爱德华二世、理查德二世便是典型的反例。这二人热衷集权且行事专断，但能力平庸，既不能充分利用议会来维持与政治精英群体的合作关系，也不懂得通过支持大宪章活动来同臣民进行"正和博弈"，因此与贵族就核心利益产生了激烈的矛盾，最终甚至兵戎相见。在这一格局之下，议会和大宪章潜在的"权力杠杆"效用失灵，反而时常沦为君主与反对派彼此争斗的工具。

在爱德华二世统治时期，反对派贵族曾长期控制政局，多次借

---

① 例如在 1381 年年底召开的议会上，君主和议会就民众起义事件的处理方案达成了一致，见许明杰：《从 1381 年剑桥骚乱事件看中世纪英格兰王权》，《历史研究》2020年第 4 期。

② 阿莫诺指出爱德华三世时期的议会政治鲜明体现了"有广泛基础的共识政治的增长"，见 W. Mark Ormrod, *Edward III*, pp. 591，596 - 598。

用议会和大宪章来打击国王。在 1311 年议会上，反对派迫使国王批准了带有明显限制王权色彩的《新条例（New Ordinances）》，该文件正式确认了大宪章，这是爱德华二世在位时期唯一的一次确认。① 在 1321 年议会上，反对派又迫使爱德华批准了一项法令，正式流放了此前乱政的国王宠臣德斯朋塞父子，该法令称此二人罪行累累，其中一条便是蛊惑国王挑起内战，此举"违背了大宪章"。② 然而爱德华二世也懂得使用议会和大宪章予以反击。1322 年，国王率军击败了反对派军队，并在当年召开的议会上制定了《约克法令（The Statute of York）》。该法令废除了《新条例》，但确认了大宪章中诸多对君主有利的条款。此外，此次议会还通过了另一部法令，撤销了此前流放德斯朋塞父子的 1321 年法令，理由是该法令"违反了大宪章"。③ 然而好景不长，爱德华此后继续集权专断，再次激化了与贵族的矛盾，进而引发内战，最终兵败被废。④

理查德二世的失败命运与爱德华二世十分类似，但过程有明显差异。他冲龄践祚，年仅十岁便加冕为王，在此后近十年时间里一直由兰开斯特公爵等王公大臣辅政。这一时期的政局基本延续此前爱德华三世的传统，议会政治较为稳定，大宪章活动也比较活跃。在 1377—1384 年共 8 年间，国王共召集议会 12 次，确认大宪章 11 次。然而从 1384 年开始亲政之后，理查德的专权独断日益凸显出来，不仅任命宠臣，打击贵族，而且公开宣称君权至上的专制思想。他的施政风格对议会政治产生了直接的影响。在亲政的约 15 年时间里（1385—1399 年），理查德共召集议会 12 次，但只批准议会确认大宪章两次，而且这两次议会都体现了君

---

① *SR*，vol. 1，the Statutes，pp. 158 - 160.

② *SR*，vol. 1，the Statutes，p. 183.

③ *SR*，vol. 1，the Statutes，pp. 187 - 189；*PROME*，introduction of Parliament of 1322.

④ 关于爱德华二世统治时期的政局变化情况，可参考 Michael Prestwich，*Plantagenet England 1225 - 1360*，pp. 178 - 219；Seymour Phillips，*Edward II*，New Haven：Yale University Press，2010。

主与政治精英群体之间激烈的斗争。在 1386 年年末召开的议会上，双方虽然达成妥协，君主批准确认大宪章，议会也部分同意君主的征税要求，但双方的矛盾已然十分激烈。议会成功弹劾了国王的心腹大臣，并迫使国王同意由 14 位贵族组成的委员会辅政，而国王在确认大宪章时也颇有保留，说"朕同意此请求，但不应侵犯朕之特权"。① 此后国王试图摆脱控制，王党与反对派力量在 1387 年底竟然兵戎相见，而由国王叔父格洛斯特公爵领导的反对派势力获得了胜利，随即控制了国王。在 1388 年上半年召开的议会上，反对派力量对君主进行了打击，将国王的 18 名心腹弹劾定罪。为论证弹劾的合法性，议会列举了这些人的 39 条罪状，其中第 12 条斥责国王的一名心腹枉顾大宪章第 29 条，非法杀害多人。② 在 1388 年下半年召开的议会上，反对派又迫使国王批准确认了大宪章，这是理查德在位时期的最后一次确认。③ 而此后的理查德二世并不甘心失败，多年蛰伏之后，经过精心谋划，终于在 1397 年重获大权。在随后举行的议会上，国王清洗了以叔父格洛斯特公爵和堂弟亨利·博灵布洛克为首的反对派，并且颁行了明显体现君主集权的法令。④ 然而理查德的独断专行引起了政治精英群体，特别是贵族的恐慌，亨利·博灵布洛克于 1399 年发起反叛，很快推翻了他的统治。⑤

至此可见，在爱德华一世到亨利五世共计六位君主统治时期，议会和大宪章起到了截然不同的作用。在爱德华一世、爱德华三世、亨利四世、亨利五世等有为君主执政时期，议会和大宪章充当了君主

① *PROME*，vol. iii，221，No. 19；*PROME*，introduction of parliament of October 1386.

② *PROME*，vol. iii，231；*PROME*，introduction of Parliament of February 1388.

③ *SR*，vol. 2，p. 55；*PROME*，introduction of Parliament of September 1388.

④ *SR*，vol. 2，p. 94. 关于此次议会的介绍，参见 *PROME*，introduction of parliament of September 1397。

⑤ 关于理查德二世统治时期的政局变化情况，可参考 Nigel Saul，*Richard II*，New Haven：Yale University Press，1997。

的"权力杠杆",用来维持与封建精英群体的合作联盟关系,缓和双方的利益矛盾与冲突。而在爱德华二世、理查德二世两位庸主执政时期,议会与大宪章的"权力杠杆"效用时常失灵,二者反倒不时成为反对派用来对抗、打击王权的平台和工具。概言之,议会和大宪章到底发挥怎样的作用在很大程度上取决于君主的能力与选择。

三、15 世纪议会政治的异化与大宪章活动的衰落

上文已然指出,从 13 世纪末到 15 世纪初,议会中的大宪章活动虽然在不同时期有明显波动,但整体上呈现活跃景象。不过这类活动在此后却迅速衰落。议会在 1416 年最后一次正式确认大宪章,此后这类活动再未出现。不仅如此,议会中有关大宪章的立法与请愿活动也愈加少见,其中立法部分在 1400—1509 年间仅出现 3 条。此外,其他研究也指出大宪章在其他领域,包括法律诉讼、律师行业以及思想界的作用也明显减弱。①

大宪章活动的这种衰落趋势该如何解释呢?一种常见的看法强调专制王权的兴起,认为这一时期的王权突破了传统政治力量的限制,因此带有限制王权色彩的大宪章随之失去了效用。② 不过这种解释过于宽泛,而且并不完全符合历史事实,因为所谓的"专制王权"最早在 15 世纪后期,即爱德华四世在位时期方才形成气候,③ 然而大宪章作用的衰落却早在 15 世纪初便已十分明显。所以该问题还需重新进行探讨。

笔者认为根源在于 15 世纪议会政治的异化。上文已经指出,

① John Baker, *The Reinvention of Magna Carta 1216 - 1616*, pp. 69 - 109; John Baker, ed. , *Selected Readings and Commentaries on Magna Carta 1400 - 1604*, London: The Selden Society, 2015; 孟广林:《英国"宪政王权"论稿》,第 65—66 页。

② Charles Bémont, *Chartes des Libertés Anglais*, Paris: Alphonse Picard, Éditeur, 1892, p. L; Nicolas Vincent, *Magna Carta: A Very Short Introduction*, p. 90.

③ 有关"专制王权"或"新君主制"的研究,可参看焦兴涛:《西方史学界对英国"新君主制"的历史解读》,《人文杂志》2018 年第 9 期。

议会本质上是君主与政治精英群体合作治国的政治机构，符合封建统治阶级的整体利益，这是议会产生和发展的根本原因。从 13 世纪下半叶正式形成到 14 世纪末，该机构基本保持了这一格局，即便曾多次遭遇严峻挑战甚至危机。然而到 15 世纪，传统的议会格局却发生了重大变化，源头在于"1399 年篡位事件"带来了王权的危机。在此次事件中，兰开斯特家族的亨利·博灵布洛克在议会上废黜了国王理查德二世，自己继位，为亨利四世。因为篡位弑君，亨利四世及其开启的兰开斯特王朝存在严重的统治危机，其合法性难以得到臣民的普遍认可，亨利便被时人称作"篡位者（the Usurper）"。当然亨利四世也并非庸主，一方面用武力镇压反对派的叛乱，另一方面也借助议会和大宪章来拉拢贵族等政治精英群体。亨利仰赖议会和大宪章的策略在 1399 年篡位事件中便有突出体现，当时他为了证明自己谋朝篡位的合法性，在当年召开的议会上发布了指控国王的 33 条罪状，其中有两条直接斥责国王的行为"违背了大宪章"。[1] 不仅如此，亨利在此次议会上还批准确认了大宪章。此后他还召开了 9 次议会，确认大宪章 5 次。[2]

亨利四世对议会和大宪章的策略相比前任君主理查德二世有很大不同，此举虽然在一定程度上起到了缓和与臣民关系、巩固王朝统治的效果，但从根本上说并未达到预期目的。其一，此举并未彻底解决王朝的合法性危机，贵族叛乱是兰开斯特王朝长期面临的严峻政治问题。其二，亨利四世利用议会和大宪章来为自己的篡位恶行遮羞，试图颠倒黑白，反过来损害了二者的权威，因此限制了其实际效用。

---

[1] 分别是第 27、29 条，见 A. R. Myers, ed., *English Historical Documents*, IV 1327 - 1485, London: The Routledge Press, 1996, pp. 407 - 414. 当然有学者指出，第 26 条虽然没有明确提及大宪章，但体现了"大宪章精神"，见孟广林：《英国"宪政王权"论稿》，第 64 页。

[2] 亨利四世统治时期，议会确认大宪章 6 次，分别发生在 1399 年、1401 年、1402 年、1406 年、1407 年、1411 年，见 *SR*, vol. 2, pp. 111, 120, 132, 150, 159, 166。

　　议会和大宪章功能的弱化在亨利五世统治时期体现得更为明显。亨利是兰开斯特王朝最有作为的君主，他认识到先王的执政策略无法彻底解决王朝的合法性危机问题，因此改弦更张，将重心从对内转向对外，开启了大规模的对法战争，希望通过旷古战功来巩固王朝的统治根基。在其继位初期，为了赢得臣民的支持，他在议会上做出妥协，在 1414 年、1416 年分别批准确认大宪章。① 与此同时，亨利对法战争取得了空前的重大胜利，甚至在 1420 年还迫使法王签署了和平条约，君主的威望空前增强。战争的胜利也促进了英格兰民族意识的进一步发展，对法战争因此得到臣民的更大支持。② 在 1417—1421 年间，亨利多次召开议会要求征税，即便国王并未确认大宪章，而且因在法作战而缺席，这些征税需求也能顺利获得通过。③

　　亨利五世在 1423 年早逝，年幼的亨利六世继位，此后约十年时间里由两位叔父辅政。这一时期的政局基本延续此前的传统，对法战争继续维持着臣民内部的一致，议会政治较为稳定，但大宪章也未获确认。然而到 1430 年代，对法战争局势开始逆转，英军逐渐走向失利。虽然亨利六世在 1439 年前后开始亲政，但此人能力平庸，性格软弱，难以力挽狂澜，对法战争最终一败涂地。这一时期，国王的战争需求愈加难以得到议会支持，朝政动荡混乱。因为国王治国无方，区域性的大贵族——"超级臣属"人心思变，"变态封建主义"的威胁随之逐渐加剧，并日益操纵地方，对王国稳定

---

① *PROME*，vol. iv，19，No. 1；vol. iv，103，No. 1. *SR*，vol. 2，p. 196.

② 不少学者强调对法战争能产生凝聚民心的效果，例如 Christopher Allmand，*The Hundred Years' War*，pp. 136 - 150；Christine Carpenter，*The Wars of the Roses: Politics and the Constitution in England*，Cambridge：Cambridge University Press，1997，p. 254.

③ 例如 1417 年、1419 年、1421 年（5 月）、1421 年（12 月）召开的议会便是如此，见 *PROME*，introductions of the parliaments of 1417，1419，1421（May），1421（December）。有关亨利五世时期议会的情况，可参看 Christopher Allmand，*Henry V*，New Haven：Yale University Press，1997，pp. 366 - 383.

造成更大威胁。① 在 1450 年代中叶，以约克公爵为首的反对派集结起来，对抗国王，最终兵戎相向，引发内战。

15 世纪中叶的内外战争导致政局纷乱，进而也导致议会政治走向异化，集中体现为两个方面。其一，议会召开的频率明显下降。根据表 1 统计不难发现：在爱德华一世到亨利六世在位前期，议会平均每年召开一次；而到亨利六世在位后期（1439—1460）总计约 20 年，只召开议会 11 次，平均每两年一次；到爱德华四世、理查德三世、亨利七世时期，议会召开频率更是下降到约为每 3—4 年一次。其二，议会的功能发生明显变化。因为内政异常动荡，地方秩序纷乱，王国甚至发生多次篡位或试图篡位的事件，议会愈加难以起到调和统治阶级内部关系、维持国家稳定的作用，反倒时常沦为权势人物争权夺利甚至阴谋篡权的平台。② 到 15 世纪后期内战结束，王权得到恢复，然而传统的贵族势力被严重削弱，议会因此逐渐成为国王"实现自己意志的工具"。③ 随着议会政治的这一转变，大宪章难以在国家政治生活中再发挥突出作用。

四、小结：议会政治下的王权

议会确认大宪章活动出现在中世纪英格兰议会政治确立并走向

---

① 有关"超级臣属"与"变态封建主义"的阐释，可参看 P. R. Coss, "Bastard Feudalism Revised," *Past & Present*, vol. 125, no. 1 (November, 1989), pp. 27‐64; 马克垚：《英国封建社会研究》，第 293—298 页；孟广林：《英国"宪政王权"论稿》，第 256—258 页。

② 关于玫瑰战争前后英格兰政局的变化，可参看 Christine Carpenter, *The Wars of the Roses*; Bertram Wolffe, *Henry VI*, New Haven: Yale University Press, 2001; Charles Ross, *Edward VI*, New Haven: Yale University Press, 1997; Charles Ross, *Richard III*, New Haven: Yale University Press, 2011。

③ F. W. 梅特兰：《英格兰宪政史——梅特兰专题讲义》，第 129 页；Gerald Harriss, "Political Society and the Growth of Government in Late Medieval England," p. 44; G. O. Sayles, *The King's Parliament of England*, pp. 134‐136; Christine Carpenter, *The Wars of the Roses*, pp. 264‐267。

成熟发展的阶段。大宪章带有明显的限制王权色彩，然而诸多君主却支持议会确认大宪章，甚至将大宪章提升到"王国法律"的地位，这一看似矛盾的现象背后有着深刻的政治原因。这类活动的出现，符合封建政治精英群体限制君主专制、维护自身权益的需要；符合君主通过议会巩固与封建政治精英群体合作联盟关系、维持王国统治稳定的需要；符合英格兰国王从"封建君主"转变为"集权君主"的需要。这些需要在爱德华一世、爱德华三世等明君眼里是明确的，而且是十分迫切的，但是他们却无法找到一种体现更少妥协的办法来实现。①

自从诺曼王朝开始，英格兰便形成了较为强大的王权。到金雀花王朝，王权进一步发展，到 13 世纪君主已是行政、司法之源，而且在军事、财政上也有很强的权力。然而英格兰王权的发展却存在致命弱点，集中体现为在财政上受限于封建传统，无法随意向王国全体臣民征收统一国税，这可谓君主集权的"阿喀琉斯之踵"。国王虽然可以征收国税，但以公众必须为条件，而且还需要征得公众同意。君主如若违背这一原则，会被视作巧取豪夺、横征暴敛，臣民可以使用抵抗权来回击。② 约翰王统治的失败乃是惨痛教训，大宪章也由此诞生，这无疑是留给后来君主的前车之鉴。为了实现财权的突破，亨利三世便开始通过召集议会来征收国税，并且以确认大宪章这种妥协姿态来换取支持。而且亨利三世曾在继位之初和执政中期面临严峻的政治危机，为此他也曾多次确认大宪章以示妥协，从而缓和危机，赢回民心。而爱德华一世乃是一代雄主，对威尔士、苏格兰和法国发起了大规模的战争，耗资巨大，故而不得已要频繁召开议会以征收国税。而频繁的征税在 13 世纪末导致了严峻的政治危机，爱德华一世又将先王的这种以退为进的策略进一步

---

① 这种景象类似"祖宗之法"在中国北宋时期政治生活中的作用，见邓小南：《祖宗之法：北宋前期政治述略》，北京：生活·读书·新知三联书店，2014 年。
② 侯建新：《抵抗权：欧洲封建主义的历史遗产》，《世界历史》2013 年第 2 期。

发展，不仅批准议会确认大宪章，并且正式将该文件提升到王国法律的地位，从而成功度过危机，而且其征税要求也获得议会支持。爱德华三世开始了旨在征服欧陆强敌——法国的大规模战争，军费需求更为浩大，因此在财政上更加需要议会支持。作为交换，国王向议会做出更多妥协，不仅进一步支持议会中的大宪章活动，而且将大宪章提升到"法令之首"的地位。爱德华一世、爱德华三世等君主通过这种典型的妥协方式在很大程度上换取了议会的支持，巩固了与封建政治精英群体的合作联盟关系，实际上有利于王权的发展，不仅财权获得了实质性增强，而且法律权力进一步扩张。

然而14世纪的另外两位君主——爱德华二世、理查德二世的治国能力平庸，不懂得与封建政治精英群体合作，因此在其统治时期议会和大宪章难以发挥"权力杠杆"的效用，反而不时成为反对派贵族攻击王权的工具。

到15世纪，伴随着议会政治的异化，大宪章活动发生的条件也逐渐消失。这源于兰开斯特王朝的君位是通过篡谋获得，存在严重的合法性危机，使得君主与封建政治精英群体的合作联盟关系渐趋脆弱。亨利四世虽然重视议会和大宪章，尝试以此来巩固统治，但并未达到预期效果。此后亨利五世以征服法国为执政重心，并且获得重大胜利，对外战争得到臣民的普遍支持，因此议会和大宪章对王权的限制作用明显下降。此后继位的亨利六世缺乏治国才能，政局动荡不安，"超级臣属"与"变态封建主义"的威胁加剧，王国甚至陷入内战，议会随之时常沦为权势人物政治纷争的工具。待内战结束、王权再度复兴时，议会制度虽然保留，但已逐渐沦为王权的附庸，大宪章难以再发挥作用。

从议会确认大宪章活动的形成演变过程中不难看出，这类活动体现了国王的妥协姿态，这是中世纪后期议会制度形成后君主在集中权力和建构国家过程中的一种无奈的最优选择。该研究因此也得出一种认识：这一时期英格兰国王既有别于中世纪传统的封建领主式君主，也不同于近代早期的专制集权君主，乃是典型的"妥协式集权"君主。

表格 1　议会确认大宪章活动统计①

国王（在位时间）	议会召开次数	大宪章确认次数
亨利三世（1216—1272）	—	1
爱德华一世（1272—1307）	55	4
爱德华二世（1307—1327）	29	1
爱德华三世（1327—1377）	47	22
理查二世（1377—1399）	25	13
亨利四世（1399—1413）	10	6
亨利五世（1413—1422）	11	2
亨利六世（1422—1461）	23	0
爱德华四世（1461—1483）	6	0
理查三世（1483—1485）	1	0
亨利七世（1485—1509）	7	0
总计	214	49

（本文原发表于《世界历史》2020 年第 5 期）

---

① 该统计依据如下文献：*SR*，vol. 1 and 2；*PROME*，vol. i‑xvi. 笔者参考对照了如下
统计：Faith Thompson, 'Parliamentary Confirmations of the Great Charter,' p. 661,
note 9；邢冰洁《〈大宪章〉在中世纪的传承》（复旦大学历史学系 2018 届学士学位
论文），第 7 页，表格 "《中古英国议会档案》与《王国法令集》中《大宪章》被提
及的次数"。亨利三世时期的议会尚未正式形成，无法统计召开的具体次数。

中世纪晚期英格兰道路网治理的
理念和实践

沈 琦

（华中师范大学历史文化学院）

如何有效实现人员往来、信息传递和物资运输等活动，对于任何政权的维系都至关重要。自诺曼征服以来，随着社会经济状况的明显改善（如人口持续上升、各级市场激增、城市不断涌现、王权进一步集中化、行政管理日趋繁杂），英格兰的交通需求猛增。然而长期以来，学界受经济史学家克拉潘、中古史权威波斯坦的影响，对中古英格兰的道路通行持消极看法。[①] 少数中世纪史学者如F. M. 斯滕顿、格拉斯科克的乐观看法被遮蔽。[②] 20 世纪 70、80 年

[①] 克拉潘认为，从公元 400 年到 1800 年，"不列颠公路史主要是一部记录罗马人所遗留的道路退化成为阿瑟·扬（1741—1820，英格兰农业改革家和作家—引者注）所诅咒的那种崎岖难行，坑坑洼洼的羊肠小道的历史（约翰·克拉潘著：《简明不列颠经济史》，范定九、王祖廉译，上海：上海译文出版社，1980 年版，第 42—43 页）。"经济史家波斯坦也认为，英格兰中世纪的交通还是为罗马时代的道路所主宰，"14 世纪的主要道路与 10 个世纪以前没有很大差别，再过 4 个世纪以后，差别也不大"（M. M. Postan, ed., *The Cambridge Economic History of Europe*, vol. 2, Cambridge: Cambridge University Press, 1987, p. 194）。

[②] F. M. 斯滕顿认为，中古英格兰道路古老而密集，14 世纪时就已经形成了以伦敦为轴心的道路网（F. M. Stenton, "The Road System of Medieval England," *Economic History Review*, Vol. 7 (1936), pp. 1-21）；格拉斯科克认为，近代道路网的主体在 14 世纪初就已出现，这一显著的地理特征一直延续到中世纪末乃至近代（R. E. Glasscock, "England *circa* 1334," in H. C. Darby, ed., *A New Historical Geography of England before 1600*, Cambridge: Cambridge University Press, 1976, pp. 174-175）。

代以来，随着经济社会史研究的深入以及商业化研究范式的流行，① 中古英格兰的交通问题受到更多关注，从而开始了对中世纪英格兰交通的"解蔽"过程。②

尽管中古英格兰交通史研究取得显著进展，仍有薄弱之处。交通基础设施的通畅需要动员大量人力、物力和资金。哈里逊认为，中古英格兰最引人注目然而也是最不为人所知的成就之一，就是对交通基础设施的投资。③ 中世纪英格兰水陆交通治理理念是什么？陆路治理采取了哪些措施？王国政府、宗教团体、地方社会各自发挥着什么作用？对上述问题的梳理有助于我们厘清围绕交通治理问题展开的中央和地方、国家和社会的互动。

一、交通治理理念："王之道路"和"自由通行权"

中世纪英格兰水陆交通治理的具体实践是在一定理念指导下进行的。交通治理理念与中世纪英格兰王权乃至政治文化息息相关。控制和打击犯罪，保障社会公共秩序，是任何国家首要和基本的职能之一。诺曼征服之前，人们对其所熟悉的道路进行了粗略的分类。*port street* 指通往城镇或市场的道路，*cynges ferdstreet* 指地方民兵调动所走的道路，*herestreet* 适合军队通行。诺曼征服之后，"在普遍混乱中代表着进步"的英格兰王权有了很大程度的发展，其重要表现就是"王之和平"（king's peace）范围的扩大。"王之和平"的观念源于盎格鲁撒克逊时期，其含义是国王对于一定地域内

① 有关商业化学说的流变，可参阅谢丰斋：《从"长途贸易"论到"内部根源"论——西方学者对英国中世纪市场的研究》，《史学理论研究》2002 年第 2 期。

② 历史地理学者欣德尔运用高夫地图，配合约翰王和爱德华一世、爱德华二世的旅行记录，重构了 13、14 世纪英格兰的交通地图，从而证实了斯滕顿的相关结论。B. P. Hindle, "The Road Network of Medieval England and Wales," *Journal of Historical Geography*, vol. 2（1976）, pp. 207 – 221。

③ David Harrison, *The Bridges of Medieval England*：*Transport and Society*，400 – 1800，Oxford：The Clarendon Press，2004，pp. 182 – 183.

的犯罪行为有专门的惩处权，在这些区域内的犯罪行为（如在大道上谋杀、拦路抢劫）被视为是破坏了国王的和平，将被予以严惩。诺曼征服之后，保持道路畅通和旅行安全被置于国王的保护之下，行人享有"王之和平"，这类道路也被称作"王家大道"（king's Highway）。11 世纪晚期出现四条大道：沃特林大道（Watling Street），厄明大道（Ermine Street）、福斯大道（Foss Way）以及伊克尼尔德大道（Icknield Way），上述道路一般还有标准宽度，任何破坏道路的行为都是不允许的，违者罚款 100 先令。①《亨利一世律令》（Leges Henrici Primi）中规定，破坏道路及未履行修桥义务等犯罪行为均属破坏了"王之和平"。②

随着普通法的推行和国王司法管辖权的扩大，王家大道不仅仅包括军事线路，而且也包括通往港口、城镇、集市的所有道路，对它们的破坏和阻塞是反对国王的犯罪行为。需要指出的是，"王之道路"这一法律理念不仅适用于陆路，也适用于可通航的水路。

"王之道路"的实质是什么呢？在韦伯夫妇看来，"王之道路"是一种抽象的法律观念，是君主在法律上和习俗上的权利，是在王国境内君主及其臣民的地役权（easement）。③ 经济地理学者埃里克·佩尔森则进一步指出，"王之道路"是一种公共产权（communal property right）或自由通行权（right of free passage）。④ 对陆路通行而言，这种为民众所享有的公共产权或自由通行权包括两个方面，即行人享有旅行时的人身安全权和自由权（不必缴纳通行费）。

在整个中世纪，英格兰有关道路通行的法令不多，单独立法更

---

① F. M. Stenton, "The Road System of Medieval England," pp. 2-3.

② ［英］约翰·哈德森著：《英国普通法的形成》，刘四新译，北京：商务印书馆，2006年，第 40 页。

③ Beatrice Webb and Sydney Webb, *The Story of the King's Highway*, London: The Longman Press, 1913, p. 5.

④ Eric Pawson, *Transport and Economy: The Turnpike Roads of Eighteenth Century Britain*, London: Academic Press, 1977, pp. 65-66.

为少见。《大宪章》（1215）第 23 条规定，"不得强迫任何市镇或个人修建渡河桥梁，惟向来负有修桥之责者不在此限。"① 上述条款表明，国王的权威不是绝对的，国王对地方的治理必须依惯例（custom）行事。英王爱德华一世（1272—1307 年在位）颁布的《温彻斯特法令》（1285）规定：

> 凡从一处通向另一处市场城镇的道路必须一律加宽。道路两侧 200 英尺以内凡有树木、篱笆、或壕沟之处，均须铲除或填平，以免有人用作掩护潜伏路旁图谋作恶。但梨树和高大树木若其间有开阔隙地，则不应伐除。若领主未能尽责，且有意拒不填平壕沟或不清除树丛与灌木，以致发生抢劫之事，即应负责赔偿损失；若发生谋杀则得由国王酌情处罚。国王旨意为，凡通过其本领地与林地之道路不论是否在森林之内，均应同样扩宽。如有领主之猎苑靠近大路，该领主应即收缩其地界，让出与路侧必须相距之 200 英尺开阔地面，或者修筑十分厚实宽阔之围墙、树篱或壕沟，使歹徒不能往返跨越逞凶犯罪。②

从上述法令的内容来看，我们至少能得出两点推论：一是上述法令明显是从维护公共秩序的角度来看待道路通行问题的，国王之所以关注道路畅通，出发点在于重申国王的司法管辖权，防止在道路上的犯罪行为。二是上述法令对道路通行的保护又是"消极性的"，对有关道路网维护的非犯罪行为国王没有强制性管辖权，这无疑会弱化王国政府在道路网治理中所起的作用。由此可见，"王之和平"及其有限性是中世纪英格兰道路网治理的深层背景和法律

---

① Harry Rothwell, ed., *English Historical Documents*, III（1189 - 1327），London：The Routledge Press, 1996, p. 319.

② Harry Rothwell, ed., *English Historical Documents*, III（1189 - 1327），p. 461.

框架，任何一种治理方式都要深受其影响和制约。

需要说明的是，桥梁与道路维护有显著不同：桥梁维护则源于桥工（bridge work），是一种以土地为单位的义务，最先出现于8世纪；民众自盎格鲁-撒克逊以来就没有修路的义务，诺曼征服后诸王也无权强制人们修路。弗劳尔因此认为，道路大体上是"自我维护"的（maintained itself）。[①] 上述说法在法理上并无过错，却没有顾及现实情况，因为《温切斯特法令》有关需铲除或填平道路两侧树木篱笆或壕沟的规定在实践中转化为需挖沟排水以保持路面平整。在庄园的民事法庭中，若有下列不端行为则被起诉：在公共道路上堆粪、占道等阻塞道路、在道路上设篱笆、占道犁田、拒绝清理沟渠、不就近维护所在道路等。[②]

在整个中世纪，由王国政府主持的道路建设不多，主要是为军事远征提供方便。1277年，罗吉尔·摩特姆被任命扩大和拓宽通往威尔士的道路和关隘；1283年，皇家特遣队受命把通往威尔士的关隘加宽到一箭远。[③] 我们很难找到王国政府直接出资架桥修路用于民间出行的例子，在大多数情况下，王国政府对道路通行的保障是通过司法途径进行的。

中世纪英格兰道路网治理存在两大难题。一是人造碎石路面稀少，大多是土夯的，受限于筑路技术，加上洪水浸漫、马匹踩踏和双轮马车的碾压，路面经常毁坏，需要持续维修和养护。二是英格兰经济较为发达的东南部地势低平，阴雨潮湿，加上人为活动（如垦殖森林、围堰灌田、为磨坊修建引水渠）使得河水流速加快、水位抬高，因而桥梁和堤道的兴建和维护在道路网中占据着突出地

① C. T. Flower, ed., *Public Works in Medieval Law*, vol. 2, Selden Society Publication, vol. 40, London, 1923, p. xvi.

② Mark Bailey, *The English Manor c. 1200 - 1500*, Manchester: Manchester University Press, 2002, pp. 178 - 180, pp. 223 - 224; F. W. Maitland and W. P. Baildon, eds, *The Court Baron*, Selden Society Publication, vol. 4, London, 1891, p. 98.

③ M. M. Postan, ed., *The Cambridge Economic History*, vol. 2, Cambridge: Cambridge University Press, 1987, p. 194.

位。对此波斯坦曾感叹说，"尽管罗马人都有道路意识，但他们打算从河流的浅处涉水过河。中世纪人与罗马人不同，他们有了桥梁意识。"① 陆路交通治理需要中央和地方政府、国家和社会的通力合作。

二、"惯例"和"行为不当"：共同体和个人的强制性维护义务

12 世纪之前，英格兰道路和桥梁稀少，"王之道路"更主要体现为一种法律观念，而道路桥梁的实际维护并不重要。9、10 世纪时，出于抗击丹麦人的军事需要，桥工成为西萨克逊王国一种普遍性义务。这种义务延续到诺曼时期，11 世纪前，只有少数桥梁负有如此义务。例如，《末日审判书》中记载切斯特城的惯例是司法官从每海德土地中传唤一人修桥梁和城墙，如有违犯，其领有者被罚款 40 先令。② 尽管这种劳役似乎并不具有普遍性，但到 13 世纪后期，一些王国的主干道和规模最大桥梁在相当长时间内都是以郡为单位维护的。到中世纪晚期，上述基于土地的劳役已转化为缴税，用收缴的税款支付给工匠工钱。③

12 世纪中叶以后，英格兰的交通需求有了很大增长，道路建设和维护越来越重要。在这种情况下，王国政府将之作为地方治安管理的重点，强化道路桥梁维护之义务。从 13 世纪后期开始，英格兰王室成立了专门的委员会，负责对海墙、堤堰、堤道和桥梁的检查与保护。到 14 世纪，郡守和王室官员调查有关桥梁和道路的案件更为普遍。④ 郡守或百户区官员一年要检查所在辖区的道路、

① M. M. Postan, ed., *The Cambridge Economic History of Europe*, p. 196.
② David Harrison, *The Bridges of Medieval England：Transport and Society，400 -
1800*, p. 188.
③ David Harrison, *The Bridges of Medieval England：Transport and Society，400 -
1800*, p. 189.
④ M. M. Postan, ed., *The Cambridge Economic History*, vol. 2, pp. 193 - 195.

桥梁、堤道状况两次。巡回法官间隔较长时间也会巡查维护工作的完成情况。

在整个中世纪，作为维护地方治安的关键人物，郡守在这种道路维护方式中发挥着关键作用：他每年召开两次民事巡回法庭，听取陪审团对道路桥梁损毁的团体控告，并在巡回法官不在场的情况下主持审判。地方陪审团有义务检举不法行为，包括是否有人损毁道路以及是否有人未尽维护桥梁之义务，就此提出团体控告（presentment）。在弗劳尔主编的两卷本《中世纪法律中的公共工程》中辑录了约 250 例此类案件。从中世纪晚期开始，地方治安事务逐渐由治安法官承担，在都铎王朝时期其职责更为重要。相应地，处理诸如破坏道路未履行修桥之义务等行为也从郡守手中转移到治安法官手中。政府的强制措施逐渐以教区（parish）为基础。

道路网的维护以各级行政单位为基础：郡、百户区、村镇。一些王国的主干道和规模最大桥梁，如笛河上的切斯特桥、梅德韦河上的罗切斯特桥、宁河上的亨廷顿桥、利恩河上的诺丁汉桥、泰晤士河上的伦敦桥、卡姆河上剑桥的大布里奇桥（Great Bridge）等在相当长时间内都是以郡为单位维护的。其他比较重要的道路和桥梁则由百户区负责。如 1458 年的一份调查发现，利恩河上的诺丁汉桥由诺丁汉城及其他 6 个百户区分段负责。该桥有 20 个桥拱，全长为 664 英尺。自北向南，桥梁维护的义务如下：诺丁汉城居民负责北桥头及最北 2 个拱，长度为 46.5 英尺；布罗克斯顿百户区负责临近 3 个拱，长度为 81.5 英尺；瑟加顿和利斯百户区负责 5 个拱，长度为 135.5 英尺；巴西特劳百户区负责 5 个拱，长度为 169.5 英尺；纽沃克百户区负责 3 个拱，长度为 69 英尺；宾厄姆百户区负责 105 英尺的桥梁；拉德克利夫百户区负责 2 个拱及南桥头，长度为 57 英尺。[1] 地方性道路和桥梁的养护则由更小的团体或

---

[1] Alan Cooper, *Bridges*, *Law and Power in Medieval England*, 700 - 1400, Woodbridge: Boydell and Brewer, 2006, p. 54.

个人承担，这类数目最多，在弗劳尔辑录的道路和桥梁维护案例中，超过半数是由村和个人负责的。

村镇是地方行政的基层组织，往往由若干十户区组成。如果陪审团裁决某村有修桥义务，往往是十户长（tithingman）出庭，有时干脆就指定某十户区负责。例如，肯特郡某十户区被指控没有履行维修艾尔斯伯里（Aylesford）桥之义务，他们对此控告不服并最终胜诉。① 以十户联保制为基础的民事法庭（Leet Court）是国王司法管辖权的最基层单位。按照惯例，庄园内部有关道路桥梁等事务是由民事法庭管理的。

如何判断某些团体或个人负有维护之责？其标准不是谁获利谁维护，而是先例和行为不当。在实际操作中，法官、郡守和陪审团一般认定离事发地最近的村庄和土地持有者应负维护之责。例如，1351 年艾塞克斯郡的费灵桥应由威斯敏斯特修道院院长负责，因为他及其前任是桥两端的主人。② 1367/8 年度，格洛斯特郡位于索尔和弗雷瑟恩之间的道路被洪水冲毁，陪审团认为索尔村以及弗雷瑟恩领主爱丁顿负有责任，依据是他们的地产或租佃地临近该路段。后来索尔村代表承认过错，罚款 6 先令 8 便士。③ 1378 年，位于格洛斯特郡的迪尔赫斯特桥以及附近道路损毁的有关审判成为拉锯战。陪审团认为，道路的毁坏是由于迪尔赫斯特小修院院长以及威斯敏斯特修道院院长没有及时清理路旁沟渠所致。该桥梁也由上述二人维护，但由于迪尔赫斯特小修院院长的过失而毁坏。随后的庭审中，上述院长的代理律师坚称其代理者及其前任并无清理沟渠和维护桥梁的义务。起诉人和代理律师意见不一，提请全郡裁决（verdict of country）。新组成的陪审团认定，迪尔赫斯特小修院院长没有维护桥梁道路的义务，而威斯敏斯特修道院院长则因为土地

---

① C. T. Flower, ed. , *Public Works in Medieval Law*, vol. 1, Publications of the Selden Society, 32, London, 1915, pp. 211 – 213.

② C. T. Flower, ed. , *Public Works in Medieval Law*, vol. 1, pp. 67 – 72.

③ C. T. Flower, ed. , *Public Works in Medieval Law*, vol. 1, pp. 123 – 124.

占有的关系而有义务，此义务自其前任就一直承担，以供行人而非马匹或马车通行。① 在上述材料中，道路和桥梁的维护的相同点在于，二者都依照约定俗成的惯例，采取就近原则，不作为也会被起诉。

行为不当也会产生维护之义务。例如，1318 年就谁负有坎特伯雷外斯特里桥之责展开调查，陪审团认为圣奥古斯丁修道院院长应负责，因为他建造的水磨使得河面拓宽，使得以往独木桥难以通行。修道院院长引用大宪章条款大声抗议，强调任何个人或团体不得被强迫负有修桥之义务。进一步的调查表明，在修道院长建造水磨谋利之前，已有一处旧水磨，鉴于水能不足，院长在两水磨间筑坝以提高水位，使之有足够水能。由于水流速度加快，冲毁桥面，并毁掉了周边土地。后来院长建了座新桥以取代之前木桥，并坚称这是出于慈善。最终裁决结果是：要么院长将水流恢复到最初状况，要么修建合适堤道或桥梁以便人们能够安全通行。② 在此案例中，修道院院长维护之义务源于行为不当，而且后来新桥的建立也不是出于慈善，而是出于谋利，因此此桥今后的维护也应由此修道院负责。

总体来看，政府的强制维护之义务存在诸多弊端：其一是王国政府只能依靠惯例行事，不能强制新修道路桥梁。重建后的罗切斯特桥、伦敦桥、切斯特桥由于在新址建新桥，使得以往维护体制失效，新桥的维护必须另谋出路。而剑桥的大布里奇桥以及亨廷顿桥虽然维修重建，但都在原址进行，原有维护体制因此得以一直保留。③

其二是国王授予修道院和世俗贵族豁免权，使得很多位高权重者逃避道路网维护之义务。诺曼时期，人们对桥工的看法出现了变

---

① C. T. Flower, ed., *Public Works in Medieval Law*, vol. 1, pp. 131 – 132.
② Alan Cooper, *Bridges, Law and Power in Medieval England*, 700 – 1400, pp. 20 – 21.
③ Alan Cooper, *Bridges, Law and Power in Medieval England*, 700 – 1400, pp. 104 – 105.

化，认为桥工是国王拥有的由臣属履行的义务，因而能凭国王恩赐而赦免，不少修道院以及世俗贵族骑士藉此都被豁免了桥工的义务。[①]

其三是案件审理拖沓，效率低下。13 世纪前文字记录不全，有时很难确定道路桥梁维护的责任方。另外，道路桥梁由损毁到控诉、到裁定，往往费时数载。例如，米德尔塞克斯郡布伦特河上一座供行人和马匹通行的桥，据说年久失修 20 年，还有 3 人为此殒命。[②]

尽管存在上述弊端，政府主导的有限强制措施还是取得了一些效果。16、17 世纪时不少地方道路网的桥梁维护仍然依靠这种方式，例如 1630 年跨越大乌斯河的贝德福德郡桥梁仍由私人和教区按古老惯例维护。剑桥的大布里奇桥的维护方式一直延续到1754 年。

王国政府监管的有限性到 16 世纪有所改观。1530 年议会通过了第一个《桥梁法令》，其要点有二：一是治安法官督促有义务者维修受损桥梁，其二是为了解决无人维护桥梁的维修问题，治安法官有权向附近居民征税，并任命征税官和监督官具体实施。[③] 1555年《道路法令》规定："在复活节周内每个教区应选举两名道路视察员，并在圣约翰施洗节前某四天按其持有土地大小指派劳力、车辆、工具修筑通往市镇的道路。"[④] 上述法令打破了国王的治理须遵循惯例的传统，成为此后道路网维护的新举措。

三、"灵魂拯救与虔诚"：教会与民间社会的慈善捐助

前已提及，王国政府对道路网的关注主要出于维护地方社会公

---

① Alan Cooper, *Bridges, Law and Power in Medieval England*, 700 - 1400, pp. 66 - 79.

② C. T. Flower, ed., *Public Works in Medieval Law*, vol. 2, pp. 6 - 9.

③ *Statutes of the Realm*, III, pp. 321 - 323.

④ *Statutes of the Realm*, IV, pp. 284 - 285.

共安全，仅限于防止道路损坏和强制履行修桥的义务。面对 13 世纪之后英格兰经济的明显"扩张"所导致的交通需求的大增，王国政府显得"心有余而力不足"。而这一时期新道路和桥梁的兴建和维护大多是靠教会和民间社会的慈善捐款维护的。

慈善捐款有着强烈的宗教动因。《新约·马太福音》第 25 章中提到以下六种善行可上天堂享永生：给饥者食、给渴者饮、留宿旅人、给赤身者衣、照顾病者、探望犯人。中世纪是个信仰的时代，为了拯救灵魂、取悦上帝，人们纷纷捐款给善堂、大学、学校、桥梁等公共机构或设施，对桥梁的捐款是人们施善行的一种表现。在中古盛期和晚期，遗嘱会经常提到做善事以赎罪之举：为教堂购买蜡烛、施舍穷人、维护地方的道路和桥梁。修道院为旅人提供食宿是善举，保持道路桥梁畅通以便为旅人提供安全通道也是善举。沃切斯特主教托马斯·德·科巴姆建议人们，桥梁的养护是取悦上帝的行为，桥梁的损毁会危及肉体和灵魂。[①] 按照中古教会的说法，捐款给桥梁和其他善行一样，能减少炼狱的时间。桥梁捐款的宗教动因最明显的例证是桥梁小教堂（bridge chapel）的存在。到 16 世纪时，至少有 100 座桥梁小教堂坐落在城镇桥梁上或桥头。[②] 桥梁小教堂的主要作用是记录捐助者名单，以减少其炼狱时间。

中古晚期的遗嘱经常提到向道路桥梁捐款。中世纪晚期贝德福德郡遗嘱抽样表明，有 5%—10% 的人向桥梁捐款。1480—1540 年间，低级绅士的 1.48%，约曼的 7%，商人的 16% 的捐资都用于"市政改善"，包括桥梁和其他的公共工程。沃里克郡东部农场主约翰·斯宾塞 1496 年遗嘱留下钱款维修班伯里道路，在那儿有一个有名的牲畜集市。某些富裕的城镇，如萨福克郡拉文翰在 1485—1540 年间，周边地区的道路网的改进与当地居民的捐款有关，18

---

① David Harrison, *The Bridges of Medieval England：Transport and Society，400 - 1800*，p. 198.

② David Harrison, *The Bridges of Medieval England：Transport and Society，400 - 1800*，p. 199.

份遗嘱平均捐资 25 镑。① 捐款动机除了宗教背景外，还掺合了自豪感、希望被人仰慕等因素。有些贵族商人捐出大笔的财产。大商人罗伯特·德·奥利修建了一座大石拱桥，而 15 世纪初阿宾登附近的新桥是由当地的商人和贵族出资兴建的。艾文河上的斯特拉福德桥原本是一座木桥，1490 年被克拉普顿石桥取代，捐助者商人克洛普顿出生于该地，桥上刻有"休·克洛普顿爵士、骑士、伦敦市长，于亨利七世时期用自己财力修建该桥"的字样。②

慈善举措除了捐款，很多人甚至倾注了全副身心。中古晚期很多隐士自愿协助道路和桥梁的维护，他们多数出生于社会下层，有些隐士负责的工程有相当规模：1335 年约翰·勒·马雷斯卡得到国王授权保护，他兴建了诺丁汉郡自布莱斯至马特西的堤道。有些隐士在桥梁的修建过程中发挥着关键作用。考文垂附近的克劳德桥是穿过艾文河的重要通道，其 14 世纪中期的兴建就是依靠隐士的募捐。③ 更值得一提的是，贵族富孀艾丽斯·帕尔默主动出资维护诺丁汉城外特伦特河上的赫斯贝斯桥，此外还修建了一条通往南方的桥梁和堤道。该桥位于南北交通要道上，交通繁忙。艾丽斯私人维护吃力，遂寻求国王帮助，于是政府一方面鼓励民众募捐，一方面授权征收通行费。尽管遇到诸多困难，爱丽丝的此项事业坚持了30 年。④

如何将慈善捐助真正用于道路网维护是个颇为复杂的问题。12世纪时很多人将捐款委托给修道院或善堂，指望其代为维护。霍兰（Holand）桥是一段从多宁顿到布里奇恩德的长堤道，是从诺丁汉、

---

① Christopher Dyer，*An Age of Transition?*：*Economy and Society in England in the Later Middle Ages*，Oxford：Oxford University Press，2005，p. 171.

② David Harrison，*The Bridges of Medieval England*：*Transport and Society*，400 - 1800，pp. 194 - 6；Christopher Dyer，*An Age of Transition?*：*Economy and Society in England in the Later Middle Ages*，p. 170.

③ Alan Cooper，*Bridges，Law and Power in Medieval England*，700 - 1400，pp. 123 - 125；C. T. Flower，ed.，*Public Works in Medieval Law*，vol. 2，p. 217.

④ Alan Cooper，*Bridges，Law and Power in Medieval England*，700 - 1400，p. 126.

格兰瑟姆至波士顿的必经之路，几乎有 4 英里长，由 30 座桥组成。在布里奇恩德有处吉尔伯特小修道院，据称其主要作用就是用年收入 20 镑的地产来维护霍兰桥的一段。诺丁汉的圣约翰善堂、格洛斯特的圣巴塞罗缪（Batholomew's）善堂、伦敦塔附近的圣凯瑟琳善堂，都各自负责所在城镇的重要桥梁。马蒂尔达王后捐给巴金（Barking）修道院土地，用其地产收入来维护斯特拉福德的鲍（Bow）桥。① 王后这样做道理很简单，修道院的土地持有更稳定，不会出现世俗地产因绝嗣而流转的情况，从而有利于桥梁养护。

但到 14 世纪这种情况已不常见，随着桥梁维护越来越重要，需要成立专门机构负责桥梁的维护。通过世俗性机构管理桥梁越来越常见，由募捐者或市民组成桥梁基金会（bridge trust）或是桥梁协会（bridge gild），这是得到国王授权的负责桥梁维护的共同体（commonalty）。较早成立此类组织的是新伦敦桥。1179/80 年度，为新伦敦桥筹款的桥梁协会有 5 家。13 世纪时，沃灵福德、亨莱也成立了协会。到中古晚期，这种安排更为常见。例如，伯明翰的圣十字架协会成立于理查二世时期（1377—1399 年在位），负责两座大石桥以及一条道路的维护。艾文河畔斯特拉福德、阿宾登、拉德洛、梅登黑德等桥梁的维护也是由协会负责的。其中拉德洛的帕默斯协会监管 3 座石桥，梅登黑德有一个修堂协会（chantry gild），是由伦敦市民、谷物商约翰·霍斯邦德捐资 100 磅成立的。②

道路网维护的一个核心问题是资金。为了保证资金来源的稳定性，在很多地方，各类桥梁协会纷纷购置了地产，用其收益来维护桥梁。1393 年理查二世授权约克市购买年产值为 100 镑的土地用于桥梁维护。到 1443/4 年度，罗切斯特桥梁地产年收入接近 200 马克。伦敦桥地产收入更多：1537 年，其地产收入接近 800 镑。当然

① David Harrison, *The Bridges of Medieval England：Transport and Society*，400 - 1800，p. 203.

② David Harrison, *The Bridges of Medieval England：Transport and Society*，400 - 1800，pp. 204 - 205；*Calendar of the Patent Rolls*（1446 - 1452），p. 576.

小桥梁地产更普遍。梅登黑德协会每年拿出地产收入中的 10 镑用于木桥的维护。①

　　由于很多桥梁的维护涉及地产经营，因此各桥梁基金会和桥梁协会的管理工作越发复杂，于是纷纷任命桥梁执事（bridge warden）。13 世纪早期约克和亨莱就有桥梁执事，沃灵福德于 1258 年、伦敦于 1284 年也都有了桥梁执事。到 15 世纪，桥梁协会和桥梁地产大都由执事管理，他们一般由市民任命，职责是监管桥梁地产，负责桥梁维护。桥梁执事很重要，例如罗切斯特新桥的重建和最初维护期间，其执事罗伯特·罗伊被认为是桥梁事务管理的关键人物。没有执事会造成保养方面的困难。1329 年，一份调查表明，捐献给亨廷顿桥的财物并没有用于桥梁的维护，原因是缺乏监管。14 世纪 70 年代，特伦特河上的诺丁汉桥维护困难，诺丁汉城、诺丁汉郡及其周边几郡向国会请愿，允许他们选举两名桥梁执事（一名来自诺丁汉城，一名来自诺丁汉郡），此后执事及其后任可以不经授权即可购买和接受土地，并以其收入来养护桥梁。② 此后该桥维护处于桥梁执事的监管之下，但维修经费仍嫌不足，例如 1457 至 1461 年该桥桥梁执事账目如下：1457 至 1458 年，收入 11 镑 19 先令 5 便士，维修费 20 镑 2 先令 11.5 便士，再加上欠债和此次做账的花费，总计赤字 11 镑 4 先令 10.5 便士；1458 至 1461 年，收入 41 镑 15 便士，维修费为 36 镑 12 先令 4.5 便士，加上上次做账赤字以及此次做账花费的 20 便士，累计入超 6 镑 17 先令 8 便士。③

　　在慈善捐助中，地方发挥着主动性，成立了各种桥梁协会等机构，接受各类捐赠，还主动出击，派出募捐人四处游说。例如，

----

① David Harrison, *The Bridges of Medieval England: Transport and Society*, *400 - 1800*, p. 206.

② David Harrison, *The Bridges of Medieval England: Transport and Society*, *400 - 1800*, p. 162.

③ W. H. Stevenson, ed., *Records of the Borough of Nottingham being a series of extracts from the Corporation of Nottingham*, *Volume II*, *King Henry IV to King Richard III*, *1399 - 1485*, London, 1883, pp. 220 - 222, pp. 244 - 6, pp. 264 - 266.

1447 年红衣主教亨利·博福特去世后，其遗嘱执行人收到很多请求信，其中包括埃塞克特要求捐资重建其大桥，罗切斯特桥执事也不甘人后，最终得到 30 镑。① 前述特伦特河上的诺丁汉桥由于资金不足，也于 1467 年向外派出募捐员。

民众的慈善之举得到国王鼓励。在公函档案中，很多授权书都提到保护桥梁基金代理人四处募捐的情况。例如，1271 年一份授权书授权约翰·勒·福特及其同伴为梅德韦河上艾尔丁（Elding）桥的募捐员，以确保国王之和平能畅达整个王国（of the king' peace of going through the whole realm）。② 教会也积极鼓励人们的慈善行为。1411 年斯塔福德主教为维护自普利茅斯至斯马波莱米尔（Smapolemille）的道路，发布赦罪令。1504/5 年度，巴恩斯特布的执事收到 8 先令 2 便士的赦罪款。③ 当各协会或兄弟会代理人会出现在教堂门口募捐时，也受到教区民众的欢迎。在周日教堂做弥撒或者其他举行宗教活动时，教堂会集聚大批民众，在堂区神父允许下，募捐人会绘声绘色描述道路桥梁维护的困境，其叙述甚至取代了布道。此种募捐行为在得到国王和主教鼓励的同时，又唤起了教众的虔诚心和同情心，能起到较好的效果。

四、"使用即付费"：城镇通行费的征收

城镇是周边地区进行物资交换的集散地，城镇交通在整个道路网中无疑是最繁忙的，成为市政建设的重点。为改善市容，很多城镇都曾强迫临近主干道、街道的宅院主人负责维护自家门前道路，

---

① David Harrison, *The Bridges of Medieval England：Transport and Society，400 - 1800*，p. 195.

② *Calendar of the Patent Rolls*（1266 - 1272），p. 514.

③ W. T. Jackman, *The Development of Transportation in Modern England*，Cambridge：Cambridge University Press，1916，p. 6；David Harrison, *The Bridges of Medieval England：Transport and Society，400 - 1800*，p. 198.

直至路中央。但这种强制措施似乎并未取得预期效果。从城镇法庭记录来看，很多人逃避了此类义务。某些城镇还将道路通行和公共卫生联系起来。例如，伦敦在 13 世纪后期每区（ward）须选举四人负责路面铺设以及垃圾清理，并由长老（elderman）总其责。14 世纪起，伦敦任命了四名铺路官（paviour），负责检查伦敦城道路的铺设情况。[①]

对于城镇来说，保持城镇道路畅通甚至关乎城镇存亡。1343 年米德兰地区的阿瑟斯通城以及 1349 年林肯郡的斯波尔丁城都向国王请愿，要求得到铺路费的授权，因为其市场或街道地势低洼潮湿，只能吸引很少的商人前往。[②] 道路桥梁等基础设施不完善，无疑使城镇贸易机会受损。例如，15 世纪贝德福德的市民将其衰落归因于其下游数英里之外新修的大巴福德桥。[③]

几乎所有城镇当局都重视道路维护等公共设施并投入大量资金，但依靠政府强制以及慈善捐助，道路网维护资金仍然不足。此外，13 世纪之后为了增加承重力，人们用铁皮包裹马车车轮，这对路基桥面的损害很大，加重了道路网的维护负担。过度使用或不当使用也会损毁路基桥面，增加维护难度。

从 13 世纪开始，很多城镇开始向国王申请，从国王处取得授权令（grant），对过往商品征收通行费（Toll）。通行费授权令一般都记录在公函档案中（Patent Rolls）。征收通行费的理论基础与前已提及的"国王之和平"和"王家大道"的理念有关。中古晚期，随着国王司法管辖权的扩大，王家大道包括通往港口、城镇、集市的所有道路，这意味着所有公共道路都是王家大道。在王道上收费必须先征得国王的授权，私自征收通行费是被禁止的。

---

① C. M. Barron, *London in The Later Middle Ages*：*Government and People*，*1200 – 1500*，Oxford：Oxford University Press，2004，p. 261.

② *Calendar of the Patent Rolls*（1343 – 1345），pp. 3，540.

③ "The Borough of Bedford：Introduction," in William Page，ed.，*A History of the County of Bedford*，*Vol. 3*，London：Constable，1912，pp. 1 – 9.

通行费分两种：桥梁费（pontage）和铺路费（pavage）。前者最先于1228年在费里布里奇征收，后者最先于1249年在贝弗利征收。1315年一份特许状，授权威廉·德·尼耶尔等人在柴戎征收3年的过路费，用于维修从伦敦的"新殿法学院"（the Bar of the New Temple）到威斯敏斯特王宫大门之间的通道，以保证该地所有销售货物顺利通行。① 授权令非常程序化，记录了授权原因，收费商品的种类、费率，以及征收期限。授权书大都格式同一，一般格式为"应某某之请求，国王授予某地之长官及良民（bailiff and good men）在某地向过往行人、驮马和马车收费，为期多少年［起始日期］。"1247年国王颁发特许状授权唐克斯特居民，允许他们用石头修建到达他们城镇的桥梁；同时，还同意他们从复活节开始，对装运货物经过大桥的车辆每次征收1便士的费用。1249年贝弗利市民被授予为期五年的铺路费征收权，对进出该城用于出售的货物征收标准为每马车货物半便士，每马驮为四分之一便士。"② 1334年某修道院副院长得到一份为期三年的授权，以维护霍兰堤道，征收标准如下：每袋羊毛1便士，每马车货2便士，每匹驮马的货半便士，销售的马、公牛、奶牛为每头0.25便士，6头猪为半便士。③ 货物征收种类与该地贸易活动相关，城市越大销售货物种类越多。征收的对象一般是销售者而非消费者。有时就所载货物是否是商品，缴纳人和收费员发生争执。1315年诺丁汉城市法庭记载，威廉·米特勒向威廉·巴斯勒的马车收费，此案的关键是巴斯勒马车所载木材中是否夹带待售货物。④

从上述材料来看，各城镇收费标准并不一致，但目的都一样，

① Harry Rothwell, ed., *English Historical Documents*, III（1189 - 1327），p. 802; *Calendar of the Patent Rolls*（1313 - 1317），p. 340.

② *Calendar of the Patent Rolls*（1247 - 1258），p. 46.

③ *Calendar of the Patent Rolls*（1334 - 1338），p. 14.

④ W. H. Stevenson, ed., *Records of the Borough of Nottingham being a series of extracts from the Corporation of Nottingham*, Volume I, *King Henry II to King Richard II*, 1155 - 1399, London, 1882, p. 82.

即保持道路网畅通。需要说明的是，通行费并非由国王强制征收，而是由当地居民或其领主提出申请，然后由国王斟酌批准，带有恩许的意味，城镇领主与宫廷关系较近更易获得授权。城镇为获得授权令也需要向国王交纳一笔费用。例如，1350 年蒂克斯伯里为获得 5 年铺路费征收权向国王交纳了 2 马克。[①] 国王在授权的同时并不免除他人的维护义务，仍然会坚持强制维护以及鼓励慈善捐助的做法。

国王颁布如此之多的授权令，实际的效果如何呢？我们可以从以下三方面进行探讨。首先，从数量上看，通行费在 13 世纪时数量不多，14 世纪之后则越来越常见。桥梁费至爱德华一世登基（1272 年）时共颁布 13 个，1272 至 1300 期间共颁布 20 个。铺路费至爱德华一世登基（1272 年）时共颁布 4 个，1272 至 1300 期间共颁布 27 个。据库珀统计，至 1400 年，英格兰国王共颁布 766 份授权令，桥梁费授权令 371 份，铺路费授权令 395 份。[②]

其次，就获多次授权城镇的分布情况看，几乎都位于道路网的节点上，交通繁忙，道路网维护的压力大。铺路费主要集中在港口城镇（斯波尔丁、波士顿、格姆斯比、赫尔河畔的巴顿、贝弗利、斯卡伯勒、纽卡斯尔）、伦敦周边以及北方大道上（亨廷顿、纽瓦克、拉特福德、唐克斯特、纽卡斯尔、贝里克）。桥梁费主要集中泰晤士河上（拉德科特、牛津、沃灵福德、亨莱、梅登黑德、温莎、斯特恩斯、金斯敦、伦敦）、塞文河上（如什罗普郡的什鲁斯伯里、蒙特福德、布里奇诺斯、阿查姆、比尔德沃斯）以及重要的王国大道上。

最后，从单个城镇获得授权令的数量和时限来看，通行费如果不能发挥一定作用，恐怕很多城镇不会花费大量精力去争取。尽管大多数授权令并不是经常性的，一般为 3—5 年，不过有一些道路

---

① *Calendar of the Patent Rolls*（1348 – 1350），p. 540.

② Alan Cooper，*Bridges*，*Law and Power in Medieval England*，700 – 1400，p. 128.

桥梁受到额外照顾。据笔者不完全统计，从 1249 年到 1460 年，贝弗利获得过 29 次道路通行权授权令，自 1360 至 1460 年的百年间贝弗利连续获得授权，斯卡伯勒有 20 次，从 1360 至 1400 年间也连续获得授权。霍兰堤道 14 世纪时获得了 18 份授权书，从 1334 年到 1389 年连续获得授权。纽卡斯尔桥从 1350—1399 年的 50 年间连续获得了 15 份授权。[1] 从累计获得桥梁收费年限看，1449 年金斯敦桥得到 51 年收费权，1451 年梅登黑德桥得到永久性授权。拉德布里奇、温莎桥等桥授权期限总共超过 50 年。诺丁汉桥和兰开斯特桥授权期也超过 25 年。[2]

除了铺路费和桥梁费，城墙捐（murage）在道路网维护中也起一定作用。城墙捐最初目的是修葺城墙，后来这笔款项也用于城市街道的维护等公共工程，逐渐和铺路费以及桥梁费合流。例如，1308 年国王授权约克市的市长、市政长官和市民对进入该城的所有待售货物征收为期 4 年的城墙捐、桥梁费和铺路费。[3] 一般来说，上述费用不会重复征收。

在整个中世纪，尽管通行费取得了一定效果，但该项收入一般不多，其作用不可高估。爱德华三世时期（1327—1377 年在位）珀肖尔的两份桥梁通行费收入只有 10 镑。1362 年，菲利普·奥特被指控逾期在费里布里奇桥上设置栅栏，强行征收了 20 镑的通行费；约翰·德·科廷顿在 46 周收费 6 镑。[4] 由此看来，通行费的征收似乎比较轻微，我们也很难找到有关通行费过重的抱怨。在大多数情况下，通行费只是强制维护以及慈善捐赠的补充。例如，纽卡斯尔桥由达勒姆主教负责三分之一，纽卡斯尔城负责另外三分之二。此

---

[1] Alan Cooper, *Bridges，Law and Power in Medieval England，700 - 1400*，Appendix 2.

[2] *Calendar of the Patent Rolls*（1446 - 1451），p. 231，p. 576；Alan Cooper, *Bridges，Law and Power in Medieval England，700 - 1400*，pp. 155 - 167；David Harrison, *The Bridges of Medieval England：Transport and Society，400 - 1800*，p. 211.

[3] *Calendar of the Patent Rolls*（1307 - 1313），p. 73.

[4] C. T. Flower, ed., *Public Works in Medieval Law*，vol. 2，pp. 317 - 319.

桥 1248 年毁于大火，为了重建石桥，遂在全国范围内筹集物资。由于地产收入不足以维持，此桥不得已向国王请愿要求征收通行费，1350—1399 年间，纽卡斯尔桥共获得过 15 次授权。在获得授权的同时，达勒姆主教和纽卡斯尔市民修桥的义务并没有被免除。[1]

尽管上述桥梁费总额不多，但对于那些没有足够地产收入的中等桥梁来说，获得授权对于其维护显得非常必要。相较而言，王国内最重要大桥，如伦敦桥在 1306 至 1400 年的近百年间从未获得过授权，重建后的罗切斯特桥也只是在 15 世纪上半叶两次危机中获得过授权。上述两桥地产收入可观，通行费可以忽略不计。罗切斯特桥通行费最多只有 6 镑，而土地的年收入达 100 镑。伦敦桥马车通行费 1381 年为 24 镑多，1420/1 年度通行费只有 7 镑多，1461/2 年度通行费为 43 镑多。15 世纪末以 23 镑价值承包出去，不到地产收入 5％。1537 至 1565 年期间，金斯敦桥以每年 33 先令 8 便士价格包租出去，占年净收入 9 镑的 15％—20％。[2] 多次获得收费授权的桥梁大多是处于交通运输节点上的非石拱桥。石拱桥一旦建成后所需维护费较少，而泰晤士河中游桥梁大都是木桥，需要更经常地维护。所以石拱桥或拥有地产的重要桥梁除非遇有特殊情况（如桥被洪水冲毁），一般不会申请征收通行费。

通行费的征收原则基于"谁使用谁付费"，这和源于"惯例"或"行为不当"的强制性维护义务颇为不同，在某些情况下，对通行费的征收更能体现出公平。1259 年亨廷顿郡居民在法庭抱怨说，亨廷顿市民既不缴纳过桥费，也不承担维护的义务，向他们位于戈德曼彻斯特的田地来回运送过重的一车车的谷物和肥料，对亨廷顿桥造成很大损害。因此，亨廷顿郡居民拒绝承担如此繁忙桥梁的维护义务。法庭裁定，亨廷顿市民上述做法对亨廷顿郡居民是不公平

---

[1] Alan Cooper, *Bridges*, *Law and Power in Medieval England*, *700 - 1400*, pp. 119 - 120.

[2] David Harrison, *The Bridges of Medieval England*: *Transport and Society*, *400 - 1800*, pp. 209 - 214.

的，他们应缴纳桥梁费。① 上述案例中，限制亨廷顿市民的不当行为并对其收费，无疑在一定程度上减轻了亨廷顿郡全体居民的维护负担。

通行费的征收和使用对于道路网的维护意义重大，如果管理不善或是收费员借机敛财，无疑会阻碍道路网通行。从 13 世纪晚期开始，有不少针对收费员中饱私囊的怀疑，有关此类案件的调查和审理到 14 世纪越来越多。1313 年国王任命亚当·德·米德尔顿等三人审查上次国王授予林肯的对进入该城待售货物征收铺路费的账目，国王认为该城收费员并没有恪尽职守，致使该城蒙受巨大损失。② 次年林肯获得了为期 7 年的铺路费，并指定约翰·德·布利顿、西蒙·德·埃德灵顿等四人为收费员，并要求上述人等对林肯市长、市政长官及全体市民负责。③ 1318 年，有一项针对凯格沃思（Kegworth）桥的慈善捐款和通行费的调查。1328 年国王允许德比城镇民撤换通行费收费员，原因是他们得不到德比市民的信任。1357 年汉普郡的拉德布里奇桥受到调查，当地两名隐士向过往行人（包括香客和贵族）征收通行费并筹集善款，他们却在桥梁维护中磨洋工。④ 对收费员诚信的怀疑使得国王授权令的措辞越来越严厉，明令一俟期满，收费立即废止。授权书还规定，所征钱款应按指定用途花销，不得挪作他用。此外，授权书还指定监督官监管此项工作。例如，1324 年爱丽丝·帕尔默等人获得了诺丁汉赫斯贝斯桥三年的收费权，为了保证钱款用于该桥维护，特指定该城镇民威廉·德·比斯顿和约翰·丹德监督。1362 年约翰·纽曼等三人获

① James Masschaele, *Peasants, Merchants, and Markets: Inland Trade in Medieval England, 1150–1350*, Basingstoke: St Martin's Press, 1997, p. 200; Alan Cooper, *Bridges, Law and Power in Medieval England, 700–1400*, p. 92.

② *Calendar of the Patent Rolls*（1313–1317），p. 63.

③ *Calendar of the Patent Rolls*（1313–1317），p. 188.

④ *Calendar of the Patent Rolls*（1317–1321），p. 279；*Calendar of the Patent Rolls*（1327–1330），p. 374；Alan Cooper, *Bridges, Law and Power in Medieval England, 700–1400*, p. 141.

得拉德布里奇桥 10 年的收费权，该桥受损严重，无人维护，为了避免收费员中饱私囊，指定伊灵（Yillyng）的托马斯·科尔为监督官。[①]

结语

中世纪英格兰道路网的治理不仅涉及公共工程，也关乎公共秩序。道路网的建设和养护需要各级政府、宗教机构、地方团体以及私人的共同努力，主要通过王国政府强化维护之义务、鼓励慈善捐款以及授权征收通行费三种方式进行。在这种维护机制中，国王必不可少：他坚持强制维护之义务的履行、鼓励慈善、授权征收通行费。但我们更应看到，这种机制中地方社会的共同体意识、慈善以及首创精神更为重要。道路桥梁的兴建和维护通常是集体行动，反映出地方社会的自治以及地方治理中地方和中央之间的良性互动。中世纪英格兰道路网维护机制是有效的，时人很少有对道路通行的抱怨。

然而，这种维护机制又是不稳定的，因为它毕竟是"中世纪式"的：国王要依习俗行事、慈善捐款有赖于宗教意识、通行费从整体上看是不连续的。这种"中世纪式"的道路网维护机制的指导原则就是"就近原则"以及"谁损坏谁负责"，这在商品经济虽有发展但毕竟还有限的中世纪，实行起来还是可行的。随着近代早期英格兰国内外贸易的迅猛发展、宗教意识形态的逐渐淡化、个人主义的兴起，地方社会在道路网治理方面无疑会面临更多压力，面对如此窘境，王国政府必须担负起更多责任。从 16 世纪开始，英格兰政府已经朝此方向努力，道路立法逐渐增多。

[①] *Calendar of the Patent Rolls*（1324 – 1327），p. 62；*Calendar of the Patent Rolls*（1361 – 1364），p. 172.

14 世纪早期英格兰寡妇产请愿探究

黄嘉欣

（复旦大学历史学系）

寡妇产（Dower）是中世纪英国乃至西欧社会土地产权体系中一种特殊类型。12 世纪末英格兰大法官、法学家格兰维尔（Ranulf de Glanvill）便已对寡妇产予以权威界定："婚姻订立之时（结婚时）丈夫在教堂门口赠予新娘的财产，若未具体指明何块地产，则表示结婚时丈夫保有的全部自由地产的 1/3 作为合理的寡妇地产；而在指明的情况下，寡妇产也不得超过全部自由地产的 1/3。"[①] 及至 14 世纪初，英格兰普通法对寡妇产的规范也非常明确，其意义在于更好地保护妇女在守寡期间的经济生活，鼓励其继续承担家庭责任、抚育子女，或为年迈的寡妇提供养老金。在社会变迁、王朝鼎革的过程中，寡妇产这种源远流长、功能别致的土地产权也时常受到冲击。英格兰统治阶层通常多以普通法的程序体系来解决社会上大量涌现的寡妇产诉讼，但在 13 世纪末一种新的申诉方式大为流行，为寡妇提供了另一维权途径，这就是议会请愿。[②]

[①] G. D. G. Hall, ed. and trans., *The Treatise on the Laws and Customs of the Realm of England Commonly Called Glanvill*, London: Nelson, 1965, pp. 58 - 59.

[②] 英国学界关于议会请愿的早期研究状况，请参见 A. R. Myers, "Parliamentary Petitions in the Fifteenth Century, Part I: Petitions from Individuals or Groups," *The English Historical Review*, vol. 52, no. 207 (1937), pp. 385 - 404; A. R. （转下页）

英王爱德华一世（1272 年—1307 年在位）在议会中设立特别委员会专门处理地方请愿事宜，允许个人或群体可向王室提出申诉，意在解决前朝男爵叛乱危机遗留的问题、疏导因地方司法不公积累的民怨，从而向臣民施行王室政治权威。英格兰寡妇群体也借此机遇试图获得国王恩典。14 世纪初寡妇向议会提交了大量请愿，1300 年—1330 年间共有 321 份，[①] 其中涉及侵占寡妇产的请愿就有 117 份，占所有寡妇请愿总量的 36.4%。这种数量之多、占比之高的现象自然引发了学界关注。

当代史家在认识中世纪欧洲女性历史的研究中，可以说与寡妇产的相关研究是一个重要领域。以往国内外相关研究多侧重寡妇产

（接上页）Myers, "Parliamentary Petitions in the Fifteenth Century, Part II: Petitions of Commons and Common Petitions," *The English Historical Review*, vol. 52, no. 208（1937），pp. 590 – 613；S. B. Chrimes, *English Constitutional Ideas in the Fifteenth Century*, Cambridge: Cambridge University Press, 1936, pp. 236 – 249；H. L. Gray, "The Influence of the Commons on Early Legislation: A Study of the Fourteenth and Fifteenth Centuries," Master dissertation, University of Cambridge, 1932. 二十世纪七十、八十年代以后的发展趋势，请参见 H. G. Richardson and G. O. Sayles, *The English Parliament in the Middle Ages*, London: Hambledon Press, 1981；R. G. Davies and J. H. Denton, eds., *The English Parliament in the Middle Ages*, Philadelphia: University of Pennsylvania Press, 1981. 二十一世纪初出版文献集《中世纪英国议会档案》，Chris Given-Wilson, Paul Brand, Seymour Phillips, W. Mark Ormrod, Geoffrey Martin, Anne Curry and Rosemary Horrox, eds., *The Parliament Rolls of Medieval England*, 1275 – 1504, 16 volumes, Woodbridge: Boydell and Brewer, 2005（下文简称 *PROME*）。2006 年，英国一批学者对国家档案馆保存的"古代请愿书"（Special Collection 8: Ancient Petitions, 简称 SC 8）进行了编辑、整理，并上传至国家档案馆官方网站，见：https://discovery.nationalarchives.gov.uk/browse/r/h/C13526, 2020.12.09. 目前有关议会请愿最为全面的专著是 Gwilym Dodd, *Justice and Grace: Private petitioning and the English Parliament in the Middle Ages*, New York: Oxford University Press, 2007. 国内相关研究成果，请参见刘鹏：《英国议会请愿的起源》，《世界历史》2020年第 1 期。

① 本文研究样本是 SC 8 中请愿人社会身份识别为寡妇的请愿书，选定时段大体为：1300—1330 年，其中也含有 1275 年—1300 年和 1327 年—1340 年的少数请愿书。

的历史发展和法律局限、①经济吸引力②等方面，较少关注寡妇产潜存的政治意涵，即便在论及与寡妇产相关的议会请愿时也往往侧重贵族妇女、赋予其传奇色彩和丰富的叙事性，③抑或突出寡妇作为政治冲突牺牲品的形象。④新近学术研究则出现新的取向，即试图从大量通过议会请愿来求取维护自身权益的活动，来探析寡妇参与政治活动的程度，重新认识英格兰女性在政治生活中的角色。⑤

有关英格兰女性与政治关系的研究源自 20 世纪 70 年代创立的公共和私人领域二元论，该理论强调男性处于公共领域，拥有政治和法律权力，女性则被限制在家庭内部主导私人领域。⑥其支持者

① 俞金尧：《中世纪欧洲寡妇产的起源和演变》，《世界历史》2001 年第 5 期，第 50—59 页；George L. Haskins, "The Development of Common law dower," *Harvard Law Review*, vol. 62, no. 1 (1948), pp. 53 - 54；Janet S. Loengard, "'Of the Gift of Her Husband': English Dower and its Consequences in the Year 1200," in Julius Kirshner and Suzanne F. Wemple, eds., *Women of the Medieval World: Essays in Honor of John H. Mundy*, Oxford: Basil Blackwell, 1985, pp. 215 - 255；Michael Hicks, "Crossing Generations: Dower, Jointure and Courtesy," in Michael Hicks, ed., *The Fifteen-Century Inquisitions Post Mortem: A Companion*, Woodbridge: Boydell and Brewer, 2012。

② Rowena E. Archer, "Rich Old Ladies: The Problem of Medieval Dowagers," in Alan J. Pollard, ed., *Property and Politics: Essays in Later Medieval History*, Sutton: Palgrave Macmillan, 1984, pp. 15 - 31；Rhoda L. Friedrichs, "The Remarriage of Elite Widows in the Later Middle Ages," *Florilegium*, vol. 23, no. 1 (2006), pp. 69 - 83.

③ Linda E. Mitchell, *Portraits of Medieval Women: Family, Marriage and Politics in England, 1225 - 1350*, New York: Palgrave Macmillan, 2003；W. Mark Ormrod, "Needy Knights and Wealthy Widows: The Encounters of John Cornewall and Lettice Kirriel, 1378 - 1382," in R. F. Yeager and Toshiyui Takamiya, eds., *The Medieval Python the Purposive and Provicative Works of Terry Jones*, New York: Palgrave Macmillan, 2012, pp. 137 - 150.

④ Natalie Fryde, *The Tyranny and Fall of Edward II*, Cambridge: Cambridge University Press, 2003.

⑤ W. Mark Ormrod, *Women and Parliament in Later Medieval England*, Palgrave Macmillan & Cham, 2020, https://doi.org/10.1007/978-3-030-45220-9, 2020. 12. 09.

⑥ Jo Ann McNamara and S. F. Wemple, "Medieval Women: Their Gain and Loss of Power," *Barnard Alumnae*, vol. 63 (1974), pp. 8 - 11.

认为中世纪晚期的英格兰女性被隔离在政治参与之外。[①] 直到 20 世纪 80 年代末，史家开始质疑二元论的合理性，试图将女性作为积极或消极参与者纳入法律诉讼和政治辩论的世界，考察两性权力的现实状况以突破公共和私人领域二元性的简单对立，关注妇女在家庭内外发挥影响和掌握权力的方式。[②] 而英国学界一些最新研究成果突破了二元论下女性权力行使仅是"例外"的基调，将女性纳入中世纪历史主流叙事，通过探究西欧各国精英女性的政治参与和影响彰显女性参与政治活动的普遍性。[③]

本文将以古代请愿书和议会档案为原始资料，从普通法对寡妇产维权的限制切入，分析 14 世纪早期寡妇产诉讼存在的内在困难，进而探究当时寡妇广泛使用议会请愿存在的客观必要性；并对请愿书书写的灵活性策略进行分析，以评估其对提升寡妇产恢复概率的作用。在定性分析基础上辅以定量研究，揭示 14 世纪早期寡妇产问题的性质和特点，探究议会请愿机制与英格兰寡妇产诉讼之间关联，在更广阔的社会、法律和政治语境下理解寡妇产与王室政治的内在关联，从而构建起中世纪英格兰女性与中央政治权力的联系。

一、法律与局限：寡妇产诉讼

14 世纪下半叶英国文学家乔叟在《坎特伯雷故事集》中描绘

---

① Barbara Hanawalt, *The Ties that Bound：Peasant Families in Medieval England*, New York：Oxford University Press，1986；p. 145；Judith Bennett, *Women in the Medieval English Countryside：Gender and Household in Brigstock Before the Plague*, New York：Oxford University Press，1987, p. 126.

② Mary C. Erler and Maryanne Kowaleski, eds, *Women and Power in the Middle Ages*, Athens and London：University of Georgia Press，1988；Mary C. Erler and Maryanne Kowaleski, eds, *Gendering the Master Narrative：Women and Power in the Middle Ages*, Ithaca and London：Cornell University Press，2003.

③ Heather J. Tanner, ed., *Medieval Elite Women and the Exercise of Power*, 1100 - 1400：*Moving beyond the Exceptionalist Debate*, Palgrave Macmillan and Cham, 2019, https：//doi. org/10. 1007/978-3-030-01346-2, 2020. 11. 15.

出了寡妇的三个经典形象，即巴斯妇人、修女和修女院教士故事里的寡妇。而贫穷是其共同的显著特点。当不怀好意的差役来到寡妇门前准备敲诈一笔十二便士的赎罪金，她说："十二便士！我的圣母，千万保佑我脱离烦恼和罪过！哪怕有这钱整个世界就归我，我家也没法凑出十二个便士。"① 修女院教士描述了一位年迈的贫苦寡妇，"话说这妇人自从死掉丈夫，过的日子就非常节俭和简朴，因为资产少，收入自然有限；她凭着量入为出和精打细算，维持自己和两个女儿的生活…她吃得很少，只吃一点食物；她不用香油辣酱来调味…从没有美味食品沾过她嘴唇。"② 乔叟描绘的是下层阶级的寡妇，但贫困潦倒的守寡生活正是英国妇女亟待改变的状态。为保障妻子未来的生活，丈夫会为妻子安排一份寡妇产，正如乔叟笔下商人谈起一月爵士迎娶五月女士的婚礼细节，就包括赠予新娘地产的契约，爵士对妻子说，"忠实于我，准得到三样东西：这就是基督的爱和你的贞操，还有我的产业、集镇和城堡。我把这些赠予你，按你的心愿立下特许状。"③ 用特许状指定寡妇产的情况在 12 世纪较为常见，例如，一位名为阿德拉德（Adelard）的丈夫在特许状中赠送三条半土地、家宅以及其他房屋给妻子伊索德（Isolde）作为寡妇产，若未来生育了继承人，上述财产归继承人所有。④

就整个中世纪晚期而言，寡妇产授予是个非常普遍的社会经济现象。首先寡妇人群数量较大，学者们发现，15 世纪贝德福郡成年男性的遗嘱表明其中 72％有孀妻，1271 年—1300 年间，伦敦有 61％的男性留有孀妻，14 世纪—15 世纪伦敦最高法庭霍斯汀法庭

① 杰弗雷·乔叟著：《坎特伯雷故事集》，黄杲炘译，西安：陕西师范大学出版社，2016 年，第 280 页。

② 杰弗雷·乔叟著：《坎特伯雷故事集》，黄杲炘译，第 610 页。

③ 杰弗雷·乔叟著：《坎特伯雷故事集》，黄杲炘译，第 389 页。

④ P. R. O., Ancient Deeds, C 146/6360. 转引自 Joseph Biancalana, "Widows at Common Law: The Development of Common Law Dower," *The Irish Jurist*, new series, vol. 23, no. 2 (1988), pp. 262, 267。

保存的 3000 份已婚男性的遗嘱中有 53％提及仍在世的妻子。① 其次，寡妇产授予在乡村和城市都较为普遍，贝德福德郡的乡村遗嘱表明 63％的丈夫授予妻子家宅供其余生居住，5％授予妻子家宅外一处房屋，2％的丈夫授予妻子 1/3 全部财产，还有 15％的丈夫授予妻子特定土地；霍斯汀法庭遗嘱表明 86％的成年男性逝世时给妻子留下财产，如土地、店铺、花园、住房、地租、客栈和酿酒屋。② 然而按照习俗授予寡妇产是一回事，真正占有寡妇产是另一回事。寡妇产经常被继承人忽略，因而寡妇需采取必要手段才能维护其合法权利，到普通法庭诉讼是最为重要的途径之一。

格兰维尔撰写的《论英格兰王国的法律与习惯》奠定了英国普通法的基调，他对寡妇产的论述反映了亨利二世时期（1154 年—1189 年在位）英格兰的法律生态，同时为寡妇产律法在中世纪的发展开辟道路。后世的法律专著，如《论英格兰的法律和习惯》、《弗拉塔》、《布里顿》③ 均在此基础上不断完善寡妇产的法律规范。笔者认为到 14 世纪初普通法对寡妇产的完善集中体现在三方面：

第一，寡妇产占有丈夫自由土地的份额为 1/3。格兰维尔坚持在任何情况下都不超过亡夫地产的 1/3。13 世纪上半叶的布莱克顿则认为，若继承人同意可稍增加寡妇产的份额；1295 年颁布的《威

① Barbara A. Hanawalt, "Widows," in Carolyn Dinshaw and David Wallace, eds., *The Cambridge Companion to Medieval Women's Writing*, 2nd edition, Cambridge: Cambridge University Press, 2003, p. 58; Maryanne Kowaleski, "The History of Urban Families in England," *Journal of Medieval History*, vol. 14, issue 1 (1988), p. 55; Barbara A. Hanawalt, "Remarriage as an Option for Urban and Rural Widows in Late Medieval England," in Sue Sheridan Walker, ed., *Wife and Widow in Medieval England*, Ann Arbor: University of Michigan Press, 1993, p. 146.

② Barbara A. Hanawalt, "Remarriage as an Option for Urban and Rural Widows," p. 147.

③ 《论英格兰的法律和习俗》（*De legibus et consuetudinibus Angliae*）由 13 世纪法学家亨利·布莱克顿（Henry de Bracton）撰写，他对亨利三世及前时期的普通法进行了概括。《布里顿》（Britton）、《弗莱塔》（Fleta）完书于 1290 年前后，一般认为这两部著述是对布莱克顿作品的重新概括和删减。

斯敏斯特条例 III》规定自由民有支配、买卖土地的权利，为保护寡妇权益，王国法律将寡妇产规定为婚姻存续期间丈夫占有地产的 1/3。[1]《布里顿》描述道"由于寡妇产的使用成为法律，即便丈夫没有任何示意她依然能得到足够的赠予…寡妇产由人们的共同法律规定，不能为任何个人所颠覆。"[2]

第二，寡妇产不受丈夫让渡土地的影响。1215 年《大宪章》第 11 条则规定不得将寡妇产用于偿还债务，[3] 1285 年颁布的《威斯敏斯特条例 II》第四条法案保护寡妇产不受丈夫生前分割土地的影响，[4] 再次明确寡妇产不可让渡的原则。

第三，寡妇产的诉讼程序逐渐规范化。14 世纪早期普通法根据寡妇产不同的占有情况规定了三种诉讼程序：一）无人占有，寡妇在丈夫继承人同意后可直接进入并持有土地；二）部分占有，无争议地产经继承人同意后持有，剩余地产的诉讼需购买权利令状（writ of right of dower），郡长通过令状传唤寡妇指定的担保人（常为丈夫的继承人）到庭为寡妇产提供担保，若无故缺席则没收其地产、恢复寡妇产。担保人到庭后需说明地产归属，若承认争议

---

[1] Sir William Holdsworth, *A History of English Law*, vol. 3，7th edition, London：Methuen & Co. LTD, 1977, pp. 189 - 193. 霍尔兹沃斯总结了 4 类寡妇产，教堂门口授予的寡妇产（dower ad ostium ecclesiae），以父亲地产授予的寡妇产（ex assensu patris）是 12 世纪—13 世纪的古老传统，它们与按习俗授予的寡妇产（dower by custom）在 13 世纪末逐渐让位于普通法规定的寡妇产（dower by the common law）。

[2] Francis Morgan Nichols, *Britton*：*The French Text Carefully Revised with an English Translation*，*Introduction and Notes*，vol. II，Oxford：Clarendon Press，1865，pp. 236 - 237.

[3] 霍尔特著：《大宪章》，毕竞悦、李红梅、苗文龙译，北京：北京大学出版社，2010 年，第 503—504 页。霍尔特使用的 1215 年大宪章为 1892 年编辑本。笔者在引用时，尚参考了另一版本：George Burton Adams and H. Morse Stephens, eds., *Select Documents of English Constitutional History*，New York：The Macmillan Company，1901，pp. 43 - 46。

[4] *The Statutes of the Realm*，vol. 1：1101 - 1377，London：no publisher information，1810，pp. 74 - 75.

地产为寡妇产，就有责任交付地产；若持中立不介入诉讼，则为寡妇提供等价补偿；若否定其为寡妇产，诉讼将在寡妇和担保人之间进行。后由法庭查证，若争议地产确为寡妇产，那么被告需归还土地或支付等额赔偿，其损失由担保人补偿，若无力补偿，寡妇在有生之年占有该土地待其去世后归还被告；若证实寡妇产尚未指定，被告可继续持有土地，由担保人支付寡妇产。[①] 三）完全占有，诉讼将送交国王法庭审理，占有人将受"取得亡夫遗留地产令状"（writ of dower unde nihil habet）传唤到庭听审，诉讼程序同上。[②]

综上所述，及至 14 世纪早期寡妇产的份额和不可让渡的原则已确定，国王法庭上的诉讼程序也已十分明确，因此当寡妇产遭受侵犯时，寡妇通常可采取普通法庭诉讼维护权益，但普通法下寡妇产诉讼有两大内在缺陷：

首先，令状制度的复杂性限制了寡妇产诉讼的成功概率。上诉人必须从文秘署购买一份合适的令状作为起始令状（original writ）开启诉讼程序，为确保诉讼顺利进行，还需购买其他司法辅助令状，且不同的寡妇产诉讼案件所选取的令状不同。[③] 为正确填写令状、使用正确的陈述词，起诉人要聘请精通法语和拉丁文的事务律师（solicitor），法庭上的辩护与举证也需出庭律师（barrister）的协助与辩护，其经济成本较高，并且申领令状者所受法律规范之严格束缚了诉讼的主题和补救的范围。[④] 此外令状从文秘署派出送到

---

① 三大诉讼程序由格兰维尔奠基后经布雷克顿完善，参见 George E. Woodbine, ed., *Bracton on the Laws and Customs of England*, vol. 3, Samuel E. Thorne trans., Cambridge, Massachusetts: The Belknap Press of Harvard University, 1977, pp. 358 - 360, 364 - 365；《布里顿》也对诉讼程序有相似表述，参见 Francis Morgan Nichols, *Britton*, vol. II, p. 269。

② G. D. G. Hall, ed. and trans., *The Treatise on the Laws and Customs of the Realm of England*, pp. 60 - 68.

③ 有关寡妇产的令状类型见：George E. Woodbine, ed., *Bracton on the Laws and Customs of England*, vol. 3, trans. Samuel E. Thorne, pp. 357 - 359。

④ Gwilym Dodd, *Justice and Grace*, p. 30.

特定法庭，经审判后再从郡长或法官处将签注送回，此过程耗时甚长，加之庭审和调查过程难免出现延误或差池，因此一桩看似简单的寡妇产诉讼可能进展缓慢。① 更重要的是，若无法在 40 天内结束诉讼，尚未恢复地产或权益的寡妇很可能从丈夫的屋宅中被驱逐。②

其次，普通法对寡妇产获取条件的规定非常严格。寡妇通常在诉讼过程中因被告提出的"例外"而丧失寡妇产的获取资格，这些例外主要包括：寡妇的丈夫未真正死亡，若原告方不能拿出确切证据证明丈夫死亡，将可能导致败诉；原告与亡夫之间不存在合法的婚姻关系，或因离婚、秘密婚姻丧失对亡夫遗产的继承权；即便证实为合法妻子，若未在教堂门前庄严地举行婚礼便意味着寡妇产赠予契约尚未达成；寡妇主张的地产并非合理寡妇产，她们传唤的证人无法证实寡妇产指定的情况，或寡妇产份额超过 1/3；原告在诉讼中指定的担保人并非丈夫继承人。③

随着寡妇产诉讼的普遍化，"例外"情况的具体细节愈加丰富：购买令状前寡妇曾接受部分遗产或曾表示满意而导致令状失效；结婚之日起丈夫从未占有该寡妇地产或婚前已出售该地产，又或丈夫对该地产的占有仅供其个人终身承租，再或这份地产属于丈夫前妻；丈夫生前被判为重罪犯，包括寡妇产在内的一切地产充公；妻

---

① Theodore F. T. Plucknett, *A Concise History of the Common Law*, 5th edition, London: Little, Brown and Company, 1956, p. 380.

② 伦敦妇女的寡妇产比较特殊，分为两个部分，一部分与普通法相同，婚姻中丈夫土地和房屋的 1/3；另一部分是"free bench"，意为寡妇可继续住在两人曾经生活的住宅，直到再婚甚至去世，这比普通法规定的 40 天期限慷慨得多。参见 Caroline M. Barron and Anne F. Sutton, eds., *Medieval London Widows*, 1300 - 1500, London and Rio Grande: Hambledon Press, 1994, p. xvii. 有关 free bench 的讨论，参见俞金尧：《中世纪欧洲寡妇产的起源和演变》，第 54 页。

③ Francis Morgan Nichols, *Britton*, vol. II, pp. 260 - 262, 263 - 267, 270, 283; George E. Woodbine, ed., *Bracton on the Laws and Customs of England*, vol. 3, trans. Samuel E. Thorne, pp. 362, 364, 370 - 372.

子缺少为婚姻服务的能力（年龄小于 9 岁）。① 即便寡妇产恢复后，也可能因继承人无力偿还债务或因法官判决丧失另外 2/3 的地产，或因寡妇再嫁生子、明知错误占有地产却沉默不言等理由被再度剥夺寡妇产。② 最后普通法还明确规定寡妇产所有权归继承人所有，寡妇无权让渡和出售，仅供余生使用且杜绝浪费和破坏地产，否则继承人可提起诉讼。③ 寡妇产诉讼常常因上述例外情况而被中止，胜诉之机受制于此。④

尽管普通法对寡妇产有明确且完备的规定，但其对寡妇财产的保护受限于强调程序和规则的司法制度本身，从而致使中世纪晚期寡妇产诉讼的实践在当时的语境下无法得到与法律规定的有效融合。令状制度的复杂性和普通法下获取寡妇产的严苛条件限制了寡妇产诉讼的成功概率，寡妇产诉讼的成本和结果难成正比，一定程度降低了普通法庭维护寡妇权益的公信力。

---

① Francis Morgan Nichols，*Britton*，vol. II，pp. 250，277，283；278；280 – 281；George E. Woodbine, ed.，*Bracton on the Laws and Customs of England*，vol. 3，trans. Samuel E. Thorne，pp. 360，372 – 375，378 – 379，387，391 – 392，394. 有关婚姻与寡妇产关系的论述同时参见 Paul Brand，"'Deserving' and 'Undeserving' Wives: Earning and Forfeiting Dower in Medieval England,"*Journal of Legal History*，vol. 22，no. 1 (2001)，pp. 3 – 6。

② Francis Morgan Nichols，*Britton*，vol. II，pp. 253，291；George E. Woodbine, ed.，*Bracton on the Laws and Customs of England*，vol. 3，trans. Samuel E. Thorne，pp. 399 – 400.

③ George E. Woodbine, ed.，*Bracton on the Laws and Customs of England*，vol. 3，trans. Samuel E. Thorne，pp. 405 – 412。这里论述一般情况，伦敦的特殊情况例外，伦敦的商业化环境导致动产的支配非常重要，根据城市习俗寡妇可获得丈夫动产的 1/3 至 1/2，且这部分动产可由寡妇的意愿支配，不必在死后归还给丈夫继承人。参见 Caroline M. Barron and Anne F. Sutton, eds.，*Medieval London Widows*，1300 – 1500，p. xvii。

④ 有关寡妇产恢复受阻的具体诉讼案例参见 Sue Sheridan Walker，"Ligitation as Personal Quest: Suing for dower in the Royal Courts, circa 1272 – 1350,"in Sue Sheridan Walker, ed.，*Wife and Widow in Medieval England*，pp. 86 – 97。

二、议会请愿：优势与女性策略

在本质上，议会请愿是将国王的最高司法特权赋予大法官、男爵和司库等大臣，后者以自由裁量权处理请愿，借助议会作为施行"恩典"的场域，国王的司法权威通过对请愿书的行政化处理遍及全国。与普通法庭诉讼相比较，议会请愿在机制上有更大优势，可有效节省时间精力、降低经济成本。尽管请愿的处理程序包含书写、递交、接受和审理等环节，但一般而言请愿人只需提交文书，或在审理过程中按要求提供辅助文件如土地令状等，无需全程投入；然在普通法庭诉讼过程中，当事人要亲自出席或派专业法律代理人参加，从而耗费大量时间精力。从成本而言，在普通法庭诉讼过程中，申诉者须到文秘署花费 6 便士购买一份令状上呈法庭之外，还须支付额外律师费用；请愿则经济实用，起草一份请愿仅 4 便士，此外无需支付其他费用。①

相较于普通法庭诉讼，除了程序简便、经济实用之外，请愿的另一优势是在请愿文本中运用适当语言策略以引起王室关注、争取更多机会恢复寡妇产。普通法庭诉讼强调司法程序的正当性，诉讼文本对判决影响不大，主要根据诉讼当事人提供的证据作出最终判决。请愿书写虽有一定规范，审查者对请愿书涉及令状、地契等的调查也十分严格，但在表达事实的基础上，适当运用语言策略则有助于引起审理者的关注。概括而论，中世纪英格兰的议会请愿文本有三大基本策略：一是强调请愿者面临着巨大的折磨和苦难，强化国王补救臣民的道德义务，敦促王室予以合理请求；二是对那些有

---

① Paul Brand, "Petitions and Parliament in the Reign of Edward I," in Linda Clark, ed., *Parchment and People: Parliament in the Middle Ages*, Edinburgh: Edinburgh University Press, 2004, p. 31; Anthony Musson, *Medieval Law in Context: The Growth of Legal Consciousness from Magna Carta to the Peasants' Revolt*, Manchester and New York: Manchester University Press, 2001, pp. 165‑166.

权有势的侵权者对无助脆弱的请愿者的肆无忌惮的非法行为予以血泪控诉，凸显二者之间强弱对比；三是强调请愿者的申诉与国王、王室私人利益的联系，甚至与公共利益的联系。[①]

寡妇的请愿也采纳了相似文本策略。首先，她们善于描述个人面临的穷困和无依无靠的处境以博取王室同情。例如 1318 年—1319 年议会收到的一系列贫困人群请愿中有几份来自寡妇，宣称丈夫为国王尽忠战死在前线，因地产遭受苏格兰人破坏而无依无靠，故寻求国王保护；或请求国王安排救济院的食宿，为其贫困的生活提供帮助；或因苏格兰人劫掠失去寡妇产而请求国王恩赐给她修道院或寺院的食宿。[②] 寡妇希望强调亡夫的忠诚和个人一无所有的悲惨处境以获得王室同情。尽管所有请愿书不一定由寡妇亲自书写，有时由地方书记员帮助撰写，但书写时也要听从请愿人的口头陈述，请愿内容在绝大程度上能反映请愿人的真实诉求，即便文中分析的这些具有女性特色的策略不直接出自寡妇之口，但也是根据寡妇这一特定社会身份制定的有助于寡妇产恢复的文本策略。

其次，通过对地方法制缺失、侵占者目无法纪、恃强凌弱，而自己则饱受压迫状况的描述和控诉，寡妇向国王反映王室司法权威遭受挑战和破坏的状况。例如，1330 年伊莎贝拉[③]（Isabella de Clinton）控诉詹姆斯（James Coterel）及其同党残忍谋杀其夫一案就是如此。这位寡妇曾就詹姆斯所犯罪行，向诺丁汉郡巡回法庭提起诉讼。但詹姆斯出庭接受询问之后，便由四名武装扈从护送公然离去，气焰极为嚣张。当法庭调查、取证等一系列程序无法进行的情境之下，伊莎贝拉只得向国王求助，请求公正之裁决。[④] 女性在普通法下的劣势地位使她们刑事案件的诉讼难以在较短时间内胜诉，但在国王司法权威遭遇挑战的语境下，寡妇的请愿得到较快回

---

① Gwilym Dodd, *Justice and Grace*, pp. 297 - 301.
② TNA, SC 8/319/E356；TNA, SC 8/319/E360；TNA, SC 8/319/E362.
③ 本文使用女性人名的名字部分，相比婚后使用的夫姓，名字更能代表女性。
④ TNA, SC 8/257/12808.

应。在接受伊莎贝拉的请愿书之后，1331 年召集的即审即决法庭便
做出了："所有作恶者应到国王面前回应，该寡妇可到大法官法庭
登记罪犯姓名，随后将相关记录送交王室法官审理，同时传唤 12
名陪审员听取申诉、伸张正义"的裁决，① 表明伊莎贝拉以议会请
愿方式，借助王室权威，达成了申冤报仇之目的。

再者，寡妇非常擅长在请愿书文本中建立其某种个人与国王或
王室利益的联系。例如，1302 年康沃尔伯爵夫人（Margaret of
Almaine）请求国王恢复其寡妇产一案。此前她在普通法庭提起诉
讼，然因国王是其丈夫财产的继承人，涉及国王财产纠纷而导致案
件被搁置。可在接到康沃尔伯爵夫人向议会提交的请愿书之后，国
王回应道："让法官们聚集商议，避免以国王为借口造成任何伤害，
有任何疑问应向国王求证，命令伯爵的另几位继承人将所有特许
状、文件和房契送至财政署，并将保存在司库中的特许状抄本递送
至财政署。"② 1305 年伦敦平民妇女琼（Joan de Wyrhale）向雷金
纳德（Reginald de Thurderle）索要寡妇产的诉讼被普通法庭所推
迟，因争议地产由康沃尔伯爵占有，国王是地产继承人，被告拒绝
回应。③ 同样她也采取议会请愿方式，并得到积极回应。琼获取令
状后伦敦市长开启调查并证实该地为寡妇产，判处被告赔偿 9 马克
9 先令 2 便士给请愿人。④ 请愿人不论出身，只要在请愿书中表达
与王室和国王的私人利益联系，都有助于促成寡妇产的恢复。

如果寡妇在请愿中仅采用上述策略，那么她们的文本策略只是
一种广泛且普遍的策略，与男性使用的策略别无二致，但寡妇产请

---

① TNA，SC 8/257/12808，endorsement；*Calendar of the Patent Rolls Preserved in the Public Record office*，Edward III，A. D. 1330 - 1334，London：Her Majesty's Stationery Office（HMSO），1893，pp. 61，205.

② TNA，SC 8/313/E62.

③ TNA，SC 8/148/7381.

④ TNA，SC 8/144/7196，endorsement；*Calendar of the Patent Rolls Preserved in the Public Record office*，Edward I. A. D. 1301 - 1307，London：HMSO，1898，pp. 411 - 412.

愿书文本的独到之处在于寡妇巧妙利用自身身份，即失去丈夫的妻子和年幼孩童的母亲，渲染其作为母亲所需承担的抚养孩子的职责，为自己塑造符合社会文化规范的"好母亲"形象，赢得国王和其他审判者的同情与支持。"好母亲"的形象符合中世纪社会文化对寡妇的要求，谁又能拒绝一位忍饥挨饿、无力抚养孩子的单身母亲？1315 年克莉斯缇娜（Christina de Woderington）的丈夫在斯特林战死，她继承的所有领地被烧毁、动产也被偷走，只留下她和三个年幼无助的孩子。她上书国王，请求给予帮助以维系生计，直到能从寡妇产中收益。国王对此回应是拨款 100 先令，请愿目的达成。[①] 同年议会上，埃莉诺（Eleanor de Percy）请求为未成年的儿子持有丈夫遗产[②]尽管这则请愿没有得到直接的肯定答复，但国王要求大法官法庭核对死者身后财产清册以便作出正义判决。

寡妇不仅善于控诉施害者压迫性的权势，更充分运用女性写作的传统，在请愿书中用叙事方式讲述戏剧性的故事。柔弱的寡妇在人身和财产安全遭受侵犯时镇定自若、坚贞不屈、勇敢反抗，无助的受害者和残忍的暴徒形成巨大的戏剧对比，从而激发出国王、咨议会、普通法庭法官、大法官、司库和男爵等审判员的同情之心。1310 年皮尔斯（Piers Burre）的寡妻琼（Joan Burre）控诉威廉（William Estwode）伙同多人[③]闯进她家，不仅暴力夺走其财产，而且强迫她结婚。琼曾到法官前控诉自己被威廉强奸，可不敢正式起诉，因为这伙人正住在伦敦并占据着她的寡妇产土地。琼的家人以为她已亡故，便申领令状，土地随之被国王没收，后由汉弗莱（Humphrey Walden）购得，此人是前述犯罪团伙的一员。无奈之下，琼只得以请愿方式求得到国王援助，让那些恶徒到国王面前去回应"迫害和蔑视"的罪行。[④] 这份请愿特别注重细节和逻辑关系，

---

① TNA，SC 8/147/7319.

② TNA，SC 8/2/93.

③ John Geffrey, Roger Hadlegh, John de Hengham, Robert le C and Richard le Rede.

④ TNA，SC 8/327/E852.

通过描述侵害者的强势，琼把自己塑造成彻底无助的受害者，面对暴行英勇捍卫其寡妇产权利。这份请愿的回应可能遗失，但《死后财产清册》记录了其夫的财产调查结果，至少说明请愿吸引了当权者的关注并可能采取有益举措。① 另一案例中，约翰（John Snard）的媚妻奥利芙（Oliver Snard）的寡妇产由国王授予，1330 年圣卢克节②后的第一个星期六她住在兰开斯特公爵的切维斯顿庄园（Manor of Chelveston），这天夜里皮尔斯（Piers de Nevill）带着一些姓名不详的"武装人员"进入庄园，"强奸、侵害并拘禁"了奥利芙，使她没有机会到法庭上诉。③ 这份请愿书在动词的运用上，准确而生动地描述了被告的不法行径，强化了请愿内容的可信度，结果是咨议会让治安官带着骑士和事务官到事故发生地展开调查并取证。

此外，"第一人称叙述手法"是寡妇在请愿中使用的最为独特的策略。中世纪法律文本习惯使用第三人称记录案件，但少数寡妇产请愿不同寻常地使用了第一人称描述冤屈，展现女性的真实声音从而引起立法者的关注。洛蕾塔伯爵夫人（Countess of Loretta）给我们提供了一个经典案例，她的丈夫罗杰（Roger de Clifford）是国王爱德华一世年轻时的密友，作为旅居英格兰的法国人，她的财产在战争时期易受侵犯。1290 年她提交的请愿书开头使用第三人称问候国王、表明身份，但随即转换为第一人称："我不是他

---

① *Calendar of Inquisitions Post Mortem and Other Analogous Documents Preserved in the Public Record Office*, vol. V, Edward II, London: HMSO, 1908, p. 112.

② St. Luke the Evangelist，圣卢克节是基督教圣徒纪念日，在每年 10 月 18 日。C. R. Cheney, ed., *A Handbook of Dates: For Students of British History*, Michael Jones, revised, new edition, New York: Cambridge University Press, 2004, p. 77。

③ TNA, SC 8/343/16152; John Strachey and Richard Blyke, eds., *Rotuli Parliamentorum: ut et Petitions, et Placita in Parliament*, vol. II, London: Record Commission, 1767–1777, p. 34. 原文为 "vint Piers de Nevill, ove gentz discounuz de le dit Manoir, a force et armes entrerent nuytauntre, et la dit Olive **raverent, et augrevement, et detient** uncore contre fa gre". 本文译为 "Piers de Nevill came to the manor with people unknown, by force and arms and entered at night and **ravished** and **aggrieved** and even **detained** Olive against her will"。

（丈夫）的继承人，通过我们的领主国王，在我的生命期限内祈祷国王的恩典…正是通过他我才得到了我所拥有的，因为我没有土地偿还他的债务，因此我祈求您，亲爱的国王…恩典。"① 语气之亲密更像是一份私人信件②，这份请愿的签注表明伯爵夫人使用第一人称的策略大获成功，"她的寡妇产不受丈夫债务的影响，除非她就是遗嘱执行人"。③

　　国王爱德华一世的寡妻玛格丽特王后在 1315 年向议会提交的请愿书中同样使用第一人称的策略。王后控诉她在赫尔福德市的寡妇产因国王令状而遭到市民拒绝："我们曾通过法警进入该城收取属于我们的债务…从我们这里夺走所有的罚金、赎金、债券、没收财物以及其他利益，并阻止我们的法警进入该城收取债务，他们（市民）在令状生效之前就已这样做，因此我们请求你的补救。"④ 玛格利特王后巧妙地使用第一人称复数"我们"，强调她与国王亲密的血缘关系，也暗含两者存在的共同利益：玛格丽特王后去世后，爱德华二世将继承其寡妇产。这则请愿书恰似一份私人信件，同时因涉及国王利益而得到恰当回复：当地派出两名市民代表在某日前觐见国王，王后派代理人参加，进一步协商。⑤

　　有学者认为"第一人称叙述手法"恰好弥补了女性在权力面前的失声状态，⑥ 重建了女性个人的声音，第一人称流露的真情实感对审理者产生剧烈震撼。尽管大量底层女性没有与国王的特殊私人关系，她们仍可运用这一策略，强化自己的悲哀处境，以寻求同情和援助。

① *PROME*，Parliaments of Edward I，Roll 2，Appendix，item 105.

② W. Mark Ormrod，*Women and Parliament in Later Medieval England*，p. 131.

③ *PROME*，Parliaments of Edward I，Roll 2，Appendix，item 105；TNA，SC 8/219/10916，endorsement.

④ *PROME*，Parliament of 1315，item 66.

⑤ *PROME*，Parliament of 1315，item 66；TNA，SC 8/2/69，endorsement.

⑥ Jeremy Goldberg，"Echoes，Whispers，Ventriloquisms：On Recovering Women's Voices from the Court of York in the Later Middle Ages，" in Bronach Kane and Fiona Williamson，eds.，*Women，Agency and the Law*，London and New York：The Routledge Press，pp. 31 - 41.

三、寡妇产请愿书：量化与分析

14 世纪早期，寡妇在请愿书中运用的文本策略更能凸显其身份和性别特质，于主流法律文件格式之外强调性别叙事。这种定性分析可从客观上体现议会请愿的潜在优势。为了进一步展现这一时期寡妇产本身的特点、性质以及议会请愿的本质，笔者以从古代请愿书收录的 321 份寡妇所提交的议会请愿书为基础，从中析出 117 份与寡妇产恢复相关的请愿书作为研究样本，用量化的方式进行继续分析。

首先，笔者按照内容将 117 份寡妇产请愿书进行分类，各类数量及其在寡妇产请愿中的占比如下表 1 所示：

表 1　117 份寡妇产请愿书的类别、数量和比重

大类	小类	内容	数量	小类比重 %	大类比重 %
A 针对王室和官员的控诉	A1	控诉王室官员不法行为	7	6	66.7
	A2	控诉国王侵占土地和财产	71	60.7	
B 请求国王援助与恩典	B1	请求许可	3	2.6	24
	B2	请求国王采取行动	7	6	
	B3	请求补救	18	15.4	
C 寻求王室赏赐	C1	寻求赏赐	6	5.1	6.8
	C2	寻求赦免	2	1.7	
D 王国法律缺陷引发诉讼	D1	法律程序无效	1	0.8	2.5
	D2	法律颠覆	2	1.7	

第一大类是针对王室官员和国王的控诉，具体包括控诉王室官员的不法行为（A1）、控诉国王侵占土地和财产（A2），这类请愿占寡妇产请愿总量达 66.7%，展现出中世纪晚期英格兰寡妇捍卫私

有财产的权利意识。人们认为国王有权纠正官员的错误，于是到议会投诉王室官员的不法行为；又由于任何人不得在王室法庭中起诉国王，指控国王侵占财产必须依靠议会请愿。[①] 第二类是请求国王的援助与恩典，请求许可的请愿（B1）较少，如请求准许按照地产价值购买以国王令状继续持有的寡妇产、允许得到寡妇产和亡夫其他王室领地的塔利税、要求以寡妇产交换在爱尔兰的土地；[②] 请求国王采取的行动（B2）主要有任命法官、颁发令状，更为常见的请愿（B3）是寻求补救和干预，通常由内容零碎复杂的请愿组成。[③] 此外寡妇寻求国王赏赐、控诉法律缺陷的第三、第四类请愿很少涉及寡妇产，仅占 9.3%。

表 1 凸显了寡妇产请愿最主要涉及的两大内容：控讼国王侵占土地和财产的请愿（A2）多达 65 份，占比 60.7%；18 份请求得到国王的直接干预和补救（B3），约占 15.4%。这揭示出 14 世纪早期寡妇产问题的重要特点：一是国王侵占寡妇产是引发请愿的主要原因；二是寻求国王补救是寡妇的最终心愿。理论而言请愿是国王为弥补普通法的缺陷而建立的司法补救机制，但在这里却变成寡妇控诉国王侵权的途径。为更深入地解读这一点，笔者对请愿书分布的时间进行整理，如下表所示：

表 2　寡妇产请愿书提交的时间分布

时间段	A2&B3/89	全部/117
1300—1314	15	24
1315—1317	5	9

---

① Paul Brand, "Understanding Early Petitions: An Analysis of the Content of Petitions to Parliament in the Regine of Edward I," in Mark Ormrod, Gwilym Dodd and Anthony Musson, eds., *Medieval Petitions: Grace and Grievance*, York: York Medieval Press, 2009, p. 107.

② TNA, SC 8/346/E1370; TNA, SC 8/275/13738; TNA, SC 8/1/42.

③ TNA, SC 8/36/1791.

续　表

时间段	A2&B3/89	全部/117
1318—1321	7	7
1322—1325	33	37
1326—1330	29	40

　　表2显示寡妇产请愿提交的数量与时间存在很大关联，请愿书最为密集地出现在1322年—1325年和1326年—1330年这两个时段，期间英格兰均发生了重要政治变动。1322年爱德华二世打败男爵党人平息内战，为彰显权威国王没收叛乱分子的领地并将其奖励给支持国王的贵族，但未考虑贵族妻子的寡妇产，因此战后汇聚了大量控诉国王侵占寡妇产的请愿书，常见内容是叛乱者媵妻要求归还其夫领地的寡妇产部分。[①] 1326年10月伊莎贝拉王后与逃亡法国的马奇伯爵罗杰·莫提默联合叛变，11月逮捕国王、处决国王宠臣小德斯潘塞，后者生前侵占的地产均被新的主政者没收。[②] 人们敏锐地察觉到政治形势的剧变并加以利用，控诉小德斯潘塞的侵害成为摄政时期（1326年—1330年）议会请愿的重要主题，[③] 寡妇

---

① TNA，SC 8/74/3658；TNA，SC 8/267/13325：伊多妮娅（Idonia de Selling）宣称丈夫自由地产被巴德勒斯摩尔（Bartholomew de Badelesmere）男爵没收，后者因参与叛乱被没收所有地产，其中包括她的寡妇产；TNA，SC 8/63/3110：玛格丽特（Margaret Mortemer）被没收官和看守官从她与丈夫共同领有的土地（即寡妇产）上驱逐，因其丈夫参与男爵叛乱，1323年玛格丽特请求恢复她的权益。

② Seymour Phillips，*Edward II*，New Haven：Yale University Press，2011，pp. 455 - 465，488 - 491，503，506，516.

③ 有学者认为"德斯潘塞的侵害"可能是此时请愿文本使用的修辞，目的是取悦新的当权者而不能证明德斯潘塞的暴行。参见 Simon J. Harris，"Taking Your Chances：Petitioning in the Last Years of Edward II and the First Years of Edward III," in Mark Ormrod, Gwilym Dodd and Anthony Musson eds.，*Medieval Petitions*，pp. 186 - 189. 但很多控诉其侵占寡妇产的案件得到王室回应，笔者倾向于将请愿书对德斯潘塞的控诉作为实际状况进行考量。

也加入其中试图恢复被其侵占的寡妇产。①

控诉德斯潘塞侵占寡妇产最典型的案例当属伊丽莎白（Elizabeth de Burgh）的土地纠纷。作为英格兰最大的女继承人，因其夫罗杰（Roger Damory）参与叛乱被定为叛国罪，1322 年夏，伊丽莎白被胁迫同意以厄斯克（Usk）交换小德斯潘塞在高尔（Gower）的领地（后者价值不到前者一半），"否则将被剥夺在王国内的继承权"。② 同年 11 月，国王将她关入约克监狱迫使其放弃在威尔士的包括寡妇产在内的所有领地，"未经国王允许不得与他人结婚、不得将领地赠予他人，也不得与他人订立盟约，否则将被没收全部地产"。③ 随后小德斯潘塞操纵原高夫领主威廉（William de Braose）起诉伊丽莎白非法侵占，使她在高夫领地尽失。1326 年 5 月，愤怒不已的伊丽莎白在抗议书中控诉小德斯潘塞侵占寡妇产，她希望"在未来恩典能够更加公正地分配，国王法律得到更好维护、能更好地保护所有人"。④ 次年，她再次提交请愿书，在王后伊莎贝拉支持下使自己的寡妇产得以恢复，正义的审判终于来临。⑤ 在审判小德斯潘塞时，伊莎贝拉王后指控他非法剥夺贵族的

---

① TNA，SC 8/167/8306：埃莉诺（Elanor de Multon）在请愿书中声称她寻求寡妇产的案件因德斯潘塞的干预而被搁置；TNA，SC 8/294/14692：彭布里克伯爵夫人玛丽（Mary de St. Pol）抱怨她在赫塔福德和哈弗韦斯特的寡妇产也因德斯潘塞和大法官罗伯特（Robert de Baldok）的谋害无从恢复。

② G. A. Holmes, "A Protest against the Despensers, 1326," *Speculum*, vol. 30, no. 2 (1955), pp. 207, 211; Natalie Fryde, *The Tyranny and Fall of Edward II*, p. 110.

③ G. A. Holmes, "A Protest against the Despensers, 1326," pp. 208, 211; John Strachey and Richard Blyke, eds., *Rotuli Parliamentorum*, vol. II, pp. 440.

④ G. A. Holmes, "A Protest against the Despensers, 1326," pp. 209, 212; Natalie Fryde, *The Tyranny and Fall of Edward II*, p. 117.

⑤ SC 8/134/6697; *Calendar of Patent Rolls Preserved in the Public Record Office*, Edward III 1327 - 1330, London: HMSO, 1891, p. 32; G. A. Holmes, "A Protest against the Despensers, 1326," p. 209.

继承权、残暴对待寡妇和孤儿，① 抢夺孤儿寡母的财产成为小德斯潘塞罪行的证据。

内战结束后，英王为打击以兰开斯特伯爵为首的叛乱男爵，一方面归还被他们侵占的寡妇产以彰显国王匡扶正义的司法权威、巩固国王最高司法权的地位；另一方面则由王室继续扣留2/3地产加强对贵族的控制，因此1322年—1325年间绝大部分寡妇产请愿得到了满意答复。此外，摄政者为树立新的统治权威，同时希望借助寡妇产作为打击政治对手的工具，王室对寡妇产请愿的处理也比较积极。寡妇产已然成为王室维护法律秩序、进行斡旋、谋取更广泛政治支持的工具，寡妇产请愿的处理是14世纪早期政治动荡下王室加强政治统治的重要途径。在此过程中，寡妇作为请愿人直接或间接参与了政治变迁，寡妇作为代表通过议会请愿构建起中世纪英格兰女性与中央政治权力的联系。精英和贵族阶层的妇女通过与王室的私人联系建立双方关系，中产和底层阶级的寡妇亦能借助议会请愿得到司法支持，这一实践打破了女性从属于私人或家庭领域、隔绝于公共政治权力之外的传统论断。

那么请愿在多大程度上满足了寡妇的请求？为评估议会请愿的效果，笔者将117份请愿书背面附着的签注分成三大类别：积极回复、不确定回复和消极回复，如表3所示，请愿确实取得了较大成效，得到积极回复的请愿的数量是消极回复的4倍。除11份没有签注的请愿外，其他106份请愿均得到国王、咨议会或专职审判员的慎重回复，其中遭到搁置和直接拒绝的请愿分别仅1份，② 84份寡妇产请愿得到积极回复，另外20份寡妇产请愿因处于普通法范围内而被婉拒。

显而易见，请愿的确在很大程度上促进了寡妇产的恢复。尽管

---

① Seymour Phillips, *Edward II*, p. 517; G. A. Holmes, "Judgement on the Younger Despenser, 1326," *The English History Review*, vol. 70, no. 205 (1955), p. 265.

② TNA, SC 8/5/215; TNA, SC 8/321/E484.

予以直接帮助的请愿数量较少仅为 8 份，但另 76 份得到积极回复，或组建即审即决法庭、任命财政署男爵和司库、大法官法庭大法官、普通诉讼法庭的法官和地方行政长官为法官进一步调查，或下达司法命令责令上述官员调查、核对请愿书的具体情况，按照调查结果结合法律作出回应，[①] 或由咨议会建议国王予以恩典，且有相当部分请愿被建议到国王面前处理（coram rege）。[②]

表 3　请愿书回复的三种类型及其数量和比重

回复的类别		数量	总数	比重%
积极回复	直接帮助	8	84	71.8
	进一步调查、下达司法命令、建议国王给予恩典、到国王面前处理	76		
不确定回复	无签注	11	12	10.3
	搁置	1		
消极回复	直接拒绝	1	21	17.9
	转交普通法庭诉讼、购买令状	20		

寡妇玛格丽特（Margaret de Mortimer）多次提交的寡妇产请愿所获得答复就展现了积极回复的具体详情。1304 年，她请求执掌丈夫生前占有的三座城堡之一作为寡妇产，对此回应是"若其夫死时占有此三座城堡，则同意指派其中一座给她"；[③] 1322 年因其子叛乱、家族地产被没收，她要求得到两个庄园作为寡妇产，得到的回复是"指派官员调查请愿提及的两处地产是否为其寡妇产，在何时、因何为国王没收、没收官是谁，土地租金几何，并责令将调查

① TNA，SC 8/36/1776；*PROME*，Parliament of 1316 January，item 41.
② TNA，SC 8/321/E484；TNA，SC 8/63/3110；TNA，SC 8/112/5596；TNA，SC 8/41/2027；TNA，SC 8/53/2637；TNA，SC 8/257/12805；TNA，SC 8/111/5535.
③ TNA，SC 8/156/7775.

结果呈递国王"，并建议"到国王面前处理这份请愿"。① 一年后玛格丽特要求恢复与丈夫共同封授的寡妇地产，被要求"到中书府出示令状和相关文书"，其他政府档案记载了要求地方看守官恢复玛格丽特寡妇地产的命令。②

不确定回复的寡妇产请愿有 11 份无签注，但其中有 6 份可在官府日志中找到应继续调查、命令递交寡妇产的记录，例如 1327 年寡妇厄梅阿德（Ermeiard Harcla）请求恢复国王没收的亡夫地产中的寡妇产，尽管没有签注，但王室命令没收官调查请愿提及的内容、后责令地方看守官将几处庄园和房产交还请愿人；③ 1305 年，艾玛（Emma de Kent）请求归还她与丈夫共同封授的庄园，签注空白但相关档案记录表明王室政府采取了积极应对措施，国王"命令法官归还寡妇产，若因特殊理由收归国王手中"。④ 因此这类"无签注"现象更可能是签注遗失、归档错误等人为失误造成的后果，王室本身对请愿是采取了积极举措的。另仅 4 份（3.4%）无签注的寡妇产请愿尚未找到相关档案记载，很可能是故意无视，从侧面反映出国王的态度。

此外，国王鲜少直接拒绝请愿人的诉求，对于普通法范畴内的请愿通常转交给普通法庭或领主法庭审理，其比重占寡妇产请愿总数的 17%，由此说明议会请愿作为司法体系补充机制的性质，只处理普通法无法解决的问题。另需注意的是议会请愿从本质上取决于国王司法权威对臣民提供道德和法律支持的程度，国王的个人意志

---

① TNA，SC 8/127/6346.

② TNA，SC 8/63/3110；*Calendar of Patent Rolls Preserved in the Public Record Office*，Edward II，vol. IV. A. D. 1321－1324，London：HMSO，1904，p. 266.

③ TNA，SC 8/173/8604；*Calendar of Close Rolls Preserved in the Public Record Office*，Edward III，A. D. 1327－1330，London：HMSO，1896，p. 32.

④ TNA，SC 8/324/E633D；*Calendar of Close Rolls Preserved in the Public Record Office*，Edward I，vol. V. 1302－1307，London：HMSO，1908，p. 295，另四份有相关记载的无签注寡妇请愿：TNA，SC 8/241/12024；TNA，SC 8/241/12013；TNA，SC 8/327/E835；TNA，SC 8/61/3044。

决定了司法权的最终践行，因而具有很强的不确定性。部分请愿书时隔多年也未得到肯定回复，耗费请愿人大量心血最终却不了了之，例如 1324 年邦娜（Bona Fitz Bernard）请愿恢复寡妇产，对此国王命令有信仰之人到大法官法庭调查请愿内容，并质询土地看守官;[①] 但八年后她再次为同一寡妇产递交请愿[②]，目前尚无相关记载证明该案得到司法补救。埃莉诺（Eleanor Fitz John）曾在 1328 年请求国王恢复寡妇产，因国王已将土地授予肯特伯爵埃德蒙，要求她"到普通法庭起诉埃德蒙"，因伯爵意外死亡终止诉讼，两年后她再次请愿，声称自己受到了"被阻止恢复寡妇产八年有余"之不公待遇。[③] 在公共请愿（common petitions）成为下院制衡国王特权的时代之前，国王及其顾问班子对请愿的回应展现了王权的独断性，"国王即司法"、"王在法上"仍是 14 世纪早期英格兰政治的重要特点，议会此时仍然是国王施行恩典的场域。

概括而言，大多数递交到议会的寡妇产请愿得到了妥善处理，议会请愿的确为寡妇提供了普通法庭诉讼之外的另一种有效维护寡妇产权益的途径。寡妇产问题无疑是 14 世纪英格兰妇女最为关注的社会问题，寡妇产请愿受到国王、咨议会或审判员较大程度的积极回应，这也体现出王国最高司法权威对各阶层女性的包容。

结语

本文从两个方面对 14 世纪早期英格兰议会涌现大量寡妇产请愿的原因予以探究。一是普通法下寡妇产诉讼存在局限性：以令状制度为依托的普通法庭诉讼注重程序，诉讼周期较长需耗费大量时

---

① TNA，SC 8/112/5575；*Calendar of Inquisitions Post Mortem and Other Analogous Documents Preserved in the Public Record Office*，vol. Ⅵ，Edward Ⅱ，1316‐1327，London：HMSO，1910，pp. 268‐269.

② TNA，SC 8/240/11958.

③ TNA，SC 8/172/8578；TNA，SC 8/17/812.

间和财力；法律对寡妇产获取条件的规定十分苛刻，寡妇面临被告方提出的诸多"例外"情况难以真正恢复地产或权益。二是议会请愿具有诸多优势，不仅程序简便、省时省力、节约资金，请愿的书写更为灵活，能运用文本修辞策略引起审判员的关注和同情，提升请愿的成功概率。笔者还提出寡妇不仅善于在请愿中使用当时广为流行的文本策略，如描述个人的贫困和孤苦无依的处境、描述地方秩序混乱和暴虐横行的状况，以及建立个人与国王或王室利益的私人联系等等。更重要的是，她们善于运用一些具有性别特征的文本策略：特别强调其作为寡母承担着抚养子女的重任，塑造符合社会文化规范的"好母亲"形象；运用传统女性写作中的叙事手法展现寡妇的冤屈和坚贞品德；最独特的是少数寡妇还在请愿书中用"第一人称叙述手法"发出女性真实的声音；这些正是寡妇产请愿在文本上的突出特征。

寡妇产请愿的量化分析表明，寡妇产是中世纪晚期英格兰寡妇群体、甚至是所有女性最为关注的问题。寡妇产的恢复不仅是家庭经济问题，也是14世纪早期特定社会环境所生发出来的政治问题。透过请愿文书窥见动荡时期中央政治权力的斗争和传递，贵族妇女的寡妇产不只是一份实际存在的土地或财产，更是王室控制朝臣和贵族、拉拢政治阵营的强效武器；对底层妇女而言，寡妇产的恢复则是彰显王室司法正义的最佳典范。寡妇通过议会请愿表达冤屈是这一群体参与政治的实践，她们熟练使用的文本策略将其描述为政治斗争的受害者，虽其真实性难以仅依据请愿文书判断，但文本策略的广泛使用却表明女性同男性一样也遵守着社会惯例下中世纪晚期文化的公认准则。以寡妇为代表的女性请愿者通过议会请愿间接或直接地参与公共政治生活，构建起英格兰妇女与公共权力的联系，打破了传统的私人和公共领域二元论。

14世纪早期的寡妇产请愿约72％取得积极回复，但也有部分请愿失败。特别是有一部分请愿被驳回，重新回归普通法庭审理，充分表明议会请愿是弥补普通法不足的司法补充机制，但在特殊时期，议会请愿也用于处理普通法范畴内的少数问题，这揭示出议会请愿的另一特质，即国王意志凌驾于司法权之上。请愿机制的生命力在于它使得英格兰每个臣民，包括在权力面前失声的那些社会弱势群体，建立起地方与中央的沟通渠道：自下而上地表达冤屈，而后自上而下地施行权威。这一机制建立的初衷是实现中央对地方事务的监视和把控，但投递到议会的海量请愿书需要更为系统化的处理，议会逐渐成为中世纪晚期英格兰王国的最高法庭、最高司法权力的核心。一封薄薄的请愿书承载着下情上达的重任，促使议会司法权威在英格兰社会得到有效实施，议会请愿逐渐发展为中世纪晚期英格兰国家治理最为重要的方式之一。

（本文原发表于《古代文明》2021 年第 4 期）

女性执政困境：玛丽一世王权合法性的确立[①]

赵博文

（中国社会科学院世界历史研究所）

都铎王朝第二位国王亨利八世（Henry VIII）于 1547 年 1 月 28 日去世，他与第三任妻子珍·西摩之子、年仅九岁的爱德华六世（Edward VI）即位，成为都铎王朝第三任君主。1553 年 7 月 6 日，爱德华六世离世，身后无子，英国历史上首次面临女性统治的局面。在经历了简·格雷（Jane Grey）的九日统治之后，英国进入了玛丽一世（Mary I）统治时期。史学研究中对于玛丽一世的评价始终深受清教史学的影响，以约翰·福克斯为首的清教史学家，基于宗教信仰对玛丽一世展开抨击，塑造了"血腥玛丽"和失败的执政者的形象，这种观念直到 20 世纪仍对关于玛丽一世的研究产生影响。史学家们依然从无能的执政者、保守固执女性的角度来研究玛丽一世，并将其作为反面例子来凸显伊丽莎白一世的政治智慧。[②] 修正主义史学兴起后，玛丽一世"无能的

---

① 基金项目：国家社会科学基金青年项目"英国都铎王朝君主形象塑造研究"（19CSS015））的阶段性成果。

② 参见 David Loades, *Mary Tudor : A Life*, Oxford: Basil Blackwell, 1989; John Guy, *Tudor England*, Oxford: Oxford University Press, 1990; A. N. Mclaren, *Political Culture in the Reign of Elizabeth I: Queen and Commonwealth 1558 - 1585*, Cambridge: Cambridge University Press, 1999。

执政者"的君主形象遭到修正主义史学家的挑战。他们指出，玛丽一世是一位颇具行政才能的君主，其统治期间推进了英国议会君主制政体形成的进程，强调伊丽莎白一世继承了玛丽一世的执政策略。[①]

对于玛丽一世的评价，无论是清教史学家还是修正主义史学家，都基于宗教和政治的角度。而玛丽一世作为英国历史上第一位女性君主，其王权合法性确立的过程却未得到足够重视。本文拟从玛丽一世继承王位的合法性、与西班牙的菲利普（Philip of Spain）缔结婚约和政治理论三个维度，分析玛丽一世的女性王权合法性如何被质疑，以及玛丽一世的应对措施，进而讨论女性王权合法性的确立。

一、召集议会和加冕典礼：玛丽一世统治合法性困境

爱德华六世去世后，都铎王朝不可避免地迎来女性执政的局面，亨利七世的外孙女简·格雷和亨利八世的长女玛丽·都铎成为王位的竞争者。

玛丽·都铎是亨利八世同第一任妻子阿拉贡的凯瑟琳（Catherine of Aragon）所生，由于凯瑟琳没能诞下一位男性继承人，亨利八世在 1533 年同她离婚，玛丽的合法继承人地位也相应地被剥夺。1534 年的《继承法案》（*An Act of the Establishment of Succession of the King's Majesty Succession in the Imperial*

[①] Judith M. Richards，"Mary Tudor as 'Sole Queen'?：Gendering Tudor Monarchy，" *The Historical Journal*，Vol. 40，No. 4（Dec. 1997），pp. 895 - 924；Alice Hunt，"The Monarchical Republic of Mary I，" *The Historical Journal*， Vol. 52， No. 3 （Sep. 2009），pp. 557 - 572；Sarah Duncan and Valerie Schutte，*The Birth of A Queen：Essays on the Quincentenary of Mary I*，New York：Palgrave Macmillan，2016.

Crowne of the Realm）① 规定只有亨利八世同第二任妻子安妮·博林（Anne Boleyn）的孩子（伊丽莎白）才是王位的合法继承人，玛丽被排除在继承顺位之外。而在 1544 年的第三次《继承法案》中，玛丽被恢复了合法的继承顺序，"如果亨利八世和爱德华死后无子，那么玛丽将会是王位的继承人，如发生此种情形，需要加盖国王（亨利八世）的印信，或者根据国王的遗嘱"。② 玛丽的竞争者简·格雷对于王位诉求的依据，正是爱德华六世的遗嘱。

爱德华六世即位后，由其舅父萨默塞特公爵（Duke of Somerset）摄政。1551 年萨默塞特公爵因叛逆罪被处决后，诺森伯里亚公爵（Duke of Northumberland）掌权，他计划一旦爱德华六世去世，即由亨利七世的外孙女简·格雷即位，并同自己的儿子达德利婚配，进而掌握英国的政权。在爱德华六世去世之后，简率先发表公告，在宣示自己合法性地位的同时，抨击玛丽不具备继承王位的资格，"玛丽和伊丽莎白都是私生子，并不是亨利八世合法婚姻所生子嗣……她们显然不具备继承英国王位的资格"，玛丽"不像爱德华六世拥有纯正的英国血统，她只有一半的英国血统，根据英国古老的法律和传统，她不具备接替爱德华六世王位的资格"。③ 玛丽的出身一直是当时英国舆论界攻击的对象。伦敦教区的主教雷德利（Nicholas Ridley）在一份布道词中讨论了玛丽的出身问题："玛丽和伊丽莎白这对姐妹都是私生子，她们并不是国王亨

---

① 亨利八世在位期间，一共颁布过三次《继承法案》。1534 年第一次颁布《继承法案》，宣布亨利八世和安妮·博林的子嗣具有王位继承权，剥夺了同阿拉贡的凯瑟琳的子嗣即玛丽公主的继承权；1536 年第二次颁布《继承法案》，以取代 1534 年的法案，宣布亨利八世同简·西摩的子嗣即爱德华王子具有英国王位的继承权；1544 年第三次颁布继承法案，确定了三个子嗣的继位顺序，即爱德华、玛丽和伊丽莎白。

② *The Statutes of the Realm*，Henry VIII，35，c. 1，Vol. 3，London：Dawsons of Pall Mall，1963，p. 955.

③ The Tower of London，Proclamation by Jane，announcing her accession，June 10，1553，*Calendar of State Paper*，Domestic Series，of the Reign of Mary I，1553 – 1558（SP），11/1，f. 1.

利八世的合法子嗣，是近亲结合的产物：无论是王国的法令还是古老习俗都不允许这样的人管理国家。"① 玛丽的私生子地位，在亨利八世时期开始的宗教改革过程中，就不断被重复强调，以致这种观念深入人心。玛丽本人对于私生子的身份也曾经一度认可——作为同亨利八世和解并重新返回都铎宫廷的代价，玛丽在给亨利八世的信件中承认了自己在法律上的私生子地位。② 一份现存的意大利的文献记载："英国的王位继承制度是家族内的男性继承制，如果没有男性，那么可以将女性亲属考虑在内。私生子，无论是男性还是女性，都应该排除在外。"③ 因此在法律上，玛丽不具备继承王位的资格，《继承法案》认定的私生子身份在其成为女王之前一直没有取消。

除此之外，玛丽的西班牙血统也饱受诟病。托马斯·斯塔福德（Thomas Stafford）在一份公告中抨击玛丽一世的血统问题："她拥有一半西班牙血统，一半英国血统，导致她对于任何一个国家都没有特殊的感情……且玛丽从未把自己当成一个英国女性，而认为自己是西班牙女性，她亲西班牙而厌恶英格兰。"④ 因此，在部分英格兰民众的眼中，玛丽的即位是一个西班牙血统的外来者篡夺英国王位的行为。无论从出身还是血统，玛丽的统治合法性都遭受了广泛质疑。尽管《继承法案》在一定条件下肯定了玛丽的继承权，但是

---

① Charles Kingsford, ed., *Two London Chronicles from the Collection of John Stow*, London: Camden Society, 1910, p. 26.

② James Gairdner and R. H. Brodie, eds., *Letters and Papers*, *Foreign and Domestic of the Reign of Henry VIII*, Vol. X, London: H. M. Stationary Office, 1862, No. 1137, p. 609.

③ C. V. Malfatti, trans., "A Picture of English Life Under Queen Mary," in *Two Italian Accounts of Tudor England: A journey to London in 1497: A Picture of English Life Under Queen Mary*, Barcelona: Sociedad Alianza and R. Fonta, 1953, p. 47.

④ John Strype, *Ecclesiastical Memorials*, *relating chiefly to religion under King Henry VIII*, *Edward VI and Queen Mary*, Vol. 3, Oxford: Clarendon Press, 1822, p. 516.

却没有消除玛丽和伊丽莎白的私生子身份，玛丽和伊丽莎白的继承权和私生子身份都是由议会确认的。但是，玛丽也有证明自己拥有继承权的依据。她发表了公告，宣布"所有拥有真正信仰的人都应该认可和支持玛丽对于王权的诉求"。[①] 威尔士公主这一头衔，即是玛丽对于王位诉求的有力支持。自爱德华一世（Edward I）始，英国国王皆封王储为威尔士亲王。玛丽出生之后，亨利八世随即将玛丽册封为威尔士公主（Princess of Wales），而直到亨利八世逝世，也未正式册封爱德华为威尔士亲王，这种政治传统成为玛丽对于王位诉求的有力依据。不仅如此，玛丽还曾经帮助亨利八世代管威尔士的事务，因此，她是亨利八世子嗣中最具实践经验的一位。[②] 在威尔士的行政经验，使得玛丽懂得如何去行使王权。

简对于王位的诉求，同样存在着先天的不足。爱德华六世的遗嘱明确指定了简继承英国的王位。亨利八世在英国拥有至尊权力，可以用遗嘱进行继承人的指派，但是这种特权只归属于亨利八世一人，并没有文字规定其继承人享有同样的权力。与此同时，爱德华的遗嘱并没有获得议会的认可。因此，在这一问题上王权和议会之间出现了分歧，在当时的人看来，"关于王位继承权的问题，应该由议会的权威加以授权、规范和认可"，[③] 简在伦敦塔发布的继位声明中宣称，自己继承英国王位"是经爱德华六世的亲笔令状承认，以及贵族、咨议会和大法官等共同承认"，[④] 但其并没有经过议会的

---

① Paul L. Hughes and James F. Larkin, eds., *Tudor Royal Proclamations*, Vol. III, New Haven and London: Yale University Press, p. 3.

② Charles Beem, "Princess of Wales? Mary Tudor and the History of English Heirs to the Throne," in Sarah Duncan and Valerie Schutte, eds., *The Birth of A Queen: Essays on the Quincentenary of Mary I*, New York: Palgrave Macmillan, 2016, p. 24.

③ John Nicholas, ed., *The Chronicle of Queen Jane and of two Years of Queen Mary, and Especially of the Rebellion of Sir Thomas Wyatt*, London: Camden Society Publication, 1850, p. 98.

④ The Tower of London, Proclamation by Jane, announcing her accession, June 10, 1553, SP, 11/1, f. 1.

认可。

可以说，玛丽一世和简·格雷之间关于王位的合法性之争，本质上也意味着王权和议会权力之间的斗争。简的王位诉求主要是基于爱德华六世临终前的遗嘱，但是该遗嘱始终未获得议会的授权，且同第三次《继承法案》相违背；玛丽的王位诉求则主要依据第三次《继承法案》，她宣称自己继承王位"是秉承上帝的意志，继承英格兰、爱尔兰和法国的王位是最为合法、最为公正的事情"。[①] 随后，玛丽在枢密院的支持下逮捕了继位仅 9 天的简，成为英国的国王。但是其王位的合法性仍然存在争议，如何树立统治的合法性是玛丽亟须解决的问题。为此，枢密院提议，应该先召开议会，确立国王的合法性地位，进而再举行加冕典礼，这样做的目的一方面是为了"组建玛丽的政府，并且确认政府的合法性"，另一方面则是"废除 1534 年议会通过的《继承法案》中关于玛丽私生子身份的认定，以及判定爱德华六世任命简·格雷为英国国王的遗嘱无效"。[②] 在英国历史上，国王在加冕典礼之后召集议会，预示国王是议会的领袖，如果在议会召集期间国王离世，则议会自动解散，待新君加冕后再行召集。[③] 因此在英国的政治传统中，从来都是国王给予议会以合法性地位。玛丽一世在即位过程中遇到的两难境地不仅涉及女王执政的合法性问题，更关乎英国政体的根本性问题，即君主权威的限度问题。因此，是先进行玛丽的加冕仪式，还是先召集议会解决王朝合法性的问题，这在玛丽的执政团队中出现了分歧。当时驻英国的西班牙使节西蒙·雷纳德（Simon Renard）在写给西班牙国王查理五世的信件中描述："部分女王的顾问认为应该先召集议会来组建政府，确立女王执政的合法性地位，来检验民众

① Paul L. Hughes and James F. Larkin, eds., *Tudor Royal Proclamations*, Vol. II, p. 3.

② Memoranda of business at the queen's accession, July, 1533, SP. 11/1, f. 5.

③ 1547 年议会召开期间国王亨利八世驾崩，议会自行解散。待爱德华六世加冕典礼过后，由摄政委员会以国王的名义重新召集议会。

的支持率和个人的选择，发现是否有反对的声音；同时宣布亨利八世 1534 年颁布的关于玛丽私生子身份的声明无效，宣布爱德华六世的遗嘱无效。由于伦敦有很多反对派意图武装反对玛丽的统治，幕僚们想通过先召集议会的方式以规避风险，但是玛丽本人并不接受这样的安排，因此产生了分歧。"① 之所以否决议会赋予王权合法性，原因在于女王希望自己的王权凌驾于枢密院和议会而独立存在。先于加冕典礼召集议会的另外一个问题是，这种安排等于玛丽接受了"至尊王权"这一概念，并且认可了至尊首脑这一身份。② "至尊王权"意味着英国国王是英国教会的领袖，否认教皇对于英国教会的统辖权，作为一名虔诚的天主教徒，玛丽自然不想接受这一称号。不仅如此，先于加冕典礼前召集议会，也意味着玛丽无法成为议会的领袖，而由议会认定其合法性，也就意味着今后议会通过的任何决议，玛丽都无法通过王权来否定。在雷纳德看来，先召集议会后举行加冕典礼的目的，就是让玛丽比之前的英国君主"更加依赖于议会和咨议会，裹挟女王不能同外国君主缔结婚约……不能重建天主教，并且把这些不利于玛丽的事情统统合法化"。③

　　玛丽的一些幕僚则提出了一个更为激进的方案来规避议会对于君主的限制。从布拉克顿开始的英国法学家们，一直在私法（private law）的范畴中，将女性置于从属地位，在公法（public law）方面则直接将女性排除在外。④ 在玛丽一世继承王位之后，其

---

① Martin A. Hume, ed., *Calendar of Letters, despatches and state papers, relating to the negotiations between England and Spain, preserved in the archives at Simancas and elsewhere*, Vol. XI, London: Mackie & Co. Ld, 1904, p. 238.

② Alice Hunt, "The Monarchical Republic of Mary I," *The Historical Journal*, Vol. 52, No. 3 (Sep. 2009), p. 563.

③ Martin A. Hume, ed., *Calendar of Letters, despatches and state papers, relating to the negotiations between England and Spain*, Vol. XI, p. 241.

④ Judith M. Richards, "Mary Tudor as 'Sole Queen'?: Gendering Tudor Monarchy," *The Historical Journal*, Vol. 40, No. 4 (1997), p. 902.

天主教的支持者们就开始鼓吹，女王不受任何法律的约束，即玛丽可以重新规范英国的政治秩序，而不受到法律的限制。[①] 根据一份17 世纪的抄本，某项提案曾向女王谏言："女王可以随心所欲地行使自己的权力，可以改组修道院，可以提携自己的朋友，打压自己的敌人，重建宗教信仰，可以做自己想做的一切事情，不受任何法律的约束。"[②] 如果玛丽接受了这样的提议，那么将会对英国的法律体系造成颠覆性的伤害。因此，当此份提案被呈交到玛丽一世面前时，女王"想到了自己在加冕仪式中的加冕誓词，她不能破坏加冕誓词而接受这种新的身份，也不能冒着丢掉王位的危险去实践这种创新"。[③] 玛丽否决了这一提案，并且让自己的顾问、温切斯特主教加德纳（Stephen Gardiner）起草一份文件，宣布女王和之前所有的英国国王一样接受法律和习俗的限制。玛丽的这一举动，避免了新教徒所担心的女王将会成为一个不受约束的天主教暴君。玛丽在法律上将自己的女性王权，等同于之前国王所享有的王权，也把自己的权力限制在议会的范围之内。

为此议会专门出台了法令，将玛丽的女性王权同之前男性国王的王权视为同一种权力，"这个国家的法律适用于任何王朝，无论统治者的性别是男性还是女性，都应该完全遵从、接受并且施行"。[④] 该法令将君主这一头衔凌驾于性别之上，使得玛丽必须完全遵守英国的法律传统；另一方面，法令也强调国王的权限范围需要得到议会的肯定和授权，这也为伊丽莎白一世时期英国议会君主制政体的建立树立了典范，并且为新教徒们所称赞，女王"是最高贵

① Judith M. Richards，"Mary Tudor as 'Sole Queen'?： Gendering Tudor Monarchy," p. 902.

② Charles Beem and Dennis Moore，eds. ，*The Name of a Queen*：*William Fleetwood's Itinerarium ad Windsor*，New York：Palgrave Macmillian，2013，p. 35.

③ Charles Beem and Dennis Moore，eds. ，*The Name of a Queen*：*William Fleetwood's Itinerarium ad Windsor*，p. 35.

④ *The Statutes of the Realm*，Mary 3，c. 2，Vol. 4，pt. 1，pp. 224 - 226.

的君主，在她的认知中她的所有行为都出于最佳的考虑"。① 尽管先召集议会，后进行加冕典礼的提案遭到了玛丽的否决，但是玛丽本人对于议会的权威还是予以高度认可。取得王位之后，玛丽首先利用其任期内的第一届议会来解决自己的合法性问题。

二、女王抑或国王配偶：玛丽一世执政权力的困境

婚姻问题是民众质疑玛丽统治合法性的另外一个重要因素。在简·格雷的王室公告中，就抨击式地预言了玛丽和伊丽莎白成为国王后，英国可能面临的危机。简认为："如果玛丽或者伊丽莎白成为英国的国王，并且同一位外国王室的成员结婚，那么这个配偶将会获得英国的王位和实际的统治权，这不仅将把这个自由的国度重新带回到罗马教皇的暴虐统治之下，而且会把他国的法律习俗强制在英国施行，进而颠覆我们的国家（commonwealth）。"② 而简的婚配对象则是本土的诺森伯利亚伯爵子嗣，这样的婚姻安排使得英国的王权不会旁落至外国君主。简的舆论导向不无道理，根据欧洲当时的政治传统，女性一旦婚配，即作为男性的配偶角色出现，本王国的统治权也应该让渡给自己的伴侣。因此，女王（queen）这一称谓的另外一种解读就是国王的配偶（King's Consort），这种情况在英国历史上屡次发生。③ 此外在 16 世纪的婚姻关系中，妻子应该

---

① Charles Beem and Dennis Moore, eds. , *The Name of a Queen*：*William Fleetwood's Itinerarium ad Windsor* , p. 36.

② The Tower of London, Proclamation by Jane, announcing her accession, June 10, 1553, *Calendar of State Paper, Domestic Series, of the Reign of Mary I, 1553 - 1558* , 11/1, f. 1.

③ 在英国的历史上，英国曾经通过联姻获得大量土地。亨利二世统治期间，阿基坦的埃莉诺将阿基坦公国以嫁妆的形式赠予亨利二世，后者获得这些领土的统治权，金雀花王朝的领土范畴一度超过法国；亨利六世统治时期，其妻子伊莎贝拉将安茹地区以嫁妆的形式赠予英国。这些案例皆是女性婚后成为国王配偶，将统治权让渡给男性。

服从于丈夫，无论她的身份和地位如何。在亨利八世为宣传自己同凯瑟琳离婚案而撰写的小册子中，就已经论述了女性统治者会给王国造成的潜在威胁："如果一位女性成为国家的统治者，那么她必须要结婚才能够保持统治的长久，根据上帝的律法，她的丈夫将成为她的统治者，并且最终统治这个国家。"① 1549 年，爱德华六世即位不久，伍斯特（Worcester）主教拉蒂莫（Hugh Latimer）就在一次布道中预测了女性统治者的婚姻给王国带来的危害：

这会是一场前所未有的瘟疫，一种奇怪的国王，一片奇怪的领土，一种奇怪的宗教将会统治我们：现在统治我们的真正信仰将会被这个国王连根拔除，然后重新确立那些令人憎恶的教皇权至尊的权力体系。好在上帝选择了我们的国王来统治这片土地。但是国王的姐姐们，玛丽女士，伊丽莎白女士，她们依据法律有权继承英国的王位，如果她们中的任何一位同一个外国人结婚，那么上帝会知晓将要发生什么。上帝保佑永远不要出现这样的局面。②

在玛丽的婚姻问题上，不仅仅是具有新教倾向的主教们持反对态度，甚至保守的天主教派的主教们也对玛丽的婚姻问题忧心忡忡。加德纳在玛丽一世同菲利普的婚约缔结之前强烈反对这桩婚姻，他曾经联合诸位贵族，向玛丽阐述同外国王子结合的种种弊端。③ 玛丽同菲利普的潜在婚约甚至在英国造成了直接的暴乱。怀特起义的一个主要口号就是"不愿成为一个西班牙国王的附庸"，④ 他们还宣称，西班牙的国王"将会奴役英国民众，掠夺我们

---

① Henry VIII, *A Glass of the Truth*, STC, 23236. Ciii-r.

② Hugh Latimer, *The Fyrste sermon of Mayster Hughe Latimer, whiche he preached before the kynges grace within his graces palayce at Westmynster M. D. XLIX the viii of Marche*, STC (2nd) 15270. 5, sig. Bvii.

③ Charles Kingsford, ed., *Two London Chronicles from the Collection of John Stow*, p. 31.

④ Charles Kingsford, ed., *Two London Chronicles from the Collection of John Stow*, pp. 32 - 33.

的财富和土地，蹂躏我们的妻女"。① 英国的民众不仅将矛头对准了菲利普，任何潜在的外国配偶在他们看来都是抨击的对象。② 可以看出，英国人对玛丽与外国王子婚配的反对和恐慌，主要集中于几个方面，即担心其改变英国的法律和传统、在咨议会中安插外国人、害怕失去王室的支持等。

更重要的是，女王同外国人的婚配被视为英国历史上的又一次诺曼征服。当时流行于英国上层社会的一本宣传册《马基雅维利论题》（*A Marchiavellian Treatise*）建议菲利普作为另外一个征服者威廉，开辟一个新的王朝。③ 该论调在当时的英国也造成了一定的恐慌，拉夫·斯金纳（Ralph Skinner）在下院的一次演讲中，论述了诺曼征服给英国社会造成的影响："他（威廉）剥夺了英国人的土地，并把这些土地赐给了外来者，就像爱德华一世占领威尔士后，按照自己的心意分封威尔士的土地一样。"④ 斯金纳担心女王缔结婚约之后，会把自己的权力和英国的土地统统交给菲利普处置。对此玛丽一世没有擅作主张，而是把自己同菲利普潜在的婚姻交由议会去审核议定。在怀特起义逼近伦敦之时，玛丽发表公开演讲，向公众允诺"除非在议会里达成关于婚姻问题的统一意见，否则我永远不会结婚"。⑤ 议会在 1554 年 4 月召开，其主要的议题是如何规范女王和未来配偶之间的权力分配问题。

---

① John Nicholas, ed., *The Chronicle of Queen Jane and of two Years of Queen Mary, and Especially of the Rebellion of Sir Thomas Wyatt*, London: Camden Society Publication, 1850, p. 38.

② 玛丽一世还曾经考虑过神圣罗马帝国君主的儿子斐迪南大公、萨伏伊公爵伊曼纽尔·菲力伯托和葡萄牙君主丹·路易斯。

③ P. S. Donaldson, ed., *A Machiavellian Treatise by Stephen Gardiner*, Cambridge: Cambridge University Press, 1975, pp. 72 - 75.

④ Charles Beem and Dennis Moore, eds., *The Name of a Queen: William Fleetwood's Itinerarium ad Windsor*, p. 34.

⑤ Henry Machyn, *The Diary of Henry Machyn: Citizen and Merchant-Taylor of London from A. D. 1550 - 1563*, John Gough Nichols, ed., London: Camden Society, 1848, p. 53.

　　在商讨玛丽一世和菲利普婚姻的过程中，英国议会和玛丽的枢密院对婚后的权力分配做了大量的规定和限制，杜绝了西班牙君主攫取英国行政权的可能性：规定不许在英国的政府内安插任何西班牙裔官员；在婚后玛丽依旧是唯一的统治者，菲利普的作用仅仅是帮助女王进行统治；菲利普不能将英国拖入西班牙同法国的战争中；如果玛丽一世先于菲利普去世，菲利普不具备对英国王位的继承权。① 这从根本上杜绝了菲利普成为另一个征服者威廉的可能性，同时也体现了英国政治精英们对于这桩婚姻的担忧。不仅如此，玛丽的幕僚们还在这份王室公告中加上了一条附加条款，即菲利普"不得以任何理由要求玛丽一世离开英国本土，除非女王主动提出这样的要求"，② 这一附加条款也颠覆了中世纪欧洲婚姻中男女双方的权力问题，③ 不仅是玛丽一世不能被菲利普带离英国，如果两人拥有子嗣，子嗣也不能轻易离开英国。④ 玛丽一世也反复强调一个观点，即君主的权力高于性别上的划分，英国的王权不会因为执政者是女性，就自动让渡给自己的丈夫。可见在议会的眼中，玛丽和菲利普之间的婚姻问题本质上是婚后王权如何分配的问题，以及权力的让渡问题。在这个问题上，无论玛丽本人还是英国议会，都采取了措施规避由菲利普执政的可能性。议会出台了玛丽和菲利普关于婚后行使王权规范的法令，规定"女王是这个国家的唯一统治者，独自拥有、享有和使用国王的权力，来管理王国、领土和臣民……即便是在女王制定的婚约缔结之后，也只有女王自己享有这

---

① Paul L. Hughes and James F. Larkin, eds. , *Tudor Royal Proclamations*, Vol. II, pp. 24 - 25.

② Paul L. Hughes and James F. Larkin, eds. , *Tudor Royal Proclamations*, Vol. II, p. 26.

③ Judith M. Richards, "Mary Tudor as 'Sole Queen'?: Gendering Tudor Monarchy," p. 908.

④ Paul L. Hughes and James F. Larkin, eds. , *Tudor Royal Proclamations*, Vol. II, p. 26.

样的权力"。① 菲利普本人也被明确禁止"向英国引入任何法律和习俗，无论是公法领域还是私法领域"。② 该项法令规定玛丽一世享有国王的一切权力，菲利普不得以丈夫的身份来侵夺国王的任何权力。议会明确界定了玛丽的权限范围：她既是英国的国王（King），也是英国的女王（Queen）。法律规定，"英国的最高权力属于女王，无论她的丈夫是谁"。③

但是，这种规定不足以消除民众对于外国君主的恐慌，在玛丽和菲利普的婚礼庆典之后，两人联合发布了公告，并以如下的头衔署名，"菲利普和玛丽，英国、法国、那不勒斯、耶路撒冷和爱尔兰的国王和女王"，④ 根据西班牙驻英国的使节雷纳德给查理五世的信件，玛丽的咨议会非常反对这样的称谓："任何法律，无论是世俗法还是教会法，还是他的出身和名望，都不能将他的名字置于首位，尤其是议会已经确认玛丽为英国国王。"⑤ 这样的称谓也在英国的民众中引发了恐慌，即担忧婚约缔结之后王权只归属于女王一人的规定是否还有约束效力。一些天主教的信徒也借机撰写宣传册，宣扬妻子对于丈夫的服从，罗伯特·温菲尔德就菲利普和女王的头衔评价道，"通过发布公告的头衔，我们可以看出妻子对于丈夫的服从，这种秩序是被圣保罗和亚里士多德所强调的，也是女王内心所尊重的"。⑥

为了消除民众的恐慌，玛丽采取了一种新的修辞方式来阐述自

---

① *The Statutes of the Realm*, Mary 3, c. 2, Vol. 4, pt. 1, pp. 222 - 226.

② *The Statutes of the Realm*, Mary 3, c. 2, Vol. 4, pt. 1, p. 224.

③ Draft articles of the marriage between the queen and Prince Philip, Dec 7, 1553, SP, 11/1, f. 50.

④ Paul L. Hughes and James F. Larkin, eds., *Tudor Royal Proclamations*, Vol. II, p. 45.

⑤ Martin A. Hume, ed., *Calendar of Letters, despatches and state papers, relating to the negotiations between England and Spain*, Vol. XII, p. 269.

⑥ Paul L. Hughes and James F. Larkin, eds., *Tudor Royal Proclamations*, Vol. II, p. 28.

己和国家之间的关系，而这种比喻也被后来的伊丽莎白一世所采纳。在面临怀特起义的时候，玛丽在伦敦的市政会议厅发表了演说，呼吁伦敦的民众支持自己抵抗暴乱："我作为你们的女王，在我的加冕典礼上，就已经同这个国家和这个国家的法律缔结了婚约，而你们也承诺要服从我，成为我的同盟。"①

玛丽将加冕典礼视为自己同国家缔结了婚约，而同菲利普的婚姻是自己的第二次婚姻。玛丽并没有认为她同国家之间的婚姻是实际婚姻的一个阻碍，相反，玛丽将这两段婚姻做了一个对比，向民众展示她更注重同国家之间的婚约，甚至超过了同菲利普之间的婚姻。玛丽将自己的加冕仪式视为自己同国家缔结婚约，将其视为自己的第一桩婚姻，"上帝永远不会让她忘记，在她的加冕仪式上，她对自己第一任丈夫的承诺"。② 在宣布同菲利普缔结婚约的王室公告中，玛丽也强调："我们将国家的利益置于个人利益之上，我首先同国家缔结了婚约，我不会因为第二桩婚姻而损害国家。"③ 玛丽在给雷纳德的信件中也阐释了类似的观点，她写道："我将服从我的丈夫，就像上帝所希望的那样，我不会做任何违背他意志的事情；但是一旦他想侵害我的国家，或者在政府里安插陌生人，那么我绝对不会允许。"④ 在玛丽一世的观念中，她始终把对于国家的责任视为第一要务，对于丈夫的服从不得违背她同国家的契约，一旦两者发生冲突，那么自然身体（Body Natural）的婚姻需要服从于政治身体（Body Politic）的婚姻。

玛丽一世还将自己的婚姻上升到国家利益和君主责任的高度。

① Stephen Reed Cattley, ed., *Acts and Monuments of John Foxe*, London: R. Clay and Taylor, 1838, Vol. VI, p. 414.

② Draft articles of the marriage between the queen and Prince Philip, Dec 7, 1553, SP, 11/1, f. 50.

③ Paul L. Hughes and James F. Larkin, eds., *Tudor Royal Proclamations*, Vol. II, p. 45.

④ Martin A. Hume, ed., *Calendar of Letters, despatches and state papers, relating to the negotiations between England and Spain*, Vol. XI, p. 289.

在玛丽看来，缔结婚姻的最主要目的在于为都铎王朝诞生一位继承人。在玛丽的信件中，她强调"在成为女王之前自己从未想过结婚，上帝可以证明，如果将婚姻视为一件私人事务，那么我对其没有任何欲望，更倾向于以纯洁之体了此一生"。① 玛丽一世将继承人的问题，视为自己作为英国君主的一项基本责任和义务。但是，即便有一位合法的继承人，在权力让渡方面一样存在着巨大的漏洞。雷纳德在给查理五世的信件中，介绍了两个英国律师对于继承问题的论述："根据英国的法律，如果一个人娶了女王，那么女王将会把头衔和权力让渡给自己的丈夫。如果二人拥有子嗣，子嗣并不会成为国王，女王的配偶将实际拥有国王的头衔和权力"。②

但是，玛丽一世对于继承人问题的重视，并非仅仅出于对国家的责任，更多的则是宗教方面的考量。亨利八世颁布的第三次《继承法案》明确规定了英国王位的继承顺序：玛丽死后无嗣，则由伊丽莎白即位。但是，伊丽莎白自幼接受新教的教育，同玛丽的天主教信仰相背离。因此，想要从根本上修正自亨利八世时期以来的宗教变革，玛丽就需要一位属于自己的天主教的继承人。查理五世曾经认为玛丽一世继位之后一定会结婚，因为玛丽本质上"是一个极端守旧的女性"。③ 虽然玛丽在随后的实践中，不时违背自己的承诺，给予菲利普超越女王配偶的权力和地位，但是总体而言，玛丽一世在缔结婚约的过程中，创造性地提出了自己同国家之间的关系才是自己的第一段婚姻，同菲利普缔结的婚约不得凌驾于第一段婚约之上，这种修辞成为伊丽莎白一世为女性王权辩护的依据。

---

① Martin A. Hume, ed., *Calendar of Letters, despatches and state papers, relating to the negotiations between England and Spain*, Vol. XI, p. 131.

② Martin A. Hume, ed., *Calendar of Letters, despatches and state papers, relating to the negotiations between England and Spain*, Vol. XII, p. 15.

③ David Loades, *Mary Tudor: A Life, Oxford: Basil Blackwell*, 1989, p. 8.

三、暴君与怪胎：政治理论上的困境

作为英国历史上第一位女性君主，玛丽一世的统治合法性遭到了严重质疑，这种质疑女性统治正当性和合理性的声音并非是针对玛丽个人，而是对于女性这一群体的质疑。依据 16 世纪的政治文化，无论是基督徒还是信奉亚里士多德观点的人，都认为女性统治存在着天然的不足和不合理之处。[①] 约翰·诺克斯（John Knox）就认为，当下的女性"不再是个人欲望、意愿和内心的主宰……应该在她们想要获得统治权的时候对其予以打击和压制"。[②] 托马斯·培根（Thomas Becon）也持有类似的观点，他认为让女性统治英国是上帝对于英国的一种惩戒，"上帝派来一位女性来统治我们，而女性的天性就是服从于男性……上帝剥夺了男性的统治权，选择一位女性成为统治者，预示着上帝对于英国人的愤怒"。[③] 新教徒们以耶洗别的形象来形容玛丽，暗示其迫害新教徒的同时，也在抨击女性统治。托马斯·培根称女性的统治"在多数情况下是有害的、亵渎上帝的、愚昧的，我们可以从耶洗别的例子中找到答案"，[④] 而"在一个男权社会中让女性进行统治，不仅颠覆了社会的秩序，还违背了上帝的意志"。[⑤] 古德曼（Christopher Goodman）则称女性统治"在形式上就是一个怪胎，在男性群体中引发混乱"，[⑥] 而"允许一个残暴的耶洗别进行统治是对英国人的背叛，她生性险恶，践

---

① Sarah Duncan, *Mary I: Gender, Power, and Ceremony in the Reign of England's First Queen*, New York: Palgrave Macmillan, 2012, p. 112.

② John Knox, *The First Blast of the Trumpet*, STC 15070, fols, 41v.

③ Thomas Becon, *An Humble Supplicacion unto God*, STC (2nd) 1730, sig. Avii.

④ Thomas Becon, *An Humble Supplicacion unto God*, STC (2nd) 1730, sig. Avii.

⑤ Thomas Becon, *An Humble Supplicacion unto God*, STC (2nd) 1730, sig. Avii.

⑥ Christopher Goodman, *How Superior Power Oght to be Obeyed*, STC (2nd) 12020, Sig. Dii.

踏法律"。①

　　新教徒对于玛丽的攻击是基于她的宗教信仰和性别缺陷，但是女性统治却挑战了当时最为盛行的政治理论——身体政治理论。将王国比作人的身体，英国社会的各个阶层构成这个身体，这是 16世纪英国最为流行的一种隐喻，② 即对君主制的形象化描述。亨利八世在《至尊法案》中这样描绘了英国的政体，即"英国是一个由至尊首脑统治的帝国，拥有这项王冠所带来的所有荣耀和财富。这个首脑凌驾于整个身体政治之上，这个政治体由所有阶层和种类的英国人共同组成"。③ 在这个政治理论的框架下，国王是政治身体的头颅，也是整个政治的核心。但是核心的问题是，作为身体政治的头颅，是和男性特征联系在一起的。在 16世纪的政治文化中，女性在身体政治中居于一种从属地位，是过于感性的原罪体。④ 这种从属地位的原因是女性易于用身体的本能而非理性的思考能力去解决问题，即用身体的组成部分去引导头脑，因而只能居于从属性的地位。⑤ 因此，在当时的人看来，一位女性君主进行统治，会造成政治上的不稳定，不按照理性的统治会对传统的权力结构造成挑战，对王国造成危害。玛丽统治时期被流放欧洲大陆的新教徒波内特就以身体政治为理论依据，抨击女性的统治。波内特以牛津郡出生的畸形婴儿为例，认为正是由于女性成为统治者，使身体政治畸形，引起了上帝的不满，才使得这种畸形婴儿出现。⑥ 波内特写道："作为国家头脑的爱德华六世离开了，在他的位置长出来两个头颅，

① Christopher Goodman, *How Superior Power Oght to be Obeyed*, STC (2nd) 12020, Sig. Fviii.

② Ernst Hartwig Kantorowicz, *The King's Two Bodies: A Study in Mediaeval Political Theology*, Princeton: Princeton University Press, 1957, p. 218.

③ *The Statutes of the Realm*, Henry VIII, 24, c. 22, Vol. 3, p. 427.

④ Merry E. Wiesner, *Women and Gender in the Early Modern Europe*, Cambridge: Cambridge University Press, 2000, p. 32.

⑤ Merry E. Wiesner, *Women and Gender in the Early Modern Europe*, p. 307.

⑥ John Ponet, *A Short Treatise of Politike Power*, STC 20178, sig. Kiij-Kiiij.

不同的统治者最后将造成国家的分裂。"① 在他看来，取代爱德华六世王位的不仅仅是玛丽一世，还有她的配偶菲利普，这样的统治局面不仅会造成英国社会秩序的混乱，还将导致国家的分裂。因此，女性统治将会危及以男性躯体为蓝本的政治体的正常运行，是对英国君主制的一个挑战。玛丽的天主教支持者加德纳在一次公开的布道中，也强调女性无法独立行使王权，这种缺陷是绝对的。②

此外，玛丽一世还面对一个无法回避的问题，即女王是否接受亨利八世所遗留下来的"至尊"地位。在《至尊法案》中，亨利八世以身体政治的形式，将国王定义为国家的最高首脑（Supremacy Head）。亨利八世这一称谓同其引领的英国宗教改革紧密相关，即"至尊"地位是宗教改革的产物。作为一个虔诚的天主教徒，玛丽一世在即位伊始便废除了爱德华六世时期的宗教政策，企图将英国重新带回到罗马教皇主张的"教皇权至尊"的权力体系范畴之内。这种改变的前提就是玛丽必须放弃"至尊"的头衔，由此便会加深新教徒所抨击的女性不能作为身体政治的头颅这一论断。而不放弃这个头衔，玛丽则无法在英国推行逆宗教改革的进程。

为此，玛丽一世开始寻求男性化的执政策略和宣传策略，以期将女性统治的弊端降到最低。玛丽首先命令宣传者们将自己塑造成为国家的头颅，来获得民众的支持。克里斯托弗森（John Christopherson）在 1555 年的宣传册中这样描述："就像牧羊人保护羊群一样，国王就像指挥双脚的头颅，是灵魂的导师，是所有民众安全的保障。"③ 玛丽及其幕僚发展了中世纪以来的双体政治理论，使得女王能够成为国家的实际统治者。康托洛维茨在《国王的

---

① John Ponet, *A Short Treatise of Politike Power*, STC 20178, sig. Kiiij.

② Anna Whitelock, "A Queen, and by *the* same title, a King also: Mary I: Queen-in-Parliament," in Sarah Duncan and Valerie Schutte, eds., *The Birth of A Queen: Essays on the Quincentenary of Mary I*, New York: Palgrave Macmillan, 2016, p. 96.

③ John Christopherson, *An Exhortation to all menne to take hede and beware of rebellion*, STC 5207, sig. Ddi (v).

两个身体》中这样论述该理论："国王拥有两个身体，一个是自然身体，一个是政治身体。他的自然身体不是永生的，而他的政治身体不可名状，由政府和政策组成，它是为了民众与共和国的发展和福祉而存在的。"① 这种理论框架并没有着重强调自然身体的性别属性。

玛丽一世也在一些公众场合证实双体政治理论可以跨越性别的差异，一个较为明显的例子就是玛丽一世的加冕典礼。英国历史上并没有加冕女王的先例，现存的史料中只有女性作为国王配偶而进行加冕的程序。② 如何加冕女王以及如何展现王权，是玛丽需要面对的问题。在加冕仪式的前一天，玛丽一世以女王（即国王配偶）的形象进入伦敦，但是次日却以国王的方式进行加冕。玛丽的加冕仪式同爱德华六世的加冕典礼有着很高的相似度，两者都被授予三顶王冠，"爱德华王冠，英帝国的王冠，以及为国王专门打造的王冠"，③ 随后女王被授予一枚戒指，进而接受各界代表的祝贺：温切斯特主教加德纳、诺福克公爵、侯爵代表和阿伦德尔伯爵分别亲吻了女王的脸颊，④ 这种形式同国王的加冕典礼相同。在弥撒结束之后，女王身着紫色的天鹅绒礼袍返回威斯敏斯特宫，手持国王的权杖和国王的宝球（orb）参加传统的庆典。玛丽一世的整个加冕典礼都同中世纪以来的英国国王保持一致，表明玛丽是一个真正的、合法的统治者。在加冕的过程当中，民众所质疑的性别问题被女王

---

① Ernst Hartwig Kantorowicz, *The King's Two Bodies: A Study in Mediaeval Political Theology*, p. 9.

② 被官方记载的都铎王朝的加冕仪式仅有亨利七世和亨利八世，玛丽一世和伊丽莎白一世的加冕典礼并未被官方记录在案。亨利七世和亨利八世的加冕典礼中，有女性作为国王配偶进行加冕仪式的详细记录。英国国王的加冕仪式流程，参见 Leopold G. Wickham Legg, ed., *English Coronation Records*, Westminster: Archibald Constable & Co. Ltd, 1901, pp. 219 – 241。

③ Dale Hoak, "The Iconography of the Crown Imperial," in Dale Hoak, *Tudor Political Culture*, Cambridge: Cambridge University Press, p. 87.

④ Sarah Duncan, *Mary I: Gender, Power, and Ceremony in the reign of England's First Queen*, New York: Palgrave Macmillian, 2012, p. 33.

刻意回避。整个加冕庆典都在向民众传递一个事实，即玛丽享有男性君主拥有的权力，自己的女性躯体同历代国王所传承的政治躯体不可分割。玛丽一世的加冕典礼，也为继任的伊丽莎白一世提供了很好的范例。除了强调自己的宗教倾向外，伊丽莎白几乎照搬了玛丽加冕典礼的一切细节。

对于女性无法成为王国的首脑这一说法，玛丽一世也做出了回应。玛丽在加冕仪式上将自己视为国家的妻子，即国家才是身体政治的首脑，自己作为妻子应该服从于国家这个"丈夫"；玛丽在一些场合还将自己塑造成为基督的妻子，① 尽管这种宣传方式将女性置于男权的从属性地位，但是玛丽的从属性地位是对于上帝的服从，而非丈夫。在回应女性无法成为国家的首脑这一问题上，玛丽将君权神授这一理论加以改造，女性居于上帝的从属地位，上帝才是国家的首脑，而自己则按照上帝的意志统治自己的国家。

在具体的修辞模式上，玛丽一世采取混用国王和女王称呼的方式，以及将男性君主美德转移到女性统治者身上的方式，来淡化性别差异可能带来的权力差异。关于自己同菲利普的婚姻问题，玛丽和下院发生争执，在玛丽答复下院关于警告同外国君主缔结婚约的危害后，女王说道，"我将会结婚，但是我对你们的第二点提案感到很奇怪。议会没用这样的语言同国王交流的传统，这种方式既不合时宜，也对女王不够尊重"。② 玛丽寻求将双体政治理论融入自己的统治当中。玛丽证明了作为一位女性君主，她可以像之前的男性君主那样行使王权，主持传统意义上只有男性君主才能主持的庆典和仪式。

---

① Sarah Duncan, *Mary I : Gender , Power , and Ceremony in the reign of England's First Queen*, p. 129.

② Martin A. Hume, ed., *Calendar of Letters , despatches and state papers , relating to the negotiations between England and Spain*, Vol. XI, p. 312.

结语

玛丽一世构建的王权模型，兼具男性君主和女性两种特征。玛丽主要通过圣母的形象来宣誓自己的王权。圣母玛利亚是《圣经》中的女性典范，贞洁、仁慈、纯洁的形象同新教徒们为玛丽勾画的悍妇形象形成了鲜明的对比，也是玛丽一世宣扬自己女性王权的蓝本。不仅如此，玛丽一世以男性王权的特质来塑造女性王权，证明自己统治的合法性。可以说，玛丽在性别的劣势下塑造了一种新型的王权模式，即自己兼具国王和王后双重身份。在玛丽的葬礼上，温切斯特主教约翰·怀特（John White）在悼词中高度评价了玛丽的王权，他称玛丽"是这个国家的女王，也是这个国家的国王"。[1] 从国王的角度而言，"她将自己嫁给了这个国家，她忠诚地在自己的手指上戴着那枚戒指……她从未怠慢她对于国家的承诺"；[2] 而从女王的角度而言，玛丽一世也堪称典范，"她对于冒犯者报以极大的宽容，她对于穷人抱有同情心，她比以前的英国君主更好地重塑了败坏的英国贵族"。[3] 但是，玛丽的王权塑造也出现了极为严重的失误，首先是她未能很好地适应变化的王权，即如何践行君主的责任；其次，尽管玛丽尽可能塑造了一个独立的王权，但是却始终未能摆脱菲利普的影子。玛丽自己宣称菲利普是国王的配偶和助手，但是在更多的情况下两个人共享同一王权符号，新教徒曾经嘲讽两者是一体的："考虑到女王在婚姻中的幸福，尤其是他们现在已经是一体的，如果任何人诽谤或者伤害他（菲利普），或

---

[1] John Strype, *Ecclesiastical Memorials*, *relating chiefly to religion under King Henry VIII*, *Edward VI and Queen Mary*, Vol. 3, p. 546.

[2] John Strype, *Ecclesiastical Memorials*, *relating chiefly to religion under King Henry VIII*, *Edward VI and Queen Mary*, Vol. 3, p. 546.

[3] John Strype, *Ecclesiastical Memorials*, *relating chiefly to religion under King Henry VIII*, *Edward VI and Queen Mary*, Vol. 3, p. 546.

者做有损他荣誉的事情，就等于同时伤害了女王。"① 可以说，玛丽在自己的女性王权合法性建构过程中，始终没有摆脱菲利普的影子。而玛丽违背国家利益，参与西班牙同法国的战争，重建天主教信仰，② 使得她的女性王权不是一个独立的王权，而是一种合作和依附的权力。

　　玛丽一世的另外一个失败之处，在于她并没有适应英国变化了的政治环境。亨利八世引领的宗教改革开启之后，英国开始走上一条类似于绝对君主制的道路，但是这种情况在爱德华六世时期就发生了变化：由摄政委员会代行王权，个人权力扩张遭到了限制，王权已经不是国王的私产，而是代表整个国家的公共权力。③ 玛丽一世的女性王权，依旧将自己的信仰和选择置于国家的利益之上，在这样的政治环境中必然会失败。尽管如此，玛丽一世塑造的女性王权，为继任的伊丽莎白一世铺平了道路，女性执政的合法性再未遭受强烈反对，而玛丽维护女性王权合法性的做法，也为伊丽莎白一世提供了有益的借鉴。

（本文原发表于《史学集刊》2022 年第 1 期）

---

① Miles Huggarde, *The Displaying of the Protestantes*, *sundry their practices*, *with a description of divers their abuse of late frequented*, STC. 13558, Lii.
② 刘城：《君主的责任：英格兰女王玛丽一世的统治》，《历史研究》2016 年第 6 期，第 160—172 页。
③ Stephen Alford, *Kingship and Politics in the Reign of Edward VI*, Cambridge：Cambridge University Press, 2004, p. 206.

"生命与灵魂共存"

——16 世纪晚期英格兰天主教流亡者的政治顺从

杜宣莹

（中国人民大学历史学院）

1585 年年初，时任苏格兰玛丽女王（Mary Queen of Scots）密码助理的英格兰天主教流亡者托马斯·摩根（Thomas Morgan）与查尔斯·佩吉特（Charles Paget）因卷入帕里谋反案（Parry Plot）而激怒了伊丽莎白一世，后者遂要求法王亨利三世引渡这两位"王国安宁的扰乱者"回英格兰。为安抚英格兰和以西班牙和法国吉斯（Guise）家族为首的天主教势力，法王折中将摩根羁押入巴士底狱，由他与吉斯共同监管。[①] 伊丽莎白女王曾允诺，"若此叛国者揭发其所知之内情"，她将"如其所愿"赐予特赦。[②] 漫长的监禁使得摩根产生对自由的强烈渴求，他亦寒心于天主教盟友的冷漠，再加上英格兰驻法大使爱德华·斯塔福德（Edward Stafford）借助法国新教贵族马尼昂伯爵勒内·德·蒙布歇（René de Montbourcher, Comte de la Magnane）的居中持续游说，摩根终于在 1586 年 10 月底至 11 月初通过意大利人文学者焦尔达诺·布鲁诺（Giordano Bruno）向斯塔福德大使乞求赦免："若获得女王的宽宥，他〔摩

---

① Walsingham to Stafford, May 3, 1584, SP 78/11 f. 89, The National Archives, London（TNA）. Secret advertisements sent to Sir F. Walsyngham, May 26, 1585, SP 12/178/72, TNA. *Calendar of State Papers*（CSP）*Foreign*, *1584 - 1585*, London: Her Majesty's Stationery Office（HMSO）, 1916, pp. 326 - 329.

② Walsingham to Stafford, February 12, 1585, SP 78/13 f. 28, TNA.

根〕愿坦陈诸多机密。我相信他将信守承诺。他首先希望从巴士底监狱获释。因为他认为，昔日聘请他谋划叛乱的人〔格拉斯哥大主教詹姆斯·比顿（James Beaton, Archbishop of Glasgow）与吉斯家族〕已抛弃了他，不曾为其争取特赦，且长期监禁早已击溃了他对天主教的热情。"① 这种变节投效英格兰的潜在可能引发西班牙人的疑虑，最终导致 1590 年 1 月摩根被西班牙驻尼德兰总督帕马公爵逮捕。随后在佛兰德的审判中，三位亲西班牙的英格兰天主教流亡者威廉·斯坦利（William Stanley）、查尔斯·布朗（Charles Browne）与休·欧文（Hugh Owen）联合指控摩根为"卑鄙的间谍"，指责他效力于英女王与伯利勋爵威廉·塞西尔（William Cecil, Lord Burghley），试图调查天主教机密并煽动内部分裂。摩根驳斥了这一指控，但坦言他"不乐于见到祖国被外国征服，尤其是西班牙"②。这一审判导致史学界对摩根的评价至今仍为两极化。耶稣会史家约翰·波伦（John H. Pollen）和利奥·希克斯（Leo Hicks）谴责摩根与佩吉特蓄意分化天主教，勾结英格兰首席国务大臣弗朗西斯·沃尔辛厄姆（Francis Walsingham）的间谍吉尔伯特·吉福德（Gilbert Gifford）和罗伯特·波莱（Robert Poley），以及莱斯特伯爵罗伯特·达德利（Robert Dudley, Earl of Leicester）的间谍克里斯托弗·布伦特（Christopher Blunt）等人，甚至在 1586 年 5 月煽动玛丽亲笔写信给谋反者安东尼·巴宾顿（Anthony Babington）示以信任，从而留下谋逆铁证以致玛丽死刑定谳。③ 近

① Stafford to Burghley, November 6, 1586, SP 78/16 f. 148, TNA. Articles of secret intelligence; among the rest of a conspiracy against Q. Elizabeth, Cotton MS Nero B/VI f. 389v, British Library, London (BL), cited in John Bossy, *Giordano Bruno and the Embassy Affair*, New Haven and London: Yale University Press, 1991, p. 246.

② *CSP Spanish*, *1587 - 1603*, London: HMSO, 1899, pp. 565 - 569.

③ John H. Pollen, ed., *Mary Queen of Scots and the Babington Plot*, Edinburgh: T. and A. Constable for the Scottish History Society, 1922, pp. xxxiii - xxxv. Leo Hicks, *An Elizabethan Problem: Some Aspects of the Careers of Two Exile-Adventurers*, London: Burns & Oates, 1964. *CSP Scotland*, *1585 - 1586*, （转下页）

年来，弗朗西斯·爱德华斯（Francis Edwards）与约翰·博西
（John Bossy）研究了伊丽莎白时期法国驻伦敦使馆的外交档案，
重新肯定了摩根这位"完美严谨的政治人物"对玛丽的效忠。[①] 尽
管摩根的忠诚与否至今成谜，但他在 1586 年的恩赦恳求与 1590 年
的审判辩词显示出他基于生存处境、国家情怀与 16 世纪 80 年代英
格兰天主教流亡群体中所存在的耶稣会派和反战派之争，从而陷入
忠诚转向的挣扎之中。

　　这种信仰或生存的抉择困境或许可以解释，在 16 世纪八九十
年代被指控或实际投效伊丽莎白政权情报网络的反战派人数陡增的
原因。查尔斯·阿伦德尔（Charles Arundel）由斯塔福德引荐入伯
利的情报系统，后与佩吉特互控为双面间谍。[②] 教士理查德·贝恩
斯（Richard Baynes）被指控密谋投毒兰斯神学院以"取悦英格兰
当权者"，并在 1582 年被幽禁于该院。[③] 更多流亡者如威斯特摩兰
伯爵查尔斯·内维尔（Charles Neville, Earl of Westmorland）、拉
尔夫·利贡斯（Ralph Liggons）与安东尼·蒂勒尔（Anthony
Tyrrell）均向伊丽莎白政权输送情报。英格兰天主教流亡者的这种

（接上页）HMSO，1914，pp. 10 - 11，120 - 121，262 - 278. Thomas Morgan to
Mary，May 9，1586，CP 164/56，Hatfield House. Queen of Scots to Anthony
Babington，July 17，1586，SP 53/18/51，TNA.

① Francis Edwards，*Plots and Plotters in the Reign of Elizabeth I*，Dublin：Four Courts
Press，2002，p. 137. John Bossy，*Under the Molehill：An Elizabethan Spy Story*，
New Haven and London：Yale University Press，2002，pp. 141 - 142.

② *Catholic Record Society Record Series*（CRS），vol. 21，London：Catholic Record
Society，1919，p. 80. Thomas Rogers to Walsingham，August 11，1585，SP 15/29/39
f. 54r-v，TNA. Thomas Rogers to Walsingham，September 30，1585，SP 15/29/45，
TNA. The extracts of letters from Paris，October 8，1585，SP 53/16/51，TNA.
Peter Holmes，"Charles Paget，1546 - 1612，"*Oxford Dictionary of National
Biography*（ODNB），参见 http：//www. oxforddnb. com. libproxy. york. ac. uk/
view/10. 1093/ref：odnb/9780198614128. 001. 0001/odnb-9780198614128-e-21103，2018
年 7 月 26 日。

③ Michael Questier，"English Clerical Converts to Protestantism，1580 - 1596，"
Recusant History，vol. 20，no. 4（October 1991），p. 459.

情报服务可以看为英格兰本土偶奉国教行为的海外延伸，共同呈现了宗教改革时期英格兰天主教内部介于积极抵抗之殉教主义与改宗国教之间的忠诚摇摆。① 迥异于两极的政教一致性，天主教流亡者所存在的忠诚模糊地带，即履行政治顺从的拒绝国教模式，反映出近代早期欧洲宗教改革及民族国家意识兴起之际，拒绝国教者基于自身、国家，乃至于信仰的存续，凭藉良心（conscience）切割信仰忠诚与政治顺从，形成了对现实与精神的双重妥协。

传统史学对都铎宗教改革时期天主教的研究长期以来受到学者自身信仰倾向的影响。尤其自法国大革命以及爱尔兰并入联合王国后，两国避难或移居英国的天主教徒联合英国信徒鼓吹天主教解放，呼吁恢复英国天主教徒自16世纪晚期至17世纪因弑君或颠覆国教等谋逆而被褫夺的公民权利及信仰自由。而19世纪众多天主教史家如波伦通过历史书写，试图平反（或漂白）这种叛国污名，尤其指控伊丽莎白后期的天主教谋逆或为谣言，或被英格兰新教政权所构陷；认为即使叛国属实，亦是由于英政府的严刑峻法迫使天主教徒铤而走险的正当性自我防卫，但这些计划"未曾在英格兰国土上付诸实践，也未危及女王的生命"②。此类信仰史观直到菲利普·休斯（Philip Hughes）于1954年出版《英格兰的宗教改革》（*Reformation in England*）始告停歇，此后天主教学者如约翰·斯卡尔斯布里克（J. J. Scarisbrick）与埃蒙·达菲（Eamon Duffy），或非天主教史家如亚瑟·狄更斯（A. G. Dickens）和杰弗里·埃尔

---

① 偶奉国教行为意指近代早期宗教改革时期，英格兰国内天主教徒为避免被英新教政府以缺席国教会礼拜为由而惩处，故定期或不定期进入国教教堂，但拒绝履行国教仪式或不与国教徒进行互动，此种行为也称为"教会天主教"（church papistry）。但英天主教徒基于生存恐惧或公民义务而进入国教教堂的行为仅是一种外在顺从，象征对世俗君主与政权的适当效忠，用以规避政府严惩并谋求自身生存，但绝不等于内在的信仰认同。英格兰天主教徒将此种政治与信仰的忠诚切割用以应付英政府以参与国教教堂为标准的忠诚鉴别，亦力求避免被罗马教廷视为异端。

② John H. Pollen, *The English Catholics in the Reign of Queen Elizabeth：A Study of Their Politics，Civil Life and Government，1558 - 1580*，London：Longmans, Green, 1920, p. 296.

顿（G. R. Elton）均受其影响，在历史研究中尽量避免个人信仰的干扰。[1] 但耶稣会史家希克斯仍延续天主教内部耶稣会与诉愿派（Appellants）长达数世纪的纷争，著述抨击"无耻、好斗与鲁莽"的伊丽莎白时期的天主教反战派基于利己主义而投效世俗政权，但这一看法显然忽略了世俗教徒面对生存、国家与信仰的抉择与挣扎。[2] 彼得·霍姆斯（Peter Holmes）和亚历山德拉·沃尔沙姆（Alexandra Walsham）首先聚焦于伊丽莎白时期英格兰境内天主教徒面对信仰与生存时的进退维谷，从而导致偶奉国教行为的出现，但鲜少涉及与此类似的海外流亡者的半顺从行为。[3] 博西和凯瑟琳·吉本斯（Catherine M. Gibbons）虽分析了同时期天主教流亡者的背景、分布与动向，却未解释为何 16 世纪末突然出现大量天主教流亡者变节效忠英格兰新教政权的现象，以及后者又在此忠诚转向中扮演了何种角色。[4]

本文将以此时期流亡法国的英格兰天主教徒为对象展开研究。1580 年耶稣会教士埃德蒙·坎皮恩（Edmund Campion）、罗伯特·帕森斯（Robert Parsons）与拉尔夫·埃默森（Ralph Emerson）进入英格兰，联系天主教徒；次年教皇特使尼古拉斯·

---

[1] John Vidmar, *English Catholic Historians and the English Reformation*，1585 - 1954，Brighton: Sussex Academic Press, 2005, pp. 2 - 3. Francis Edwards, *Plots and Plotters in the Reign of Elizabeth I*, p. 16.

[2] John H. Pollen, ed., *Mary Queen of Scots and the Babington Plot*, p. xxxv. J. H. Pollen, "Mary Queen of Scots and the Babington Plot," *The Month*, vol. 109 (April 1907), p. 358.

[3] Peter Holmes, *Resistance and Compromise: The Political Thought of the Elizabethan Catholics*, Cambridge: Cambridge University Press, 1982. Alexandra Walsham, *Church Papists: Catholicism, Conformity and Confessional Polemic in Early Modern England*, Woodbridge: Boydell and Brewer, 1999.

[4] John Bossy, "Rome and the Elizabethan Catholics: A Question of Geography," *The Historical Journal*, vol. 7, no. 1 (March 1964), pp. 135 - 142. John Bossy, *The English Catholic Community 1570 - 1850*, New York: Oxford University Press, 1976. Catherine M. Gibbons, "The Experience of Exile and English Catholics: Paris in the 1580s," Ph. D. thesis, University of York, 2006.

桑德尔（Nicholas Sander）涉入爱尔兰叛乱；罗马教廷的连续挑衅促使伊丽莎白政府缩紧天主教法案。1581 年《忠诚维护法》使叛国罪延伸至改信天主教者或动摇他人对英教会或女王效忠者。[①] 缺席教会礼拜的罚锾亦剧增至首次罚款 20 英镑，第 4 次缺席将被控以蔑视王权罪。[②] 1585 年《反耶稣会教士、神学院教士与其他不服从者的法案》的出台，将教皇派遣至英格兰的传教士控为"叛徒、叛国者与叛乱的煽动者"[③]。日益严峻的信仰限制迫使众多天主教徒流亡至罗马，初期取道尼德兰，后因 1568 年杜埃神学院的建立与 1578 年尼德兰的叛乱，遂改道法国。1582 年，多达 300 名英格兰流亡者滞留巴黎；1589 年前，逾 1000 名英流亡者聚集于法国主要城市，如奥尔良、鲁昂、波尔多与兰斯。[④] 1584 年，因涉入思罗克莫顿叛乱（Throckmorton Plot）而被驱逐出英格兰的前西班牙大使贝尔纳迪诺·德·门多萨（Bernardino De Mendoza）改驻法国。早在驻英期间，门多萨主张英格兰天主教的复兴须由法国统一指挥，故抵达巴黎后他立即与吉斯家族结盟。[⑤] 西班牙—吉斯—英流亡者的三角联盟使法国成为欧陆反英势力的中心，也促使英格兰权臣如伯利与沃尔辛厄姆均将间谍主力部署于巴黎。

本文通过分析 16 世纪末流亡法国的英格兰天主教徒的生存焦

① "Acte to retaynethe Quenes Majesty's Subjects in theire due Obedyence," *The Statutes of the Realm*, vol. 4, London: Dawson, 1963, pp. 657 - 658.

② J. E. Neale, *Elizabeth I and Her Parliaments 1559 - 1581*, New York: St. Martin's Press, 1958, pp. 369 - 392.

③ "An Act againste Jesuites Semynarie Priestes and such other like disobedient Persons," *The Statutes of the Realm*, vol. 4, pp. 706 - 708.

④ John Bossy, "Rome and the Elizabethan Catholics," pp. 135 - 142. Catherine M. Gibbons, "The Experience of Exile and English Catholics," p. 149.

⑤ *CSP Spanish*, *1580 - 1586*, London: HMSO, 1896, pp. 197, 329 - 334, 448, 471. Catherine M. Gibbons, "The Experience of Exile and English Catholics," pp. 103 - 120, 149. De Lamar Jensen, *Diplomacy and Dogmatism: Bernardino de Mendoza and the French Catholic League*, Cambridge, Mass.: Harvard University Press, 1964, pp. 103 - 105. Stuart Carroll, *Martyrs and Murderers: The Guise Family and The Making of Europe*, Oxford: Oxford University Press, 2009, pp. 242 - 255.

虑与信仰分歧，探讨近代早期英格兰天主教政治顺从的理论建构和实践。首先，梳理和分析伊丽莎白政权如何操作拘禁或死刑、返国许可及家族存续等惩处，威逼利诱流亡者改宗国教或输送情报以换取恩赦。其次，探讨流亡者因国家情感、神意期待与世俗统治权等理念分歧而分裂，再加上生存焦虑，转而投效英格兰政府以求生存与信仰并存。最后，将呈现流亡者的情报服务延续自英格兰本土的偶奉国教行为，二者以良心概念重新界定政治顺从与宗教抵抗。此忠诚切割显示近代民族国家意识兴起趋势下政治妥协的必然性。

一、利己主义下的生存焦虑

伊丽莎白时期，天主教流亡领袖威廉·艾伦（William Allen）在 1583 年出版的《约翰·尼科尔斯被逮捕与囚禁的真实报告》（*A True Report of the Late Apprehension and Imprisonnement of John Nichols*）中，将伊丽莎白政府对天主教的迫害分为三类：第一，操作"派系领袖的著作与传道"进行宣传，但"成效不彰"；第二，动用"政府的公权力"严惩，仅导致"某些富人财富的暂时损失与部分贫穷信徒之世俗生命的消逝"；第三，利用"某些狡猾无耻之人的作为与政策"侵蚀天主教，威逼利诱天主教徒因生存恐惧而"放开……上帝之手，以及仰赖精神、福音与教义等坚定信念所推动的奇迹事业"，但"当他们获得这些怯懦者的表面允诺时，只换来无数纷乱"。① 伊丽莎白的新教政权操控政治归顺者或改宗者的文宣、刑罚与特赦的恩威并施，派遣间谍和归顺者渗透游说，恶化天主教内部的理念分歧与党争，三管齐下，促成政治顺从的行动在当时就颇见成效。

---

① William Allen, *A True Report of the Late Apprehension and Imprisonnement of John Nichols Minister at Roan and His Confession and Ansvvers Made in the Time of His Durance There*, Reims: John Fogny, 1583, STC 18537, sigs. A2 - 3, E3 - 4.

都铎政府将刑讯定义为搜集信息的方式，而非常规性惩处。经常奉命至伦敦塔审讯罪犯的托马斯·诺顿（Thomas Norton）在 1583 年的专著《不正当酷刑的声明》（*A Declaration of the Examination of Certain Traitours and of Tortures*）中，强调无人"因宗教理由而被施加酷刑，也不会被拷问其宗教信仰，[刑讯] 只为了解任何假宗教之名而行违抗女王或国法的谋逆或武力等特殊行为"。刑罚仅施用于探查为复辟天主教而进行的煽动、叛乱与入侵等叛国行为，绝非针对信仰本身。[1] 但根据统计，伊丽莎白一朝至少有 130 名玛丽时期的天主教教士入狱，约 30 名死于狱中；1574 年后入英的神学院教士 471 人中，至少 285 人被拘禁，其中 116 名被处死，至少 17 名死于狱中。[2] 因是之故，在酷刑或枷锁之下，生命有时优先于信仰。英枢密院明令，"无任何被判高等叛国罪的囚犯能逃避刑罚，除非因承诺服务而获赦"。而枢密大臣拥有监禁和释放的特权，有利于安排间谍潜入并游说囚犯变节。[3] 教士约翰·哈特（John Hart）在 16 世纪 70 年代流亡兰斯期间，支持西班牙以武力恢复英天主教且鼓吹殉教，1580 年 6 月返英时被捕，先后囚禁于马歇尔西（Marshalsea）监狱与伦敦塔。1581 年 12 月 1 日，在坎皮恩被处决当日，哈特向沃尔辛厄姆恳求"若我的归顺能获准，请务必保全我的生命"。他允诺将揭发一些反英计划，并监控"我所认识在海峡对岸的人当中，必然知晓"任何叛乱的威廉·艾伦。

---

[1] Thomas Norton, *A Declaration of the Fauourable Dealing of Her Maiesties Commissioners Appointed for the Examination of Certain Traitours and of Tortures Vniustly Reported to be done Vpon Them for Matters of Religion*, London: Christopher Barker, 1583, STC 4901, sig. A3r. William Allen, *A Briefe Historie of the Glorious Martyrdom of XII. Reuerend Priests, Executed Vvithin These Tvveluemonethes for Confession and Defence of the Catholike Faith*, Reims: J. Foigny?, 1582, STC 369.5, sig. B2v. Thomas Norton to Walsyngham, March 27, 1582, SP 12/152/72, TNA.

[2] Patrick McGrath and Joy Rowe, "The Imprisonment of Catholics for Religion under Elizabeth I," *Recusant History*, vol. 20, no. 4 (1991), pp. 415 - 416.

[3] *CSP Spanish*, 1587 - 1603, p. 567.

哈特深信，其囚禁遭遇必能博取艾伦的信任，借以探查"他的内心机密"。但哈特直至 1585 年才结束被囚禁于伦敦塔的生活并被驱逐出英。① 这或许因为沃尔辛厄姆鉴于 1571 年"灾难性的错误判断"，轻纵罗伯托·迪·里多尔菲（Roberto di Ridolfi）而使其再度参与 1572 年诺福克叛乱，从此严审释放案，如詹姆斯·扬格（James Younger）即使向英政府供出神学院教士名单，也未获释。② 但仍有以情报服务或改信国教而成功获释者。蒂勒尔在 1586 年第三次拘禁期间，因目睹友人约翰·巴拉德（John Ballard）涉入巴宾顿阴谋而被处决，故他向曾在 1576 年赦免过他的伯利再度请求恩赦，承诺揭露叛国行动并中止向教皇效忠。③ 伯利将蒂勒尔移入克林克

---

① Stephen Alford, *The Watchers: A Secret History of the Reign of Elizabeth I*, London: Allen Lane, 2012, pp. 87 - 88, 94 - 95, 117 - 118. Godfrey Anstruther, *The Seminary Priests: A Dictionary of The Secular Clergy of England and Wales 1558 - 1850*, vol. 1, Durham: Ushaw College, 1968, pp. 153 - 155. A Generall Discourse of the Popes Holynes Devices, in two books, 1579 - 1580, Additional MS 48029 ff. 140v - 141r, BL. John Hart, Priest, and Prisoner in the Tower, to Sir Fr. Walsyngham, December 1, 1581, SP 12/150/80, TNA.

② Charges against Norfolk, January, 1586, Cotton MS Caligula C/III f. 121, BL. Leicester and Cecil to Walsingham, October 4, 1569, SP 12/59/3, TNA. Leicester and Cecil to Walsingham, October 19, 1569, SP 12/59/11, TNA. Leicester and Cecil to Walsingham, October 27, 1569, SP 12/59/12, TNA. Cecil to Mr. Alderman Rowe and Walsingham, January 26, 1570, SP 12/66/30, TNA. Leicester and Cecil to Walsingham, November 11, 1569, SP 12/59/19, TNA. Leicester and Cecil to Walsingham, October 20, 1569, SP 12/59 f. 81, TNA. Walsingham to Cecil, October 22, 1570, SP 12/74/12, TNA. William Camden, *Annales or the Histories of The Most Renowned and Victorious Princesse ELIZABETH, Late Queen of England*, London: Thomas Harper for Benjamin Fisher, 1635, STC 4501, p. 394. Stephen Alford, *Burghley: William Cecil at the Court of Elizabeth I*, New Haven and London: Yale University Press, 2008, p. 168. John Cooper, *The Queen's Agent: Francis Walsingham at the Court of Elizabeth I*, London: Faber & Faber, 2011, pp. 58 - 59. Michael Questier, "English Clerical Converts to Protestantism, 1580 - 1596," p. 457.

③ Anthony Tyrrell Shows to Lord Burghley His Desire to Discover Traitors, 1586, Lansdowne MS 50 f. 159, BL. Anthony Tyrrell Thanks Lord Burghley for His Liberty and Other Favours, December 24, 1586, Lansdowne MS 50 f. 161, BL. A （转下页）

（Clink）监狱担任间谍，负责宣传反罗马天主教的政策并监视昔日同伴，终于在 1587 年获赦。[①] 托马斯·西姆森（Thomas Simson）在 1586 年偷渡回英格兰时被捕，后在 1593 年因放弃天主教信仰而获释，1604 年被任命为埃塞克斯的凯尔维登（Kelvedon）教区牧师。[②]

申请返国许可亦吸引众多思乡流亡者的归顺。1571 年《反海外流亡者法案》规定，出国许可须加盖英格兰国玺、御玺或君主私玺。[③] 沃尔辛厄姆自 1576 年升任首席国务大臣后兼掌御玺与女王私玺，这不仅便于其签发出国许可证以做调派间谍之用，亦以此利诱流亡者。间谍所罗门·奥尔德雷德（Solomon Aldred）在 1586 年初游说反战派领袖威廉·吉福德（William Gifford）变节时，承诺由沃尔辛厄姆提供"一份充分的返英许可"[④]。诺顿（Norton）家族自 1569 年北方叛乱失败后流亡欧陆，1583 年 8 月，吉斯派遣理查德·诺顿（Richard Norton）率 2000 人登陆英格兰，虽未果，但后者自此活跃于法国宫廷及英流亡团体中，鼓吹武力入侵。[⑤] 然而其子乔治自 16 世纪 80 年代中期对入侵计划感到绝望而转任双面间

（接上页）Catalogue of Popish Books and Relics Found in the Closets of George Brome and His Two Sisters, at Borstall House, August 27, 1586, Lansdowne MS 50 f. 163, BL. Copy of a Long Letter to the Queen from Anthony Tyrrell, 1586, Lansdowne MS 51 f. 154, BL.

① Michael Questier, "English Clerical Converts to Protestantism, 1580 – 1596," pp. 464 – 465.

② Godfrey Anstruther, *The Seminary Priests*, vol. 1, pp. 108, 263. Examinations of Eliz. Upcher, John Wakering, and others, of Kelden, co. Essex, on the Speeches of Esdras, Alias Thomas Simson, Vicar of Kelden, September 15, 1606, SP 14/23/21, TNA.

③ "An Acte agaynst Fugy tyves over the Sea," *The Statutes of the Realm*, vol. 4, pp. 531 – 534.

④ Thomas F. Knox, ed., *The Letters and Memorials of William Cardinal Allen*, London: David Nutt, p. 262.

⑤ Katy Gibbons, *English Catholic Exiles in Late Sixteenth-Century Paris*, Woodbridge: Royal Historical Society/The Boydell Press, 2011, pp. 8 – 39, 73, 156 – 58.

谍，潜伏于巴黎的苏格兰流亡者群体中，以威廉·鲁滨逊（William Robinson）为化名向沃尔辛厄姆（化名 John Robinson）透露苏格兰天主教阴谋。他"对女王陛下的忠诚倾向，值得破例授予恩惠"，终于在 1586 年获赦返国。① 尽管伯利在 1572 年转任财政大臣，他仍可经由先后掌管国玺的连襟尼古拉斯·培根（Nicholas Bacon）与昔日门客托玛斯·布罗姆利（Thomas Bromley）签发许可证。利贡斯曾在巴黎为苏格兰玛丽与帕马公爵从事加密信息的联系工作，但 1587 年玛丽之死与次年西班牙无敌舰队的失败摧毁了他对武力复兴天主教的期望，他转而向伯利的情报员约翰·康韦（John Conway）表达以情报换取返国许可的意愿，表示将"自己最大的恭顺献给女王，成为她最佳的改革臣民"②。虽未获准返国，利贡斯滞留低地国家，联合当地求取特赦的流亡者鼓吹反西班牙与耶稣会。至 1597 年，西班牙视其为反西团体中的危险份子，建议菲利普三世放逐利贡斯、查尔斯·佩吉特和威廉·特雷瑟姆（William Tresham）至西西里，远离天主教核心区。③

部分贵族或士绅流亡者则屈服于英政府对家产与子女监护权的钳制。1571 年的《反海外流亡者法案》裁定，若无政府许可而出国者，逾期六个月未归，则没收其庄园、土地、居所与世袭财产。若流亡者被宣告为叛国，经济制裁连及家人。若流亡者返国"向任何一位枢密大臣自首认罪"并向女王臣服，一年后归还其财产。④ 伯利的昔日门客御前大臣布罗姆利负责处置流亡者产业，依法只供给

---

① William Robinson to John Robinson, May 20, 1584, SP 78/11 f. 103, TNA. Robert Bowes to Walsingham, January 24, 1584, SP 52/34/12, TNA. Francis Walsyngham to Mr. Wotton, June 17, 1585, SP 52/37/69, TNA; Catherine M. Gibbons, "The Experience of Exile and English Catholics," pp. 196, 298.

② *CSP Spanish*, *1580 - 1586*, p. 109. Sir John Conway to Burghley, September 14, 1588, SP 84/26 f. 298, TNA.

③ Adrian Morey, *The Catholic Subjects of Elizabeth I*, London: Allen & Unwin, 1978, p. 122.

④ "An Acte agaynst Fugytyves over the Sea," pp. 531 - 534.

其家人 1/3 或 1/4 的产业以维持其基本开销。而 1572 年《反海外流亡者法的解释法案》规定，被查抄之家产将在财政大臣的监管下，没收入兰开斯特公国的产业或由君主转赐官员或流亡者的国内亲友。① 换言之，流亡者被抄没的家产均在伯利直接或间接的监管下，再加上其身兼监护主管，掌控流亡贵族未成年子女的封建监护权、教育、婚姻，甚至公职，故急切保全财产的流亡贵族多选择归顺掌握其家族命脉的伯利。为争取"信仰自由"而自愿流亡的托马斯·科普利（Thomas Copley），在 1573 年 5 月或 6 月，频繁恳求伯利，保留他被查抄财产的收益，调拨部分以补助他的流亡生活，而他愿以情报作为交换。② 佩吉特兄弟亦渴望恢复家产，但托马斯·佩吉特位于斯塔福德郡与德比郡产业的监管权在 1585 年被转售给埃米亚斯·波利特（Amias Paulet）。值得玩味的是，当这位沃尔辛厄姆的亲信在 1585 年夏季求取此监管权时，竟向伯利提供了他与沃尔辛厄姆和莱斯特通信的多数副本。此时正值沃尔辛厄姆命波利特监管苏格兰玛丽，秘密策划反巴宾顿计划的敏感时刻，此举意味着波利特为了私人利益而向敌对派系领袖伯利泄露沃尔辛厄姆的机密。③

英当权者亦以多种恩赦利诱流亡教士。1600 年 8 月 22 日，枢密院指示约克大主教妥善安置近期改宗国教的教士詹姆斯·博兰（James Boland），不仅要"在你的宅邸款待这位回归改宗者"，并需"馈赠类似的精神生活作为礼物"。这种善待的目的在于反驳"一个

---

① "An Acte for Thexplanacon of a Statute made againste Fugitives over the Seas," *The Statutes of the Realm*, vol. 4, pp. 598 – 599.

② Richard C. Christie, ed., *Letters of Sir Thomas Copley, of Gatton, Surrey, and Roughey, Sussex, Knight and Baron in France, to Queen Elizabeth and Her Ministers*, New York: Burt Franklin, 1970, pp. xxiii – xxvii, 18 – 22.

③ Conyers Read, *Lord Burghley and Queen Elizabeth*, London: Jonathan Cape, 1960, p. 342. *CSP Scotland, 1584 – 1585*, London: HMSO, 1913, pp. 28 – 32. John Morris, ed., *The Letter-Books of Sir Amias Poulet: Keeper of Mary Queen of Scots*, London: Burns and Oates, 1874, pp. 32 – 33, 35 – 36, 44, 47 – 48, 66 – 67, 75, 83, 129 – 130.

当前谣言……即当他们［归顺者］改革自身时，［英政府］不提供任何关怀"，借以吸引更多人的归顺。① 另外，约翰·尼科尔斯在伦敦塔副总管欧文·霍普顿（Owen Hoptpn）的游说下转任沃尔辛厄姆的间谍，并在 1581 年出版《约翰·尼科尔斯的放弃信仰声明》（*A Declaration of the Recantation of John Nichols*）和《在罗马的演说与布道》（*The Oration and Sermon Made at Rome*），为英政府进行政治宣传，最终于 1582 年 5 月获取枢密院特许的教区利益。② 劳伦斯·卡迪（Lawrence Caddy）在 1583 年为重返牛津大学及获得 60 克朗年俸，在伦敦圣十字保罗（St Paul's Cross）公开宣示放弃天主教信仰。③

二、等待或开战：天主教复兴之路的分歧

史家迈克尔·凯斯捷（Michael Questier）将上述 16 世纪末激增的英天主教徒变节或改宗现象，纯粹归因于伊丽莎白政府的恩威并施或教徒的利己主义。④ 此论点偏重外界的物质性诱因，却忽略一关键内部因素，即英格兰天主教团体对天主教复兴方式与政教统治权的理念分歧。耶稣会派选择的是联合西班牙以武力推翻伊丽莎白政权，重塑中世纪以教领政的统治模式。而以世俗教徒为首的反战派基于民族国家意识与政教权力分野，反对教廷领导的武装入侵，倾向静待伊丽莎白的自然崩殂与天主教继承人的合法继位，以

---

① *Acts of the Privy Council of England*, vol. 30, London: HMSO, 1905, p. 601.

② *CRS*, vol. 4, London: Catholic Record Society, 1907, pp. 6 - 11, 40 - 43. Michael Questier, "English Clerical Converts to Protestantism, 1580 - 1596," pp. 457, 460 - 461.

③ Michael Questier, "English Clerical Converts to Protestantism, 1580 - 1596," pp. 455 - 477. *CRS*, vol. 1, London: Catholic Record Society, 1905, pp. 115 - 117. *CRS*, vol. 4, pp. 10 - 11. Millar MacLure, *The Paul's Cross Sermons 1534 - 1642*, Toronto: University of Toronto Press, 1958, pp. 67 - 68, 213.

④ Michael Questier, *Conversion, Politics and Religion in England, 1580 - 1625*, Cambridge: Cambridge University Press, 1996, pp. 44 - 45, 56, 72 - 73.

自然淘汰顺势迎来天主教复兴。

反战派流亡者反对耶稣会派偕同西班牙以武装入侵的激进方式重建英格兰天主教，这不仅是为了避免天主教与叛国画上等号，使英政府进一步压缩他们日益严峻的信仰与生存空间，亦出于国家情怀。流亡教士如欧文·刘易斯（Owen Lewis）、威廉·吉福德，以及贵族威斯特摩兰伯爵与佩吉特兄弟等都对西班牙霸权的敌意尤为明显。1586 年初，渴望"生命与灵魂共存"的威斯特摩兰伯爵经由奥尔德雷德联系沃尔辛厄姆，坦承年少无知时的罪责，称若能蒙女王特赦并下赐养老金，"他将极有效率地执行女王指派的任何任务，反抗西班牙与其他人，以弥补她在昔日的损失"①。无敌舰队之役前夕，伯爵先后经由间谍理查德·哈克卢特（Richard Hakluyt）与斯塔福德大使代求特赦，哀求伯利"务必记住他并赐予任何联系方式"且协助游说女王再度"担任他最仁慈的女主人"。作为补偿，他透露了关于"叛乱首恶"摩根在巴黎与帕马公爵在低地国家的情报以及西班牙的入侵计划。他坚称，"他的胃对于外来者的脚踏上祖国极度反感"②。威廉·特德（William Tedder）在 1588 年 9 月返国时被捕，12 月在伦敦公开自我谴责对国家的不忠，并宣示当此"［西班牙］事业"迫近时，"我指的是对该片土地的入侵……我想彻底抛弃他们"③。教士威廉·康沃利斯（William Cornwallis）在 1590 年也表明，若教皇企图攻英以重建罗马天主教，他愿与女王共

① Solomon Aldred to Walsingham，April 14/24，1586，SP 15/29/102，TNA.

② Richard Hakluyt to Burghley，April 11，1588，SP 15/30/96，TNA. Stafford to Walsingham，April 25，1588，Harley MS 288 f. 187，BL.

③ Michael Questier，"English Clerical Converts to Protestantism，1580 – 1596，" p. 463. Godfrey Anstruther，*The Seminary Priests*，vol. 1，p. 347. *CRS*，vol. 60，London：Catholic Record Society，1968，pp. 19 – 20. William Tedder，*The Recantations as They Were Severallie Pronounced by Wylliam Tedder and Anthony Tyrrell…at Paules Crosse*，London：John Charlewood and William Brome，1588，STC 23859，pp. 9，21 – 23. *CSP Domestic*，*1581 – 1590*，London：HMSO，1865，pp. 552，593. Millar MacLure，*The Paul's Cross Sermons 1534 – 1642*，pp. 68，216.

御外敌。① 世俗士绅与教士主张，以激进入侵进行即时性的改变毫
无必要，笃信英天主教的复兴将在上帝选择的正确时刻降临。信徒
在静待神意的过程中，只需在修道院或学校进修以完善信仰与智
慧，抑或借由条件式服从，例如，在国内参与国教会仪式与在海外
贡献情报，为天主教复兴争取生存的时间与空间以待神意。② 这种
有限服从或拒绝抵抗理念获得身陷信仰或生存两难的流亡者的欢
迎。他们选择耐心地等待多病无嗣的伊丽莎白自然崩殂，迎接天主
教徒苏格兰玛丽的合法继位与英天主教的顺势复兴。但此等待理论
遭受亲耶稣会的新生代如坎皮恩、帕森斯与威廉·雷诺兹
（William Reynolds）的反对。他们极少出身显贵，或非来自庄园天
主教主义盛行的地区。"他们是彻头彻尾的教士"，坚信振兴信仰不
应立足于被动等待和妥协，而应透过血腥反抗或圣战奋起争取。③

　　英格兰天主教复兴方式的分歧除了基于国家意识与神意实践，
亦源于对罗马教廷主导下天主教振兴计划中教士世俗角色的不同期
许和定位。④ 从 1580 年开始，耶稣会重新定义教士的新公共角色，
鼓励教士自我抽离出对中世纪教会的怀旧幽情，踏出修道院进入大
学任教或政府就职，这种入世有助于强化世俗服务中的教士专业
性。但教士的重新涉政与传统世俗精英（贵族与士绅）主导的统治
秩序相互抵触。⑤ 中古后期以降，渐兴的英格兰民族国家意识使得
政教对抗从封建王权与教廷的主权之争向下扩及世俗菁英与教士的
参政之争。基于反阿维尼翁教廷或为阻止 1370 年的王室信贷危机

---

① Godfrey Anstruther, *The Seminary Priests*, vol. 1, pp. 89 - 90.

② Michael Questier, "Conformity, Catholicism and the Law," in Peter Lake and Michael Questier, eds., *Conformity and Orthodoxy in the English Church*, *1560 - 1660*, Woodbridge: The Boydell Press, 2000, pp. 237 - 261.

③ John Bossy, "The Character of Elizabethan Catholicism," *Past & Present*, vol. 21, no. 1 (April 1962), pp. 39 - 59.

④ *CRS*, vol. 2, London: HMSO, 1906, pp. 50 - 51. Peter Holmes, *Resistance and Compromise*, pp. 93, 103.

⑤ Adrian Morey, *The Catholic Subjects of Elizabeth I*, p. 200.

再现等诸多原因，1371 年英格兰下议院首度明确要求，政府重要官职须由世俗贵族担任，以确保能对政策成效全权负责。① 高级教士的政治边缘化自 15 世纪后期新君主政权崛起后尤其明显。1540 年，枢密院中尚有三位高级教士任职：坎特伯雷大主教托马斯·克兰默（Thomas Cranmer）、达勒姆主教卡思伯特·滕斯托尔（Cuthbert Tunstall）与温切斯特主教斯蒂芬·加德纳（Stephen Gardiner）。至伊丽莎白一世时期，枢密院多仅保留坎特伯雷大主教的席次。② 此政权中枢的改组显示近代早期欧洲的国家统治权正从教士转移至世俗精英，但耶稣会显然忽略或拒绝正视此一权力过渡。且在英格兰贵族家庭，教士通常为依附恩惠系统的聘雇门客，任职家庭牧师。换言之，无论是在社会位阶还是恩惠体系中，英格兰贵族皆被视为教士的主人。但依据帕森斯对于教士的新公共角色及教权国家的定义，教会权力经由教士委员会回归统辖世人。这种急切恢复往日教权帝国的一厢情愿为英格兰世俗精英阶级所抵制，认为这是对世俗统治的入侵。查尔斯·佩吉特抨击艾伦博士等教士染指"我们国家的公共事务"，质疑"为何教士不专注于他们的祈祷书"，更偕同特雷瑟姆与托马斯·思罗克莫顿（Thomas Throckmorton）直言"不乐见士绅被教士所领导"③。部分英格兰天主教士绅逐渐认为，与其屈服在教士的教权位阶之下，他们宁愿成为在伊丽莎白新教政权下统治阶层中的天主教少数。这种弥漫在世俗统治阶层的反教士情绪或许是导致分歧的另一个原因。

耶稣会学者希克斯将天主教的内部分裂归咎于伊丽莎白政府的操弄。④ 但此根源于信仰复兴方式与政教统治权的分歧显然早已存

① W. Mark Ormrod, *Edward III*, New Haven and London: Yale University Press, 2013, pp. 528, 568 - 569.
② Penry Williams, *The Tudor Regime*, Oxford: Clarendon Press, 1979, pp. 452 - 456.
③ John Bossy, "The Character of Elizabethan Catholicism," p. 51. Thomas Rogers to Walsingham, December 16, 1585, SP 15/29/55, TNA.
④ Leo Hicks, *An Elizabethan Problem*, pp. 136 - 137.

在，英政府仅是掌握时机以生存利益为诱饵加速催化而已。早在
1585 年，英格兰政府已察悉天主教流亡者内部的分崩离析。该年 8
月 11 日，沃尔辛厄姆的间谍尼古拉斯・贝登（Nicholas Berden，
化名 Thomas Rogers）由狱友爱德华・斯特兰沙姆（Edward
Strandsham，化名 Barber）引荐，在鲁昂结识了耶稣会教士托马
斯・菲茨赫伯特（Thomas Fitzherbert）。[①] 他不仅为贝登争取到流
亡法国的英天主教团体的信任，亦透露天主教攻英的计划。更引起
沃尔辛厄姆注意的是，菲茨赫伯特揭露了流亡群体自 1585 年 6 月
后恶化的党争：

> 他们分裂成两派系，即罗斯主教（Bishop of Ross）、查尔
> 斯・佩吉特、托马斯・摩根、托马斯・思罗克莫顿以及部分教
> 士为一派；另一派则为艾伦博士，他游走于两派之间，托马
> 斯・思罗克莫顿则亲近反对他们的耶稣会与其派系。[②]

　　经奥尔德雷德证实此情报，并且评估此内斗有利于女王后，沃
尔辛厄姆自 1585 年末派遣间谍如奥尔德雷德和吉尔伯特・吉福德
（化名 Francis Hartley）至巴黎游说反战派。[③] 选择反战派为策反目
标的原因在于，该派系基于世俗背景与生存利益等，倾向与英政府
妥协。且沃尔辛厄姆的间谍多出身或已潜入该派系中，如奥尔德雷
德原为兰斯神学院中威尔士群体的领袖之一，在 1583 年由亨利・
昂顿（Henry Unton）推荐给沃尔辛厄姆，次年 3 月加入其情报服
务。[④] 吉尔伯特则与巴黎和罗马的威尔士团体关系密切，此团体领

---

① *CRS*，vol. 21，London：HMSO，1919，p. 77.

② Thomas Rogers to Walsingham，August 11，1585，SP 15/29/39 f. 54r，TNA.

③ *CSP Foreign*，*1583*，London：HMSO，1913，pp. 261 - 263，382 - 383. Stephen
Alford，*The Watchers*，p. 149. Conyers Read，*Mr. Secretary Walsingham and the
Policy of Queen Elizabeth*，vol. 2，Oxford：Clarendon Press，1925，pp. 427 -
428. *CRS*，vol. 2，pp. 88 - 89，185，204.

④ Solomon Aldred to Walsingham，November 15，1584，Harley MS 286 f. 56，BL.

袖为其远亲威廉·吉福德。①

从 1586 年初，奥尔德雷德开始游说威廉·吉福德与爱德华·格拉特利（Edward Grately）。前者为法国北部威尔士派系的新生代领袖，任教于兰斯神学院；后者曾任阿伦德尔伯爵的家庭教士，随同吉福德流亡。② 与耶稣会的理念冲突以及反西班牙的政治倾向促使吉福德偕同 "5 位或 6 位最好的学者" 建立反战派，讽刺称耶稣会派激进领袖帕森斯是一只 "试图将世界朝他逆转的狡猾狐狸"③。面对英间谍的笼络，相较于犹豫不决的吉福德，格拉特利化名为约翰·福克斯利（John Foxley）向沃尔辛厄姆殷切宣示效忠，承诺 "如此期待" 且 "热忱地追随您所期许的行动"④。他赞扬伊丽莎白女王近期赐予天主教臣民的自由与宽容不仅将使 "任何不满抱怨转向极大的愉悦"，且此 "谨慎的松绑" 将颠覆任何外力干扰国家和平的野心。他甚至承诺为这宗教宽容政策背书，用以说服国内外天主教徒认同伊丽莎白的新教政权。之后，格拉特利与吉尔伯特·吉福德合作著述，抨击艾伦与帕森斯赞同对斯坦利在尼德兰反抗伊丽莎白统治正当性的立场。⑤ 此举导致格拉特利在 1588 年被囚禁于帕多瓦异端裁判所，1590 年转移至罗马监禁 5 年。

值得注意的是，斯塔福德大使突然涉入这场原本由沃尔辛厄姆垄断的游说行动，亲至奥尔德雷德的住所与威廉·吉福德进行 "甜蜜的会谈"。沃尔辛厄姆未被事先知会，奥尔德雷德则被说服 "你

---

① *CSP Domestic*，1581－1590，p. 563.

② E. C. Butler, "Dr. William Gifford in 1586," *The Month*, vol. 103, no. 477（April 1904），pp. 243－258. J. H. Pollen, "Dr. William Gifford in 1586: in Response to an Article by Dom Butler in the March Number," *The Month*, vol. 103, no. 478（May 1904），pp. 348－66.

③ Solomon Aldred to Walsingham，March 27/April 6，April 14/24，1586，SP 15/29/95，SP 15/29/102，TNA.

④ John Foxley to Walsingham，April 20，June 18，1586，SP 15/29/100，SP 15/29 f. 177，TNA.

⑤ Solomon Aldred to Walsingham，April 14/24，1586，SP 15/29/102，TNA.

［沃尔辛厄姆］不会厌恶"斯塔福德的临时参与。他的介入极可能是基于吉福德的要求。多数英流亡贵族或士绅要求于斯塔福德而非沃尔辛厄姆的间谍谈判，例如，威斯特摩兰伯爵与奥尔德雷德进行返国谈判时，也坚持与斯塔福德协商。① 这可能基于大使身份较私人间谍更具公信力，抑或出于斯塔福德的亲天主教背景与在伊丽莎白内廷的裙带关系。斯塔福德之母多萝西（Dorothy Stafford）与续弦谢菲尔德女士（Douglas Howard Lady Sheffield）的娘家波尔（Pole）与霍华德（Howard）家族皆信仰天主教，此家族网络不但有利于他联系天主教亲友如查尔斯·阿伦德尔（1583 年秋因涉入斯罗克莫顿谋逆而受西班牙资助流亡）搜集情资，亦吸引了相似信仰的流亡者。② 另外，其母与姊伊丽莎白·德鲁里·斯科特（Elizabeth Lady Drury-Scot）皆任职伊丽莎白的内廷，这使斯塔福

---

① Aldred to Walsingham，April 14/24，1586，SP 15/29/102，TNA. Aldred to Walsingham，April 14/24，1586，SP 15/29 f. 154，TNA. Stafford to Walsingham，April 15，1586，SP 78/12 f. 94，TNA. Richard Hakluyt to Burghley，April 11，1588，SP 15/30 f. 190，TNA. Stafford to Walsingham，April 25，1588，Harley MS 288 f. 187，BL. Stephen Alford，*The Watchers*，p. 140.

② Stafford to Walsingham，October 27，1583，SP 78/10 f. 66，TNA. Stafford to Burghley，May 1，1584，SP 78/11 f. 85，TNA. Stafford to Walsingham，October 31，1583，SP 78/10 f. 68，TNA. *CSP Scotland*，*1585 - 1586*，pp. 255 - 262. *CSP Foreign*，*1583 - 1584*，London：HMSO，1914，p. 272；*1586 - 1588*，p. 664. *CSP Spanish*，*1580 - 1586*，pp. 528 - 529，575；*1587 - 1603*，pp. 7 - 8，25，斯塔福德的情报工作导致史学界对其产生忠诚争论。马丁·休姆（Martin Hume）、阿尔伯特·波拉德（Albert Pollard）、科尼尔斯·里德（Conyers Read）与约翰·尼尔（J. E. Neale）对于斯塔福德是否因经济问题而向吉斯与西班牙贩卖国家情报，争论不休。近年来，米切尔·莱穆（Mitchell Leimon）和杰弗里·帕克（Geoffrey Parker）认为，他游走英西两方。*CSP Spanish*，*1587 - 1603*，pp. VII - LXVIII. A. F. Pollard，"Reviews of Books，" *English Historical Review*，vol. 16，no. 62（April 1901），pp. 572 - 577. Conyers Read，"The Fame of Sir Edward Stafford，" *American Historical Review*，vol. 20，no. 2（January 1915），pp. 292 - 313；vol. 35，no. 3（April 1930），pp. 560 - 566. J. E. Neale，"The Fame of Sir Edward Stafford，" *English Historical Review*，vol. 44，no. 174（April 1929），pp. 203 - 219. Mitchell Leimon and Geoffrey Parker，"Treason and Plot in Elizabethan Diplomacy：'The Fame of Sir Edward Stafford' Reconsidered，" *English Historical Review*，vol. 111，no. 444（November 1996），pp. 1134 - 1158。

德得以通过家书形式，借助女性内廷服侍的特殊隐蔽性，回避上司沃尔辛厄姆的公文稽查，为女王与欧陆的天主教权贵如吉斯家族或流亡者秘密传递信息。① 最后，天主教流亡者倾向联系斯塔福德也可能基于其所属的主和党领袖伯利对流亡者家产的封建监护权及宗教宽容倾向。② 1583 年 12 月出版的《正义的执行》（The Execution of Justice）广为宣扬伯利的宗教宽容理念。③ 此时英格兰天主教徒正处于对伊丽莎白女王与安茹公爵联姻失败的失落情绪之中，这粉碎了天主教徒对英格兰宗教宽容政策的期待，部分转而投靠西班牙及吉斯同盟以期用武力复兴天主教。伯利出版此书的目的，正是为安抚这一沮丧躁动的情绪。④ 他首先抨击叛乱的伪装性："这在各时代与各国俨然成为违法者的普遍做法……以伪事实与美化来诡辩他们卑鄙且不合法的事实，并掩盖犯罪行为。"⑤ 伯利澄清，政府的惩罚从未针对信仰而仅施用于谋逆；只有服侍教皇且背叛祖国与女王的反叛者才会被判处驱逐、酷刑或死刑。他允诺一种条件式宽容，即任

① Stafford to Burghley, March 31, 1588, SP 78/18 f. 108, TNA. Stafford to Burghley, October 21, 1583, SP 78/10 f. 58, TNA. Stafford to Walsingham, October 21, 1583, SP 78/10 f. 61, TNA. Stafford to Walsingham, October 31, 1583, SP 78/10 f. 68, TNA. Stafford to Burghley, May 1, 1584, SP 78/11 f. 85, TNA. *CSP Spanish*, *1587 – 1603*, pp. 6 – 9. W. Murdin, ed., *Collection of State Papers Relating to Affairs in the Reign of Queen Elizabeth from Year 1571 to 1596*, London: William Bowyer, 1759, p. 380. David Potter, ed., *Foreign Intelligence and Information in Elizabethan England: Two English Treatises on the State of France*, *1580 – 1584*, *Camden Miscellany Fifth Series*, vol. 25, Cambridge: Cambridge University Press, 2004, pp. 1 – 8.

② *CSP Spanish*, *1587 – 1603*, p. 7. Stafford to Burghley, June 12, 1583, Harley MS 6993 f. 44, BL. *CSP Foreign*, *1585 – 1586*, London: HMSO, 1921, p. 627. Stafford to Burghley, March 31, 1588, SP 78/18 f. 108, TNA.

③ Robert M. Kingdon, ed., *The Execution of Justice in England by William Cecil and A True, Sincere, and Modest Defense of English Catholics by William Allen*, Ithaca, NY: Cornell University Press, 1965, pp. xvii – xviii.

④ Catherine M. Gibbons, "The Experience of Exile and English Catholics," p. 81. Leo Hicks, *An Elizabethan Problem*, pp. 136 – 137.

⑤ Catherine M. Gibbons, "The Experience of Exile and English Catholics," p. 3. Stephen Alford, *Burghley*, pp. 248 – 251.

何抵御外国入侵且未涉入国内反叛之人，应被赋予相对的信仰自由。① 如教士托马斯·赖特（Thomas Wright）在 1593 年拒绝参与天主教计划，被官方特许宗教实践上的自由。② 伯利对于信仰与叛国的界定和宗教宽容的承诺赢得反战派的好感，再加上他对流亡权贵的产业宰制权，以及亲信斯塔福德掌控驻法使馆等三重优势，协助他在与沃尔辛厄姆的欧陆情报竞赛中，略占上风。

英格兰政府通过斯塔福德的使馆系统和沃尔辛厄姆的私人间谍网络在巴黎进行的游说活动，"如此强大以致众多天主教徒惧怕"③。1585 年 10 月，法耶稣会教士德·拉·吕埃（De la Rue，化名 Samerie）将英政府的渗透分化行动告知苏格兰玛丽：

> 许多英格兰人从罗马与英格兰搜集情报，并对外谣传英女王的仁慈温厚，与不再迫害任何天主教徒［的政策］，他们不再使用武力压迫天主教徒，但他们不希望也绝不允许外国人入侵英格兰。这是您的命运，他们已经对那些协助您的追从者产生极大疑心，以至于没有人胆敢再信任您的追随者……英格兰人（天主教徒）已然陷于不合与分裂。④

他担忧伊丽莎白政府技巧性地运用宗教宽容与抵抗外国入侵之爱国主义的宣传，已然加剧了天主教的分裂。教皇亦猜疑英新教徒怂恿部分枢机主教鼓动玛丽谋反，以坐实其叛国罪名，故派遣两位亲耶稣会派的阿拉恩（Allayn）与欧西比乌斯（Eusebius）前往罗马调查。因禁于巴士底狱的摩根批评英格兰为"不光彩的国家"，

---

① Stephen Alford, *Burghley*, p. 21.

② Thomas Wright, a Popish Priest, to the Queen, no date, Lansdowne MS 109 f. 48, BL.

③ Leo Hicks, "An Elizabethan Propagandist: The Career of Solomon Aldred," *The Month*, vol. 181 (June 1945), p. 189. Thomas Rogers to Walsingham, September 30, 1585, SP 15/29 f. 65, TNA.

④ *CSP Scotland*, *1585–1586*, pp. 145–149.

"最近展开行动来加深天主教教士团体内部的分裂与歧见",但认为这群教士的变节目的在"保护他们的国家而非服务沃尔辛厄姆"①。他甚至揭露吉福德与格拉特利的变节实乃佯装,"若能获得进展",将抛弃沃尔辛厄姆,重新效忠玛丽。该信最后落入沃尔辛厄姆之手,导致奥尔德雷德终止对两人的游说行动。②

如同约翰·博西所定义,英天主教流亡团体虽具有共同目标,却建立在迥异的信念上。③ 天主教的矛盾与分裂因近代早期民族国家意识的兴起与政教争权而早已根深蒂固,英格兰政府的恩威并施只是催化剂。这种内部危机对天主教反抗新教英格兰的暴力行动极为致命,且英格兰权臣敏锐地掌握时机,借由恩赦竞相争取天主教流亡者加入各自的情报系统。不满于耶稣会的教权领导,再加上英格兰恩威并施的策略,众多世俗流亡者遂开始迟疑摇摆。最终,部分选择改宗、变节或为双边服务。

三、立足良心: 政教忠诚的切割

不同于耶稣会派主张的积极武力入侵,反战派以生存、国家意识与政教权力竞逐为考虑,切割宗教信仰与政治顺从,为伊丽莎白政权的海外情报工作服务,企图为英天主教谋求妥协式的生存路线。流亡者的忠诚分离并非特例,乃是英格兰本土偶奉国教行为的海外延伸,共同反映了英宗教改革时期政教冲突下的政治顺从或拒绝抵抗主义。

基督教的顺从概念源自摩西《十诫》(Decalogue)中的第四诫"尊敬父母",强调父慈子孝及夫义妇顺的家庭秩序。④ 中世纪神学

---

① Thomas Morgan to Mary, April 24, 1586, SP 53/17/51, TNA.
② Walsingham to Thomas Phelippes, August 28, 1586, SP 53/19/63, TNA.
③ John Bossy, *The English Catholic Community 1570–1580*, pp. 11–48.
④ 《出埃及记》20:12;《彼得前书》3:1.5,《中英圣经:新旧约全书和合本新国际版(New International Version)》,圣书书房,1990年,第95、1509页。

将家庭人伦的顺从观引入教会秩序，将对其生身父母的恭顺扩及上帝授权之精神父母——教士为父，教会为母。随着近代早期专制君威日盛，人文主义者如伊拉斯谟（Desiderius Erasmus）依据新约《罗马书》第 13 章"顺服掌权者"与《彼得前书》第 2 章"顺服统治者和主人"，进一步延伸顺从论至社会秩序中的师生、主仆与君臣关系。① 宗教改革时期，仰赖世俗政权庇护的新教诸派强化政治顺从理论，扭转了中世纪以来涂油加冕礼将王权置于教权之下的尊卑阶序，凸显上帝与君主的直属授权，淡化教廷在君权神授过程中的中介转化角色。尤其马丁·路德援引《罗马书》第 13 章中"凡权威者皆为上帝所命，抵抗必自遭天谴"，确立众人需绝对服从受命于天的世俗政权，对君主的抵抗视同忤逆上帝。② 路德的拒绝抵抗理论在英宗教改革初期成为亨利八世与福音派掌权者宣扬政治顺从的基石。托马斯·克伦威尔（Thomas Cromwell）的门客威廉·廷代尔（William Tyndale）于 1527 年出版《基督徒的顺从》（The Obedience of a Christian Man），首度明确引用路德之服从世俗权威的论点，且定义"神谕"（God's word）非出自教士布道而需溯源于《圣经》。再将《十诫》与圣保罗的政治服从论扩及绝对遵从至高王权，此服从"位阶"从教皇到君主的转移尤其显现于 16 世纪 30 年代的《禁止上诉法》与《至尊法案》。同时政府经由布道与出版等官方方式，宣传获得救赎的唯一途径并非如罗马教廷所宣称的抵抗异教君主，这只会招致叛国罪名，唯有"传播和聆听神谕、服从君主、耐心及诚实生活"等对上帝与君王的共同遵从，才能享

① 《罗马书》13：1—2；《彼得前书》2：13—14，17，《中英圣经》，第 1410、1509 页。Desiderius Erasmus, *A Playne anid Godly Exposytion or Declaration of THE Commnue Crede*, tr. W. Marshall, London: Robert Redman, 1536, STC 10504, p. 165r.

② Quentin Skinner, *The Foundations of Modern Political Thought: Volume Two: The Age of Reformation*, Cambridge: Cambridge University Press, 1978, pp. 15 - 19, 221 - 230.

有"财富、共同安宁与繁茂"并获得"通往天堂的钥匙"。① 1543
年出版的《国王之书》（*A Necessary Doctrine and Erudition for
Any Christen Man，Set Furthe by the Kynges Maiestye of
Englande*，简称 *King's Book*）亦宣扬君主的抚育之恩等同于亲生
父母，臣民应延伸孝道于君主。② 由于亨利八世实行天主教为体与
福音派为用的"双头正统"，吸引共存的新旧教竞相阐释忠君立场，
以期为各自教派争取王室恩宠，希冀最终成为英正统信仰，故天主
教徒亦参与建构政治顺从论。③ 曾任国务大臣的天主教主教史蒂
芬·加德纳（Stephen Gardiner）于 1535 年出版《关于真实的忠
诚》（*De vera Obedientia*），推崇亨利八世作为英教会最高领袖，依
据君权神授而视王法等同神意，臣民应无条件顺从君主与王
法。④ 玛丽一世复辟天主教政权后，面对羽翼渐丰的新教势力根据
鄙视女性的传统而质疑女性统治的正当性，故进一步强化政治服
从。宫廷教士如约翰·克里斯托弗森（John Christopherson）与詹
姆斯·坎塞莱尔（James Cancellar）分别在 1554 年与 1556 年出版
《劝众人以反叛为警》（*An Exhortation to All Menne to Take Hede
and Beware of Rebellion*）与《服从之路》（*The Pathe of
Obedience*），仿效路德援引圣保罗的尊君教谕，辅以自然法和中世
纪士林哲学的阶序观，将讲求强弱位序的自然秩序复制建构尊卑有
别的政治秩序，两种对应秩序皆由神意所造，君主权威亦由上帝所

① Richard Rex，"The Crisis of Obedience: God's Word and Henry's Reformation," *The
Historical Journal*，vol. 39，no. 4（December 1966），pp. 885 - 888. On The Royal
Authority，1536，SP 6/4 f. 188，TNA. 李若庸：《英格兰宗教改革后的服从论述》，
《台大历史学报》2005 年第 36 期，第 336—352 页。

② *A Necessary Doctrine and Erudition for Any Christen Man*，set Furthe by the Kynges
Maiestye of Englande，London：Thomas Barthelet，1543，STC 5169，sig. S1r.

③ Conrad Russell，"The Reformation and the Creation of the Church of England，1500 -
1640," in John Morrill，ed. ，*The Oxford Illustrated History of Tudor and Stuart
Britain*，Oxford：Oxford University Press，1996，p. 275.

④ Richard Rex，"The Crisis of Obedience: God's Word and Henry's Reformation,"
pp. 863 - 894.

授，警惕"众人永远不能以任何理由冒险反叛统治者，上帝命令众人以最谦卑的态度服从他［或她］"①。

伊丽莎白一世即位之初，1559年《至尊法案》的修订争议再度重塑了天主教的政治顺从概念。约克大主教尼古拉斯·希思（Nicholas Heath）与切斯特主教威廉·唐翰（William Downham）虽在上议院公开反对该法，但声明基于惧怕惩处以及尊重王室血统继承与神意的良心，宣誓效忠女王的世俗至高性。② 信仰天主教的蒙塔古子爵安东尼·布朗（Anthony Browne，Lord Montague）在上议院与罗伯特·阿特金森（Robert Atkinson）在下议院亦强调天主教徒对新女王的绝对忠诚，以及绝不引发动荡的静默恭顺，后者甚至主张，若天主教徒忠于良心而保持信仰，对外仍服从女王的世俗法律，就不应该受惩处。③ 同时期的一份天主教匿名手稿虽反对王权至上，但仍以圣彼得顺从尼禄与圣安波罗修承认狄奥多西一世的世俗权力为例，主张任何对女王的政治抵抗均属违法。④

1568年苏格兰玛丽流亡入英，重新燃起了天主教的复兴希望。以其亲信罗斯主教约翰·莱斯利（John Leslie）与桑德为首的天主教徒策划了北方叛乱与诺福克叛乱；流亡尼德兰的英天主教徒亦公然宣传对伊丽莎白政府的政治抵抗。但叛乱的接连失败导致流亡者

① John Christopherson, *An Exhortation to All Menne to Take Hede and Beware of Rebellion*, London: John Cawood, 1554, STC 5207, sig. A6r. James Cancellar, *The Pathe of Obedience*, London: John Wailande, 1556, STC 4565, sigs. C6r - v, C8r - v. 林美香：《女人可以治国吗？ 十六世纪不列颠女性统治之辩》，台湾左岸文化，2007年，第73—75页。

② John Strype, *Annals of The Reformation and Establishment of Religion and Other Various Occurrences in the Church of England*, *During Queen Elizabeth's Happy Reign*, Oxford: Clarendon Press, 1824, vol. 1, part 2, pp. 399 - 422.

③ John Strype, *Annals of The Reformation and Establishment of Religion*, vol. 1, part 1, pp. 440 - 455. Timothy J. McCann, "The Parliamentary Speech of Viscount Montague Against the Act of Supremacy, 1559," *Sussex Archaeological Collections*, vol. 108, Sussex: Sussex Archaeological Society, 1970, pp. 50 - 57.

④ Peter Holmes, *Resistance and Compromise*, p. 12. 《彼得前书》2：13—23，《中英圣经》，第1509页。

领袖艾伦随后在 1573—1583 年间暂缓圣战策略，改以训练传教士
返英以宣抚巩固残余天主教势力，静待玛丽的合法继承，在此宁静
的 10 年间抵抗论转向忠君宣传。帕森斯在 1580 年 7 月 19 日的布道
中声称，天主教对女王的忠诚与新教徒无异，随时准备以鲜血、生
命与家产捍卫女王与国家。"君主之所以应被服从，不仅仅因为惧
怕惩罚或避免［叛国］诽谤，更是立足于良心"。① 艾伦在 1581—
1582 年重申对女王的忠诚与非抵抗行为，视伊丽莎白为全体天主
教徒的君主，他们将履行"神意法、自然法与国家法规定对女王的
全部服从义务"，除了认同其在教会的至高性之外。换言之，英天
主教徒不抵抗王国的世俗法律，仅拒绝违逆上帝旨意的宗教伪法。②

　　自 16 世纪 80 年代初，伊丽莎白政府缩紧天主教政策，尤其
1581 年的《忠诚维护法》导致政治忠诚的主张开始分歧。流亡者艾
伦、帕森斯、理查德·费斯特根（Richard Verstegan）与约翰·吉
本斯（John Gibbons）等质疑宗教迫害的合法性，重新将宗教抵抗
延伸至政治对立，鼓吹殉教是为获取救赎的机会，企图重建英天主
教徒的隔绝意识。但如前所论，部分世俗教徒基于生存焦虑、信仰
复兴方式与政教统治权的分歧，拒绝耶稣会主导的积极反抗主义，
定义政治服从等同消极宗教抵抗，政治忠诚开始去宗教化。③ 这一
主张在英格兰本土首先显现于是否参与国教礼拜的争议上，即所称
偶奉国教行为。前任奇切斯特教区执事长奥尔本·兰代尔（Alban
Langdale）捍卫"教会天主教"行为在特殊情况下的合理合法，即

---

① *CRS*，vol. 1，pp. 35 - 41. Robert Parsons，*A Brief Discours Contayning Certayne Reasons Why Catholiques Refuse to Goe to Church*，London：John Lyon［i. e. Greenstreet House Press］，1580，STC 19394，pp. 2 - 3，10 - 12. Robert Parsons，*An Epistle of the Persecution of Catholickes in Englande*，Rouen：Fr. Parsons' Press，1582，STC 19406，p. 6.

② William Allen，*A Briefe Historie of the Glorious Martyrdom*，sig. C2.

③ Peter Holmes，*Resistance and Compromise*，pp. 90 - 125. Patrick Collinson，*The Birthpangs of Protestant England：Religion and Cultural Change in the Sixteenth and Seventeenth Centuries*，London：Palgrave Macmillan，1988，p. 27.

天主教徒基于生存恐惧或公民义务而进入国教教堂，在拒绝履行国教仪式或不与国教徒交流的前提下，将不被视为异端。他援引迦玛列（Gamaliel）与亚利马太的约瑟夫（Joseph of Arimathea）为求生存而在犹太团体中隐瞒宗教倾向，以及叙利亚的纳曼（Naaman the Syrian）被允许跟随君主至神庙参拜为例，合法化天主教徒参加新教教堂的行为。① 兰代尔重塑《圣经》的服从概念，正当化天主教徒进入国教教堂执行公民义务以象征对君主的适当效忠。但这种外在顺从不等同于信仰认同（精神上仍维持对上帝的忠诚），仅是一种用以规避政府惩处的表演形式。因为英君主与政府视参与教堂为一忠诚的鉴别标记，即区分真实臣民与叛徒的方式，而非区分新教徒与天主教徒。兰代尔进一步主张教会法为人类法，若违背生存至上的自然法就不可遵从，教会不应迫使人将自身生命置于危险之中，除非这种世俗服从危及天主教信仰与其整体利益。② 前任赫尔副主教罗伯特·珀斯格洛夫（Robert Pursglove）、耶稣会教士托马斯·赖特及兰开斯特郡教士托马斯·贝尔（Thomas Bell）皆支持参加国教教堂的顺从鉴别，前提为不与异教徒共同祈祷或领取圣餐，并宣称此举纯粹为服从君主以规避叛国指控，借此自我标示为拒绝国教者，避免被指控为异端。③

　　偶奉国教行为的这一理论通过印刷品与天主教徒的流亡而传播至欧陆，为同样陷入信仰或生存之两难困境的流亡者提供了切割宗教忠诚与世俗义务的合理性。兰斯神学院创建者之一格雷戈里·马丁（Gregory Martin）虽主张对抗伊丽莎白政权，但也引用《罗马书》与《彼得前书》强调政治服从的必要性，即以不抵抗与消极服从的方式避免厄运降临或天主教生存情势的进一步恶化，且教士必须接纳那些基于恐惧而出入新教教堂者，他们不可被开除教籍且仍

---

① 《列王纪下》5：18—19，《中英圣经》，第 471—472 页。

② Alexandra Walsham, *Church Papists*.

③ Peter Holmes, *Resistance and Compromise*, pp. 95 - 98.

被接纳为天主教徒。① 早在 1574 年，蒂勒尔已强调"天主教徒在被迫害之际选择保全自己是绝对合法，这并非自私苟活，而是为等待时机为众生谋福"。② 在 1586 年第三次被捕时，他同意切割"自己的宗教与［政治］秩序（order）"，并乐意履行他与生俱来的职责，因这是"我应该给予我的女王更甚于上帝"③。几乎同时，威廉·吉福德也宣称，若能保障他的宗教与良心自由，他愿意"在女王的保护下住在我们自己的国土"，甚至支持天主教士绅与伊丽莎白政权和解，共同抵抗"任何意图颠覆女王统治与腐蚀我们家庭的行为，这无关乎宗教"④。哈特在 1580 年底的审讯中亦声明，尽管教皇庇护五世（Pius V）在 1570 年的通谕《在至高处统治》（*Regnans in Excelsis*）对伊丽莎白一世的指控与惩处——控告其为私生子、异端与分裂教会者，将伊丽莎白与其服从者开除教籍——仍具效力，但继任教皇格列高利十三世（Gregory XIII）体谅英天主教徒面临教皇与女王的忠诚两难，"若服从女王，他们将受教皇的诅咒；若违背女王，他们将面临其责罚的危险"，故特许英教徒形式上服从异端女王且不开除教籍（危及其灵魂救赎）。⑤ 简言之，反战派仿效国内的偶奉国教路径，复制以情报服务为主的另类政治顺从，达成身体与灵魂共存的双赢局面。

罗马教廷与耶稣会皆否决英格兰本土与流亡教徒的政治顺从诉求。乔治·布莱克韦尔（George Blackwell）在《反对参加教会》

---

① Peter Holmes, *Resistance and Compromise*, pp. 40 - 43, 101.

② Michael Questier, "English Clerical Converts to Protestantism, 1580 - 1596," p. 465.

③ "Anthony Tyrrell to Burghley," 1586, Lansdowne MS 50 f. 159, BL.

④ Thomas F. Knox, ed., *The Letters and Memorials of William Cardinal Allen*, pp. 262 - 263.

⑤ Godfrey Anstruther, *The Seminary Priests*, vol. 1, pp. 153 - 155. Extract from the Examination of John Hart Relative to the Bull of Pope Pius V, December 30, 1580, SP 12/144/64, TNA. Robert M. Kingdon, ed., *The Execution of Justice in England by William Cecil and A True, Sincere, and Modest Defense of English Catholics by William Allen*, p. 19.

（*Against go to Church*）中谴责兰代尔的主张缺乏学理与理性，充斥颠覆天主教的强烈煽动。帕森斯在其 1580 年《简短演讲》有所犹豫妥协，主张教皇或许可赦免对君主的部分世俗服务，如参与异端教会但不履行仪式，此有限度的服从行为可保存天主教权贵家族的存续以待女王崩殂后的教会复兴。帕森斯认为，基于获取更大的利益或避免更坏的邪恶，教会可有条件地赦免部分顺从行为，但绝非普遍性宽容，因无设限的政治顺从恐将分裂教会。故他谴责政治服从者的投机式首鼠两端，尽管将其他信仰视为异端，但"在一些世俗方面，他们却或许狡猾地至少参加［异端］教会以彰显他们作为对立宗教政策的顺民，甚至嘲弄坚持抵抗者过于谨慎"。①

　　尽管耶稣会反对，众多反战派基于个人的生存恐惧与良心，仍在国内外执行偶奉国教或提供情报服务等政治顺从策略，切割政权效忠与宗教信仰，将世俗忠诚献给代表英格兰国家正统的伊丽莎白新教政权。故而在 1580—1598 年，变节流亡者人数大幅增加，或改宗，或放弃信仰，抑或双重服务。然而，世俗忠诚与信仰间的取舍操作立足于内在信念和个人良心的自由心证，极为模糊危险，频繁引发天主教内部判断信徒与异端的争议。部分条件性顺从者甚至因此被指控为改宗者或间谍，如哈特、罗伯特·格雷（Robert Gray）与马丁·纳尔逊（Martin Nelson）均无法确定偶尔服从的底线或忠诚切割的界限为何，导致其妥协时间或短暂，或时而反复。② 尽管存在被指控为异端的高风险，1600 年前，部分天主教徒开始将服从君主与宗教忠诚视同一样合法。借由不断挑战罗马教会的底线，这些机会主义者试图开辟一条生存与信仰的双赢途径。需注意的是，史家沃尔沙姆认为割裂忠诚亦反映教义、道德与政治的日益冲突，即介于争议事实与主观意识，或标记者与被标记者之间

---

① Robert Parsons, *A Brief Discours Contayning Certayne Reasons Why Catholiques Refuse to Goe to Church*, pp. 5v - 6r.

② Confessions of Robt. Gray, October, 1593, SP 12/245/138, TNA. *Acts of the Privy Council of England*, vol. 13, London: HMSO, 1896, p. 145.

的剑拔弩张。这群被贴上"偏离"标签的政治顺从者被贬抑讥讽，借以美化彰显所谓"真实的神之选民"，强化后者面对迫害或殉教时的忠贞信念以对抗异端。[①]

结论

政教忠诚的切割与政治顺从是当时欧洲近代民族国家构建趋势下必然导致的政治妥协。中古后期因瘟疫、经济通膨与战争所积累的社会焦虑已远非用圣坛布道可以抚慰，臣民转而希冀强势君主以公权力介入来维护秩序，从而促使分权的封建君权转型为集权王制，世俗权力渐趋一统。宗教改革进一步迫使新旧教会向专制王权献出宗教自主权，从而扭转了政教阶序。无论是日耳曼或瑞士地区由下而上的教义改革，抑或都铎政权借由议会立法进行自上而下的强制改宗，乃至于法国宗教内战，新教改革者与旧教捍卫者皆被迫依附世俗政权以扶持各自信仰的存续或正统性，共同建构政治顺从。英格兰国教会借由一系列立法向君主献上《圣经》阐释权、司法权及教产，且以王为尊。而身陷信仰与政权决裂困境的英格兰天主教徒，基于利己主义、国家意识以及天主教内部对信仰复兴的分歧，部分信徒探索出一条信仰与生存并存的双赢途径，即依凭良心切割信仰忠诚与国家义务，界定信徒与臣民的定位，从而形成国内的偶奉国教与海外的情报服务等政治顺从行为。此半分离主义迫使英天主教迈向了政教分离。凯斯捷主张，从 16 世纪末，众多天主教徒被迫思考教权国家的存在必要性与政教分离实践的可能性，如埃德蒙·邦尼（Edmund Bunny）曾询问帕森斯关于"宗教与政权可否分离"。[②] 自 16 世纪末，罗马教会分离罗马政权的概念正在英

---

① Alexandra Walsham, *Church Papists*, p. 9.
② Edmund Bunny, *A Booke of Christian Exercise*, London: N. Newton and A. Hatfield, for John Wight, 1584, *STC* 19355, sig. Ff1v.

格兰被推动，一个去政治化的纯宗教正在萌发。更值得思考的是，新旧教会沦为世俗政权的附庸，中世纪的基督教帝国逐渐崩解为世俗政权领导的国家教会，教会国家化终于使长期分离的政教之权定于一尊。国家主权的完整性重塑了近代早期英格兰的"帝国"概念。

然而，政治顺从绝非发生于英格兰的单一特例，也非皆是由下层非国教群体向上层正统政权的单向性输诚。主政者基于政权稳定性，时而被迫向非其所属教派的当权或民间主流信仰进行政治妥协。例如，笃信天主教的苏格兰玛丽女王面对强势的苏格兰长老教会政府，无奈实行宗教宽容政策以稳固其统治地位。隶属胡格诺派的法王亨利四世在 1593 年皈依天主教，以弥撒换取象征法国民心的巴黎。这类自上而下的政治妥协与本文探究之自下向上的政治顺从，共同描绘出从中世纪封建秩序到近代国家秩序的欧洲政治转型图景。一方面，反映在近代民族国家意识与人文主义的内外催动下，君主或人民在进行决策时，逐渐切割传统的宗教情怀或王朝家族血统等情感性羁绊，转变为以个人或国家的现实利益为关键考虑因素，而 18 世纪中期的欧洲外交革命正式宣告此近代现实主义政治的定型。另一方面，政治妥协与顺从虽然是迫于生存或利益而实行的礼仪型忠诚宣示，但这种上下双向的"顺从"之政治契约精神呈现了近代国家秩序中君民关系的质变：从基督神权的信徒，经王朝政治的臣民，最终定位为国家政治的国民。

（本文原发表于《世界历史》2019 年第 6 期）

伊丽莎白一世时期饥馑
《政令书》的地方影响
——以治安法官为中心的考察[①]

冯雅琼

（上海师范大学世界史系）

通常认为，伊丽莎白一世时期是英国现代国家逐步形成的过渡期，较之以往，国家承担了更多社会责任。如今人们耳熟能详的英国《济贫法》和济贫体系，即发轫于该时期。伊丽莎白政府通过枢密院加强了对社会、经济等方面的管理，并借助各级官员与机构将权力触角抵及地方社会的各个角落。与此同时，伊丽莎白一世时期发生了两次较为严峻的饥荒（1585—1587 年、1594—1597 年）。[②] 尤其是从 16 世纪 80 年代到伊丽莎白统治结束，频繁发生的农业歉收、食物短缺，与人口数量激增、城镇规模壮大、贫困问题恶化、瘟疫蔓延、军事任务加重等问题相互交织，增加了食物危机问题的复杂性，加大了社会治理的难度。

然而，在伊丽莎白一世时期，直接与粮食问题相关的法令较少，且由于时效性等原因而不足以应对饥荒给社会造成的冲击。在

---

① 本文系国家社科基金青年项目"近代早期英国的食物危机与社会治理研究"（项目编号：21CSS006）的阶段性成果。
② 如今学者们一般认为，在近代早期英国，发生了饥荒年份的有 1555—1556 年、1585—1587 年、1594—1599 年、1622—1623 年和 1647—1649 年。（R. W. Hoyle, "Britain," in Guido Alfani and Cormac Ó Gráda, eds., *Famine in European History*, New York: Cambridge University Press, 2017, pp. 144, 147.）

这种情况下，饥馑《政令书》（*Book of Orders*）① 应运而生，起到了及时的补充作用。饥馑《政令书》可谓伊丽莎白政府的一项创举，奠定了该时期救荒政策的基本原则。在之后遭遇食物危机时，英国政府也多次颁布饥馑《政令书》，且基本以伊丽莎白一世时期的内容为底本，贯彻该时期救荒政策的主要条款。

关于近代早期英国饥馑《政令书》的救荒成效与执行状况，史学界尚存较大争议。一些学者对其中的救荒举措持否定态度。如贸易史研究先驱、加拿大史学家——N. S. B. 格拉斯（N. S. B. Gras）在研究了近代早期英国的谷物政策后指出，饥馑《政令书》阻碍了饥荒时期的粮食种子投入，压抑了农场主购买种子的欲望，使得他们倾向于用自己田地中出产的质量低下的谷物来作来年的种子，必然导致来年收成不佳，进一步恶化了困境。在粮食中间商问题上，亦是如此。② 饥馑《政令书》在地方执行时，也经常面临重重阻力。以研究 16、17 世纪英国历史见长的美国史学家 W. K. 乔丹（W. K. Jordan）指出，除了 1631—1640 年外，饥馑《政令书》在其他时期的执行力度都十分微弱。③ 英国史学家 A. 弗莱彻（A. Fletcher）在分析了斯图亚特时期饥馑《政令书》的执行状况后，也认为《政令书》是"不灵活的手段"，只有依靠地方治安法官的行动和配合才能实现，而这些治安法官常常忽视或篡改《政令书》中要求为穷人提供救济的命令，因而难以达到其目的。④

---

① 学者初庆东将 *Book of Orders* 译为《政令全书》，参见初庆东：《近代早期英国治安法官的济贫实践》，《世界历史》2017 年第 3 期，第 49 页；陈日华将之译为《施政指南》，参见陈日华：《中古晚期英格兰郡共同体探析》，《世界历史》2016 年第 1 期，第 62 页。

② N. S. B. Gras, *The Evolution of the English Corn Market*, Cambridge, Mass. : Harvard University Press, 1926, pp. 241 - 242.

③ W. K. Jordan, "The Development of Philanthropy in England in the Early Modern Era," *Proceedings of the American Philosophical Society*, vol. 105, no. 2 (Apr., 1961), p. 145.

④ A. Fletcher, *Reform in the Provinces: The Government of Stuart England*, New Haven: Yale University Press, p. 193.

　　与之相反，一些史家给予饥馑《政令书》较高评价，肯定其在近代早期救荒中的积极意义。英国经济史家 E. 利普森（E. Lipson）反对 N. S. B. 格拉斯有关饥馑《政令书》阻碍了粮食买卖的观点，利普森认为"粮食供应再分配的规范化和平衡，能够确保粮价的公道"。[①] 英国史学家 E. M. 伦纳德（E. M. Leonard）认为饥馑《政令书》总体上是成功的，"它们似乎能够有效压低粮食价格"。[②] 美国学者、经济史家罗伯特·福格尔（Robert Fogel）认为都铎政府颁布的饥馑《政令书》既必要又有效，且相关政策的延续，帮助英国成功避免了之后两个世纪再度爆发饥荒。[③] 威廉·坎宁安（William Cunningham）和 W. S. 霍尔兹沃思（W. S. Holdsworth）也认为饥馑《政令书》基本是成功的，缓解了粮食匮乏的不良后果，且有效阻止了粮食骚乱的发生。[④] 那么，饥馑《政令书》在地方社会的反响和执行状况究竟如何？从治安法官入手，将有助于我们更好地回答这一问题。起源于 14 世纪、主要由地方乡绅出任的治安法官，在伊丽莎白一世时期成为地方社会的重要管理者与领袖人物，其职能涵盖司法、经济、宗教等领域，也是执行

[①] E. Lipson, *The Economic History of England*, vol. 3, London: Adam and Charles Black, 1961, p. 447. 利普森还指出《政令书》创造的系统（machinery）促进了济贫法体系的发展。

[②] E. M. Leonard, *The Early History of English Poor Relief*, Cambridge: Cambridge University Press, 1900, p. 194.

[③] Robert W. Fogel, "Second Thoughts on the European Escape From Hunger: Famines, Chronic Malnutrition, and Mortality Rates," in S. R. Osmani, ed., *Nutrition and Poverty*, Oxford: Clarendon Press, 1992, pp. 243－286; Robert W. Fogel, "The Conquest of High Mortality and Hunger in Europe and America: Timing and Mechanisms," in P. Higonnet, D. Landes and H. Rosovsky, eds., *Favorites of Fortune: Technology Growth and Economic Development Since the Industrial Revolution*, Cambridge, Mass.: Harvard University Press, 1991, pp. 33－71.

[④] William Cunningham, *The Growth of English Industry and Commerce*, vol. 3, Cambridge: Cambridge University Press, 1912, pp. 92, 98; W. S. Holdsworth, *A History of English Law*, vol. 4, Third Edition, London: Methuen & Co. Ltd, 1945, p. 373.

饥馑《政令书》的关键人物。

一、饥馑《政令书》的发布与传达

饥馑《政令书》之所以能成为伊丽莎白一世时期的核心救荒举措，一大原因在于它可以突破议会法令的制约。[1] 在都铎时期，君主没有通过行政特权来废除、撤销或暂停议会法令的权利，但在议会法令出台后，君主能够利用有限的方式——包括发布公告（proclamations）、敕令（legislative orders）等，来规避或修订法令。其中一些是在枢密院建议下颁布的，另一些则出于君主自己的决定。[2] 饥馑《政令书》正是饥荒年份中在危急情况下，伊丽莎白一世利用君主特权、通过枢密院发布的一种具有普遍效力的救荒命令，其及时性、全面性的特征，一定程度上弥补了当时谷物法令不足的问题。从 1587 年颁布第一个饥馑《政令书》到 1603 年伊丽莎白统治结束，共有四份饥馑《政令书》相继问世，分别颁布于 1587、1594、1595 和 1600 年，奠定了都铎王朝晚期至斯图亚特王朝早期英国救荒政策的基本原则。

1587 年 1 月 2 日，在伊丽莎白一世的授权下，枢密院发布了第一份饥馑《政令书》[3]。它要求各郡郡守（sheriff）和治安法官在收到命令后，以最快速度集合起来，再分头行动，分别负责若干百户区（Hundred）、雷普（Rape）和小邑（Wapentake）等，执行《政

---

[1] Paul Slack, "Book of Orders: The Making of English Social Policy, 1577 - 1631," *Transactions of the Royal Historical Society*, vol. 30 (1980), p. 3.

[2] G. R. Elton, ed., *The Tudor Constitution: Documents and Commentary* (2nd edn.), Cambridge: Cambridge University Press, 1982, pp. 20 - 21.

[3] *Books of Orders*, 1587: *Order devised by the especiall commandement of the Queenes Maiestie for the reliefe and stay of the present dearth of Graine within the Realme, Sent from the Court at Greenewich abroad into the Realm, the second day of Januarie, 1586, In the 29, yeere of her Majesties reigne, by her Majesties reigne, by her Majesties reigne, by her Majesties Privie Counsell*, Imprinted at London: by Christopher Barker, Printer to the Queenes most excellent Maiestie, 1586/87.

令书》中的各项救荒指令。指令内容从搜寻余粮，监督粮食买卖，再到管控粮食出口等，涉及粮食问题的各个方面。此后，伊丽莎白政府为应对食物危机，分别于 1594、1595 和 1600 年发布的饥馑《政令书》，多重申第一份饥馑《政令书》的条款，仅对部分细节略有改变或增删。

在饥馑《政令书》之外，伊丽莎白一世及枢密院还经常通过王室公告（royal proclamations）来发布救荒政策，以及推动饥馑《政令书》的贯彻执行。王室公告是"国王凭借自己的君主特权、在听取枢密院建议基础上制定，并由国玺确保其权威、通过王室诏书（royal writ）颁布的公共政策"。① 颁布公告是英国君主享有的一项普通法特权，公告的范围和目的由实践、传统和普通法共同决定，其内容涵盖行政、社会、经济、宗教等方面。② 王室公告通常由税务署信使（the messengers of the Exchequer）交送给地方当局。③ 公告的接收人通常是郡守，也可以是郡执达官、市长、警役或治安法官等各类由王室任命的官员。④ 与饥馑《政令书》和法令不同，王室公告不是单纯地向地方传达中央政策，而是有向民众解释政府制定政策的初衷以确保民众服从的功能。⑤ 除确认法令外，伊丽莎白政府还会通过发布王室公告来明确饥馑《政令书》的执行细则。如 1587 年 1 月 2 日，枢密院发布王室公告，要求执行最近

① P. L. Hughes and J. F. Larkin, eds. , *Tudor Royal Proclamations*, vol. 1: The Early Tudors (1485 – 1553), New Haven and London: Yale University Press, 1964, p. 2.

② G. R. Elton, ed. , *The Tudor Constitution: Documents and Commentary* (2nd edn.), p. 22.

③ Robert Steele, *A Bibliography of Royal Proclamations of the Tudor and Stuart Sovereigns and of Others Publishes Under their Authority*, 1485 – 1714, *with and Historical Introduction of their Origin and Use*, vol. 1, Oxford: Clarendon Press, 1910, pp. ix, xi – xii, xvi.

④ Rudolph W. Heinze, "Tudor Royal Proclamations: 1485 – 1553," Ph. D. Dissertation, State University of Iowa, 1965, p. 5.

⑤ Chris R. Kyle, "Monarch and Marketplace: Proclamations as News in Early Modern England," *Huntington Library Quarterly*, vol. 78, no. 4 (Winter 2015), pp. 774, 776, 777.

颁布的饥馑《政令书》，并对其必要性作出解释。[①]

伊丽莎白政府通过巡回法官向地方官员尤其是治安法官传达救荒指令，敦促推行。如 1596 年 10 月 26 日，巡回法官托马斯·沃姆斯利（Thomas Walmesley）与爱德华·芬纳（Edward Fenner）劝告德文郡治安法官确保饥馑《政令书》的贯彻执行，尤其要注意管控囤积居奇粮食的人员，确保每个地区的粮食批发商人数不得超出必要数目。他们还要求地方官认真履行职责并相互监督，"我们让你们核实的事项，最晚在 11 月 28 日前完成。下次巡回法庭召开时，同样要提交报告。……女王要求你们认真执行上述各项指令，对于尸位素餐者，我们有权褫夺其职权。你们须相互监督，若发现不认真履行职责的同僚，其他治安法官要积极向我们汇报"。[②] 此外，伊丽莎白政府还注意完善驿站系统，使枢密院的信函和饥荒指令能够在较短的时间内传达给地方官员。

二、饥馑《政令书》对治安法官的要求

在近代早期英国，国家政策、中央命令和议会法令等的执行效果，最终取决于权力链条末端的地方官员的行为，因为他们与君王的臣民保持着密切的日常接触。[③] 其中，治安法官扮演的角色尤为关键。治安法官由君主和枢密院任命，但不领薪俸，一年召开四次会议，负责在季审法庭中审判轻罪和其他违反社会、经济条例的行

① P. L. Hughes and J. F. Larkin, eds., *Tudor Royal Proclamations*, vol. 2: The Later Tudors (1553 – 1587), New Haven and London: Yale University Press, 1969, pp. 532 – 534.

② Historical Manuscripts Commission 1899, *Fifteenth Report*, Appendix VII, MSS of Duke of Somerset, in Ian W. Archer and F. Douglas Price, eds., *English Historical Documents*, vol. V (A): 1558 – 1603, New York: Routledge, 2011, pp. 1137 – 1138.

③ Henrik Langelu·ddecke, "'Patchy and Spasmodic'?: The Response of Justices of the Peace to Charles I's Book of Orders," *The English Historical Review*, vol. 113, no. 454 (Nov., 1998), p. 1248.

为。他们还要监督郡管理中的各项事务，包括道路维修、济贫等，关乎民众生活的方方面面。因此，有学者指出："在伊丽莎白时代，绝大多数人并未完全处于中央政权的直接管辖下，大多数人由地方官员管理，特别是治安法官们决定着他们的命运。"① 伊丽莎白一世时期各项救荒政策的执行，同样高度依赖地方治安法官的配合。从饥馑《政令书》的条款来看，对治安法官提出的要求可谓事无巨细，任务繁多。

首先，饥馑《政令书》反复强调治安法官要严格管控囤积居奇粮食的农场主与商人等。因为在伊丽莎白政府看来，饥荒时期粮价高涨的很大一部分原因在于一些人蓄意囤积居奇，使得市场上粮食短缺、价格飙升。因此，搜集余粮并将之投入市场，被认为是行之有效的救荒手段。饥馑《政令书》要求治安法官深入地方社会，甚至挨家挨户的调查：治安法官尤其要注意调查囤积谷物的人，记录下他们的姓名、住址。除非有治安法官或其他官员的特殊许可，任何人不得购买粮食用于再次出售。② 只有经过季审法庭六名治安法官的同意，一个人才有可能成为谷物批发商。谷物批发商、烘焙商和酿酒商等大宗粮食购买者，只能在公开市场交易，并且需要持有所居地区治安法官发放的许可证。许可证上须注明每次允许他们购买或运输的粮食数量、种类，以及交易的时间、地点和价格。他们还要每周向治安法官汇报账簿状况。除上述人员外，其他人不得购买大宗粮食，否则将被处以监禁。③ 治安法官对所辖地区粮食商贩有较高的决定权与管理权。

其次，治安法官还需亲临粮食市场，监督粮食买卖，确保相关指令的执行。为了保障穷人的利益，1587年饥馑《政令书》除了规定粮食以小计量单位出售、允许穷人在堂区购买粮食外，还要求郡

---

① Ken Powell and Chris Cook, *English Historical Facts*, *1485 - 1603*, London: Macmillan Press Ltd., 1977, p. 50.

② *Books of Orders*, 1587, sig. B2r.

③ *Books of Orders*, 1587, sig. B3r.

守和治安法官命令公共烘焙商制作以黑麦、大麦、大豆和豌豆为原料的价格低廉的面包，以满足穷人需求。郡守和治安法官还需委派适当的人员，调查所有城镇及地方的公共烘焙商和酿酒商，检查他们产品的重量和大小；调查市场官员是否严格贯彻法定度量标准。依法严惩所有违反者，并且作为惩罚手段之一，要求那些违法的烘焙商将面包以低于法定标准的价格出售给穷人。① 饥馑《政令书》进一步规定，每个地区至少有一至两名治安法官亲自到市场中监管条令的执行，保证穷人能以较优惠的价格买到足够的谷物。如果有哪些百户区、雷普或小邑没有充足的治安法官，其所在郡的郡守和四名治安法官可以指派其他诚实的绅士，来执行命令。② 此为地方治安法官人数不足时的替代方案。

再者，饥馑《政令书》还要求各地治安法官亲自监督磨坊主，减少他们对普通居民利益的损害。因为"在一些地区，原本只负责将人们拿来的谷物进行加工的磨坊主，开始参与投机倒把活动——在市场上或市场外购买谷物，然后磨成粉出售，以牟取暴利。他们还会在他人来加工面粉时，故意拖延，甚至以次充好，将好谷物换成坏谷物"。针对这种现象，治安法官（他本人不是磨坊主，且不是磨坊主的主人或领主）要采取罚款和监禁等手段加以严惩。1587年《政令书》要求磨坊主在研磨谷物时须诚实积极，收取费用也须合理。为保证该命令的执行，治安法官要亲自到磨坊中监督磨坊主的行为。如果治安法官本人不能到场，可以委派一些诚实的人每周定期巡查磨坊，向治安法官汇报磨坊加工粮食的数量和收费状况。③

饥荒时期，加大对啤酒馆的管控，减少粮食的浪费，减少粮食在其他用途中的消耗，经常被视为缓解食物危机的必要举措，此方面亦有赖地方治安法官的执行。1594 年，伊丽莎白一世再次发行饥

---

① *Books of Orders*, 1587, sig. B2r - v.
② *Books of Orders*, 1587, sig. B3r - v.
③ *Books of Orders*, 1587, sig. C1r, C1v.

馑《政令书》①，除了重申 1587 年《政令书》各项条款外，增加了有关啤酒馆的管理规定，相应加重了治安法官的工作。1594 年《政令书》首先要求治安法官调查各自司法辖区内每个城镇、堂区、乡村和小村落中麦芽酒馆和啤酒馆等的数量，判断每个地区究竟需要多少间酒馆，将多余的酒馆关停。规定只有那些诚实可靠且无其他谋生方式的人，才有资格继续经营酒馆。1594 年《政令书》还要求治安法官调查麦芽商生产和出售麦芽的地点，严惩囤积大麦、待年末价格升高再出售的人。②

1600 年，由于谷物价格骤增，伊丽莎白政府再次发布饥馑《政令书》③，治安法官要承担的责任进一步增加。除了重申之前的指示外，该《政令书》还要求治安法官调查所在堂区的制革工在鞣制皮革时，是否使用了麦芽、大麦或其他粮食，若发现这种情况，需调查清楚他们使用的粮食种类及数量。④

我们可以发现，除了不断加重的行政负担外，饥馑《政令书》还给予治安法官一定权力，允许他们根据本地的实际情况，发挥主动性，适当做一些变通。1587 年《政令书》规定：一般情况下，禁止在公开市场以外的地方买卖任何谷物，除非是为了方便所在堂区的贫穷工匠或日工，他们由于距离集镇远而不方便前往市场。在这种情况下，经当地治安法官或两名枢密院成员同意后，粮食卖家可

---

① *Books of Orders*，1594：*The renewing of certaine Orders devised by the special commandement of the Queenes Maiestie*，*for the reliefe and stay of the present dearth of Graine within the Realme*：*in the yeere of our Lord 1586. Nowe to bee againe executed this present yere 1594*，Imprinted at London：by the deputies of Christopher Barker，printer to the Queenes most excellent Maiestie，1594.

② *Books of Orders*，1594，sig. C3v – C4v.

③ *Books of Orders*，1600：*Speciall Orders and directions By the Queens Maiesties commandement*，*to all Justices of Peace*，*and all Maiors*，*Shiriffes*，*and all principall Officers of Cities*，*Boroughs*，*and Townes corporate*，*for stay and redresse of dearthe of Graine*，Imprinted at London：By Robert Barker，printer to the Queenes most excellent Majestie，1600.

④ *Books of Orders*，1600，sig. A3r.

在堂区出售粮食，但购买者每人每次购买数量不得超过一蒲式耳。粮食卖家需要记录每周出售粮食的对象和价格，并呈递给治安法官，不得有任何欺瞒。① 1587 年《政令书》还规定，治安法官还可以运用其他手段来促进饥荒时期粮食市场的运转和穷人的救济。例如，确保所有可用于制作面包的粮食，都用来满足人的食物需求，而不浪费在喂养狗或其他牲畜上，或用来制造淀粉浆等。② 饥馑《政令书》还赋予了治安法官决定当地粮食批发商数目的权力。在16 世纪 90 年代中叶农业歉收接连发生的第二年——1595 年，伊丽莎白一世再次颁布饥馑《政令书》，要求各郡治安法官召开会议，协商从事食物批发商和采买商行业的必要数目，并根据该数目进行调整。③ 此亦为授予地方治安法官一定决定权的体现。

最后，伊丽莎白政府常借助治安法官在地方社会的权威，来辅助其他地方官员与权力机构的工作，监管各项救荒举措的推行。负责挨家挨户搜查余粮的陪审团，要顺利开展工作，需仰赖治安法官的威权。1587 年饥馑《政令书》规定：在调查余粮的过程中，如果有人拒绝汇报实情，陪审团可以将他们带到治安法官面前接受讯问；如果他仍然不愿意讲实话，治安法官可将其投入公共监狱，在他交代实情前不得保释；罪行严重者，将被送到枢密院大臣前，遭受更严厉的惩处和罚款，以儆效尤。④ 治安法官还要负责监督粮食禁运委员会的工作。1587 年《政令书》明文规定：禁止将谷物运出王国，港湾地区尤其应当注意。虽然已有专门的委员负责监管，治

---

① *Books of Orders*，1587，sig. B1v, B2r.
② *Books of Orders*，1587，sig. B4r.
③ *Books of Orders*，1595；*A New Charge given by the Queens commandement*，*to all Justices of Peace*，*and all Maiors*，*Shiriffes*，*and all principall Officers of Cities*，*Boroughs*，*and Townes corporate*，*for execution of sundry orders publishes the last yeere for staie of dearth of Graine*，*with certaine additions nowe this present yeere to be well obserued and executed*，Imprinted at London：by the deputies of Christopher Barker，printer to the Queenes most excellent Maiestie，1595，sig. C2v.
④ *Books of Orders*，1587，sig. A3v.

安法官仍需尽职尽责地阻止粮食从港湾或河流沿岸地区流出。如果委员会成员玩忽职守、徇私枉法，治安法官有权干预。① 1595 年饥馑《政令书》要求地方各官员互相监督，且明确指出如果粮食禁运委员会成员玩忽职守，治安法官有权阻止粮食运输。②

那么，如何确保治安法官认真执行饥馑《政令书》中的各项命令呢？1587 年《政令书》规定：治安法官需定期通过郡守向枢密院汇报命令的执行状况。"治安法官每月向郡守汇报自己的工作进展和命令执行状况。"缺席的治安法官要阐明缺席原因；治安法官需报告过去一个月中市场上各种粮食的价格。郡守在收到治安法官的报告后，应立即向枢密院汇报，每次汇报的时间间隔不得超过 40 天。郡守还要向枢密院报告那些无故耽误工作的治安法官。任何有意曲解《政令书》中相关指示的人，治安法官可将他带到"女王的枢密院"面前予以严惩，以儆效尤。③ 伊丽莎白政府深知治安法官在地方社会的重要地位与作用，因此在饥馑《政令书》中对治安法官提出了种种要求，各项指令的实施效果便与治安法官的作为密切相关。

三、治安法官与饥馑《政令书》在地方的执行

事实上，伊丽莎白一世时期发布的饥馑《政令书》及其他各项救荒政策在地方社会的执行状况，归根到底均取决于各级地方官是否愿意配合，其中治安法官的态度尤为重要。

从治安官员向枢密院呈递的报告中，我们可以发现他们当中其实有不少人认可饥馑《政令书》的正面价值，甚至主动请求下达更加严格的指令。1595 年 10 月 18 日，牛津郡的理查德·法因斯

---

① *Books of Orders*，1587，sig. C2v, C3r.

② *Books of Orders*，1595，sig. C1r - v.

③ *Books of Orders*，1587，sig. C3r - v.

(Sir Richard Fynes) 在致枢密大臣罗伯特·塞西尔 (Robert Cecil) 的信函中，除了汇报当地的谷物状况外，还呼吁更加严格地执行饥馑《政令书》的相关要求。"去年您要求我调查谷物状况，是否像穷人所言那样短缺。我认为，我有责任向您表达我最谦逊的建议。"法因斯指出，"如果女王陛下发送给我们的信函和印制的《政令书》（即要求乡村富有的农场主和谷物麦芽制造商，以及城镇的大麦芽商和粮食贸易商贩停止购买粮食，并强迫他们每天带到市场上一定数量的粮食用于销售）不认真执行，那么即使我们拥有充足的粮食、收成良好，仍会有大量粮食被囤积起来或用于制造麦芽或私下交易，商人从中获得高额利润，而穷人难以从市场上获取粮食。现在穷人已经抱怨市场粮食供应不足，价格居高不下。"因此，法因斯请求罗伯特·塞西尔爵士再次下达指令，严格贯彻饥馑《政令书》等救荒命令："我希望能够发布新的授权令，要求执行《政令书》和信函指令，或许能够减少穷人的抱怨，最终避免不满情绪滋生。"① 可见，法因斯认可饥馑《政令书》的积极作用，并认为其严格执行有助于维护社会秩序。

无独有偶，肯特郡治安法官威廉·兰巴德 (William Lambard) 也呼吁更加严格执行饥馑《政令书》的命令。1596 年 9 月 28 日，威廉·兰巴德在梅德斯通②治安法官季审法庭上指出："在过去谷物和食品匮乏的三年中，我们看到了多少哄抬物价的欺诈行为、囤积居奇者的秘密交易、公开市场上的收购垄断、腐烂变质粮食的售卖、大量粮食的藏匿，以及粮食的私自外运。此外，无许可证的啤酒馆不断滋生，制造麦芽的活动消耗了大量大麦，高浓度酒酿造和淀粉浆制造屡禁不止……还有其他数不胜数的浪费粮食行为，让我

---

① " [Sir Richard Fynes] to Sir Robert Cecil. ," in R. A. Roberts，ed. ，*Calendar of the Manuscripts of the Most Hon. the Marquis of Salisbury*，*Preserved at Hatfield House，Hertfordshire*，vol. 5：1591 – 1595, London：Her Majesty's Stationery Office，1894，pp. 418 – 419.

② 梅德斯通 (Maidstone) 为肯特郡首府。

们在物资极为充裕的今天承受匮乏，这是多么难以忍受、多么痛苦啊！”[①] 威廉·兰巴德认为，要根治这些问题，不能仅仅靠发布命令、颁布法律，关键在于如何严格执行和贯彻这些指令，而这需要依赖地方官员的积极配合。因此，兰巴德呼吁所有公共官员要“不为利益折腰，不为武力威胁，不受恶行煽动，不受金钱或礼物贿赂”，“竭尽全力调查，如实向上汇报”，“秉持对女王和国家的忠贞”。[②] 这也从侧面反映出兰巴德对饥馑《政令书》内容本身的认可，他认为地方官员应该更加严格地执行各项指令，以减少囤积居奇以及粮食浪费行为，让人们有充足的食物。

治安法官的言论和报告也表明，饥馑《政令书》中的指令在一些地区得到有效执行，达到了良好效果。1600 年 7 月，米德尔塞克斯郡的治安法官向枢密院汇报饥馑《政令书》在当地的推行状况。他们在报告中称，已将枢密院的信函在各集镇公开宣读，认可其积极作用：“感谢女王近期颁布了旨在压低粮价的《政令书》，这给穷人带来了莫大安慰。”他们依照命令调查了米德尔塞克斯郡的剩余谷物数量，并竭力保障市场上的粮食供应。他们说这些工作已初见成效：每蒲式耳小麦价格从 7—8 先令降至 5 先令，其他粮食的价格也有类似幅度的下降。他们还随信附上了米德尔塞克斯郡各城镇、堂区和小村庄中各种谷物的存储量，并据此认为当地粮食储备充足，在新的收获季到来前都不用担心价格上涨。[③] 与之类似，1600 年 6 月 27 日，大法官波帕姆向罗伯特·塞西尔报告，说自己在巡游过程中发现饥馑《政令书》的颁布非常合时宜，能够给民众带来

① Conyers Read，ed.，*William Lambarde and Local Government：His 'Ephemeris' and Twentynine Charges to Juries and Commissions*，Ithaca，New York：Cornell University Press，1962，p. 130.

② Conyers Read，ed.，*William Lambarde and Local Government：His 'Ephemeris' and Twentynine Charges to Juries and Commissions*，pp. 131，132.

③ "Fra. Darcy, Amb. Copinger, and J. Barne to the Council.，"in *Calendar of the Manuscripts of the Marquis of Salisbury Preserved at Hatfield House*，vol. 10，London：H. M. S. O，1904，pp. 255－256.

巨大安慰。①

当然，饥馑《政令书》发布后，在地方社会难免遇到重重阻力，治安法官的不配合或不作为是重要原因之一，他们常因在搜查余粮、管控粮食商贩中行动不力而成为中央政府的谴责对象。1598年2月19日，枢密院给沃里克郡的高级郡守和治安法官写信，说收到了他们1月28日的来信。枢密院从中得知沃里克郡一些地区的穷人因粮食严重短缺而抗议，主要原因在于储存有大量谷物的人不愿意将谷物带到市场出售，以及粮商大规模囤积大麦用于制造麦芽。枢密院指出，沃里克郡的治安法官已经认识到症结所在，却没有采取有效措施制止、惩罚这些人，导致市场上粮食供应不足、穷人受苦受难，因此要求他们严格依照指令强迫囤积谷物者在公开市场上出售谷物，并限制该郡麦芽制造和过量采购大麦的活动，将顽固不化者报告给枢密院。②

1600年10月26日，枢密院给各郡郡守和治安法官发送信函，斥责地方政府对相关政策的执行不力：我们发现，郡守和治安法官所安排的管控粮食垄断居奇的人，"非但未能尽职尽责地维护穷人的利益，反倒玩忽职守，以公谋私，导致地方民众怨声载道"。鉴于此，"为了她最关心的臣民的利益，女王不得不要求地方官员定期汇报命令的执行状况（这本来是可以避免的）"。一旦发现有囤积居奇、操控粮价以牟利的人，郡守和治安法官要将其带到枢密院前接受审问。若发现地方官员有任何不当行为，女王有权指派其他人员来调查。③

---

① "Lord Chief Justice Popham to Sir Robert Cecil. ," in *Calendar of the Manuscripts of the Marquis of Salisbury Preserved at Hatfield House*, vol. 10, pp. 201 - 202.

② "19 February, 1597. ," in John Roche Dasent, ed. , *Acts of the Privy Council of England*, New Series, vol. 28: 1597 - 1598, London: Her Majesty's Stationery Office, 1904, pp. 314 - 315.

③ "At the Court at Richmond, the 26 of October, 1600. ," in John Roche Dasent, ed. , *Acts of the Privy Council of England*, New Series, vol. 30: 1599 - 1600, London: Her Majesty's Stationery Office, 1905, pp. 733 - 735.

当某一地区出现粮价上涨或民众因粮食问题而发起骚动时，伊丽莎白政府首先问责的也常是治安法官。在 1600 年 6 月 14 日的星室法庭上，掌玺大臣"像往常一样"，规劝各法官和治安法官要各司其职，认真履行自己的职责。治安法官尤其要时时关注谷物和其他物品的价格，铭记之前囤积商如何造成谷物价格突然暴涨。掌玺大臣要求各地治安法官吸取教训，避免此类情况再次发生，仔细搜查并严惩垄断商和囤积商，以确保粮食和其他物品价格合理。此外，对于民众谴责的粮食外运行为，掌玺大臣指出近来一些诽谤者恶意中伤"女王陛下的官员"，他们污蔑说财务大臣给大量粮食运输商发放许可证。事实上，"财务大臣只是批准几个郡的治安法官可以允许谷物运输，否则那里的农民就难以为继"。① 几个月后，枢密院再次强调造成市场上粮食短缺和价格上涨的首要原因，在于粮食商贩的囤积行为以及地方官员的监管不力，而非中央政府的粮食外运行为。可见，伊丽莎白政府对治安法官等地方官员的谴责，有时是出于危机时转嫁民众不满的需要。

的确有一些治安法官因为个人私利而罔顾《政令书》的要求，针对这种情况，伊丽莎白政府号召神职人员予以敦促、劝说。1596年 8 月 8 日，枢密院给坎特伯雷大主教发送信函，重申最近两三个月整个王国范围内各种粮食短缺的原因：主要在于那些过度追求不道德私利的农场主和垄断居奇谷物的人。枢密院指出，"尽管女王出于对人民的体恤，近两年发布了很多有效的公告和敕令"，但由于治安法官的玩忽职守，而且一些治安法官本人就是大谷物持有者，造成指令未得到贯彻、谷物价格被人为抬高。鉴于此，枢密院希望坎特伯雷大主教能够劝说治安法官尽职尽责，并号召所有牧师通过布道等消除农场主和谷物所有者压榨穷苦邻居的不道德、非基

---

① "The Court of Star Chamber. ," in *Calendar of the Manuscripts of the Marquis of Salisbury Preserved at Hatfield House*，vol. 5，London：H. M. S. O，1894，pp. 182 - 185.

督徒行为，鼓励富人救济穷人。[①] 在收到该信函后，1596 年 8 月 10 日，大主教惠特吉夫特给各主教写信，传达了中央政府对粮食短缺问题的看法和决策，并号召各地区主教劝说各教区的牧师和治安法官认真执行救荒指令。[②] 伊丽莎白政府在多个文件中表示对治安法官未能执行饥馑《政令书》的谴责，并相信若他们尽职尽责，将能成功解决民众粮食匮乏的问题。那么，饥馑《政令书》在地方执行时，为什么会遭遇重重阻力，一些治安法官不愿意配合呢？

四、治安法官的请愿与提议

如前所述，英国史学家 A. 弗莱彻在分析了斯图亚特时期饥馑《政令书》的执行状况后，认为《政令书》是"不灵活的手段"，只有依靠地方治安法官的行动和配合才能实现，而这些治安法官常常忽视或篡改《政令书》中要求为穷人提供救济的命令，因而难以达到其目标。[③] 事实上，伊丽莎白一世时期的治安法官虽然要受到饥馑《政令书》及各类权力机构的制约，但他们并非救荒政策被动的接受者和单纯的执行者，而能够通过各类渠道来建言献策，有机会影响到政策的制定和修订。

与饥馑《政令书》对粮食商贩的严格管控不同，一些治安法官希望放宽对粮食商贩的管控。尤其是对于粮食较为匮乏的地区而言，粮食中间商、批发商能够从充沛地区运来粮食，进而缓解本地

---

① "8 August. ," in John Roche Dasent, ed. , *Acts of the Privy Council of England*, New Series, vol. 26: 1596 - 7, London: Her Majesty's Stationery Office, 1902, pp. 94 - 96.

② Edward Cardwell, ed. , *Documentary Annals of the Reformed Church of England*, vol. 2: Oxford: Oxford University Press, 1844, pp. 53 - 56, in Ian W. Archer and F. Douglas Price, eds. , *English Historical Documents*, vol. V (A): 1558 - 1603, pp. 1138 - 1139.

③ A. Fletcher, *Reform in the Provinces: The Government of Stuart England*, New Haven: Yale University Press, p. 193.

的苦难，因而这些地区的治安法官也不完全反对他们的活动。1586
年 3 月，即第一部饥馑《政令书》颁布之前，萨里郡的治安法官就
曾向枢密院请愿，希望允许本地的公共烘焙商和批发商到南安普敦
郡的公开市场采购粮食，用来供应萨里郡的穷人。① 1586 年 5 月 31
日，格洛斯特郡的治安法官给枢密院写信，说他们为了执行向市场
供应粮食的命令，给一些公共批发商发放了许可证，因为他们有益
于公共福祉。② 可见，与中央政府抨击匮乏时期粮食批发商的观点
不同，地方治安法官更多从本地利益出发，反倒认为这些人有利于
改善当地粮食供需紧张的局面。中央政府对地方的请愿并非无动于
衷，它有时也会允许粮食商贩活动，并维护商贩的合法利益。1587
年 4 月 19 日，枢密院在收到萨里郡的请愿后，给温切斯特侯爵写
信，准许萨里郡的批发商等从其他地区采购粮食，以缓解当地粮食
短缺的状况。③

　　由于自然条件的差异，在饥荒年份中一些地区的粮食收成状况
相对较好，在供应本地居民之后还有剩余。此时，为了保护当地农
耕者的利益，这些地区的治安法官希望保留适量的粮食商贩，请求
允许将多余的粮食转卖至其他地区或出口到国外。以农耕为主的诺
福克郡即是如此。据诺福克郡治安法官统计，当地四分之三以上的
土地用于耕作、种植粮食，他们认为如果完全禁止粮食批发商的活
动和粮食外运，粮食价格就会被压低甚至失去销路，进而损害粮食

---

① " ［Meeting］Marche，1586，at Greenwich. ，" in John Roche Dasent，ed. ，*Acts of the Privy Council of England*，New Series，vol. 14：1586 - 1587，London：Printed for Her Majesty's Stationery Office by Byre and Spottiswoode，1897，p. 62.

② "Justices of Gloucestershire to the Council. ，" in R. Lemon，ed. ，*Calendar of State Papers*，*Domestic Series*，*of the Reign of Elizabeth*，1581 - 1590，vol. CLXXXIX，50，London：Longman，1865，p. 330.

③ " ［Meeting］19 Aprilis，1587. ，" in John Roche Dasent，ed. ，*Acts of the Privy Council of England*，New Series，vol. 15：1587 - 1588，p. 40.

生产者的利益，因此他们请求宽恕批发商。① 他们还向枢密院请愿，希望将是否允许本地粮食运输的决定权下放给沿海郡的治安法官，且准许粮食充裕的郡出口粮食到海外或运到国内其他港口，以促进农耕。他们甚至认为应该保持高粮价，而非压低粮价，否则人们会怠于劳作，滋生懒惰和犯罪。粮食是英国重要的出口商品，禁止粮食出口会让人们无法缴纳补助金等税赋，还会阻碍英国航运业的发展。② 总之，对诺福克郡治安法官来说，保留足够的粮食商贩以及允许粮食出口不仅能够促进当地的经济发展、维护社会秩序，而且有利于整个国家的公共福祉。③ 故多次向中央政府请愿，希望允许自由出口粮食。

诺福克郡的这一请求后来得到回应。1588 年 2 月 25 日，枢密院给财务大臣写信，说由于去年王国范围内粮食普遍短缺价昂，故枢密院给粮食禁运委员会发送信函，要求他们严格限制任何粮食运输到国外。而如今，枢密院收到诺福克郡治安法官和其他绅士的信函，得知该郡居民向他们请愿，说由于各种粮食和羊毛价格下跌，他们难以承受高额的税负。为了维持生计、促进农耕活动，他们请求允许将多余的粮食运到海外。枢密院指出，鉴于诺福克郡的大麦和麦芽尤为充沛，而荷兰省和泽兰省极为需要这两种物品，故应该同意诺福克郡像之前那样向外输出适当数量的大麦和麦芽。同时，考虑到外国人曾向他们输送鱼和其他必需品，故枢密院给各港口官员下令，允许诺福克郡居民将大麦和麦芽出口到英国的盟友国，但

---

① H. W. Saunders, *The Official Papers of Sir Nathaniel Bacon of Stiffkey*, *Norfolk as Jusctie of the Peace*, *1580 - 1620*, elected and Edited for the Royal Historical Society from Original Papers Formerly in the Collection of the Marquess Townshend, Camden Third Series, vol. 26, London: Offices of the Society, 1915, pp. xxxvi - xxxvii, 134 - 135, 136 - 137.

② H. W. Saunders, *The Official Papers of Sir Nathaniel Bacon of Stiffkey*, *Norfolk as Jusctie of the Peace*, *1580 - 1620*, vol. 26, pp. 130 - 132.

③ H. W. Saunders, *The Official Papers of Sir Nathaniel Bacon of Stiffkey*, *Norfolk as Jusctie of the Peace*, *1580 - 1620*, vol. 26, p. 134.

需严格控制数量，不得导致本国谷物价格上涨或产生其他损害。①

综上，治安法官根据自己对当地实际情况的了解，在定期向伊丽莎白女王和枢密院报告饥馑《政令书》及其他各项救荒政策执行状况的同时，能够向上反映当地居民的呼声，为中央政府制定和修改决策提供一定参考，他们的一些请求也得到了正面回应。

结语

总体来看，伊丽莎白一世时期饥馑《政令书》的发布与执行，适应了当时的现实需要，且符合饥荒年份中大多数地区的实际状况，展现了伊丽莎白政府解决粮食短缺与饥荒问题的态度。英国史学家 R. B. 乌思怀特曾指出，16 世纪晚期到 17 世纪末英国政府对粮食市场的干预发生了两个变化：一个是议会有关海外谷物贸易的立法有显著变化；另一个是在粮食匮乏年份，中央政府——国王和议会越来越不愿意干预谷物市场，主动权转移到地方官员和地方社区手中。② 从伊丽莎白一世时期的救荒举措来看，议会和谷物法令起到的作用较小，在紧急时期，君主时常运用自己的特权，凌驾于法令之上。③ 不过伊丽莎白女王及其枢密院并没有放松对粮食市场与地方粮食状况的关注和干预，只不过他们把行政压力转嫁给地方，通过要求地方官员定期汇报执行命令的状况，来加强对地方社会的控制，实践其救荒政策。

---

① "25 *Februarij*. 1587，*apud* Greenewich. ，" in John Roche Dasent，ed. ，*Acts of the Privy Council of England*，New Series，vol. 15：1587 - 1588，London：Printed for Her Majesty's Stationery Office，1897，pp. 397 - 398.

② R. B. Outhwaite，"Dearth and Government Intervention in English Grain Markets，1590 - 1700，" *Economic History Review*，vol. 34，no. 3（Aug. 1981），pp. 389 - 406.

③ N. S. B. Gras，*The Evolution of the English Corn Market*，p. 230.

用行政命令取代法律法规的做法，是危机时期紧急情况的产物，但英国长久以来的地方自治传统确保了其执行成效。依靠治安法官来推进地方社会的管理和维护社会秩序，可谓近代早期英国的一大特色，体现了"国王治下的自治"。在缺乏现代意义上官僚机构的伊丽莎白一世时期（整个英国领薪俸的官员只有 1200 名，而法国有 4000 至 5000 名），政治管理以及政策的执行高度依赖地方精英等非专业官员，尤其是治安法官的配合。①

从饥馑《政令书》在地方社会的贯彻来看，治安法官在此过程中扮演了中央与地方之间沟通者和减压阀的角色。虽然中央政府对治安法官等地方管理者、统治者的任命有相当大的决定权，② 但他们在执行救荒指令的过程中，既有合作又有沟通、协商，且被赋予了一定的决定权。尤为重要的是，治安法官基于对地方实际情况的深入了解，通过报告和请愿等方式表达自己的看法，维护当地人民的利益，时常能够促进中央决策的制定、调整或变革，有助于减轻民众对中央政府的不满，进而维持社会秩序的安定。因此，正如英国学者 J. A. 夏普（J. A. Sharpe）所言，1585—1603 年英国社会虽然经历了各种问题，给统治者和被统治者都带来了种种紧张态势，但是从后世的眼光来看，这些问题并没有给英国社会带来当时人惧怕的那种严重威胁。③ 这与饥馑《政令书》的推行和治安法官的作用不无关联。此后至 17 世纪 40 年代革命前，在出现食物危机的

① Steve Hindle, "County Government in England," in Robert Tittler and Norman Jones, eds., *A Companion to Tudor Britain*, p. 98; Norman L. Jones, "Of Poetry and Politics: The Managerial Culture of Sixteenth-Century England," in Peter Iver Kaufman, ed., *Leadership and Elizabethan Culture*, New York: Palgrave Macmillan, 2013, p. 19.

② Alison Wall, "'The Greatest Disgrace': The Making and Unmaking of JPs in Elizabethan and Jacobean England," *The English Historical Review*, vol. 119, no. 481 (Apr., 2004), p. 312.

③ J. A. Sharpe, "Social Strain and Social Dislocation, 1585 - 1603," in J. A. Guy, ed., *The Reign of Elizabeth I: Court and Culture in the Last Decade*, Cambridge: Cambridge University Press, 1995, p. 209.

1608 年、1622 年和 1630 年,英国政府也多次重新颁布饥馑《政令书》,且几乎完全照搬伊丽莎白一世时期的内容,可见该时期饥馑《政令书》在一段时间内经受了检验。

信息搜集与国家治理：近代早期
英格兰信息国家的兴起

初庆东

（华中师范大学历史文化学院）

  信息时代的来临引发史学的革新，"信息转向"正成为史学发展的新趋势。① 信息爆炸与信息安全改变着人们的日常生活，"信息社会"也成为人们耳熟能详的称谓。但人类对信息的重视古已有之，"信息社会"也非新事物。"新文化史"的旗手罗伯特·达恩顿就认为"每一个时代都是各具特征的信息时代"②。信息是国家决策的依据，信息的搜集汇聚关涉国家治理的效果。在 16、17 世纪英格兰从传统农业社会向现代工业社会转型的时代，国家搜集信息的范围与规模达到前所未有的程度，政务文书的数量和重要性也日益凸显，形成了彼得·伯克所言的"文书国家"③，或爱德华·海格斯所说的"信息国家"④。

---

① 参见王旭东：《信息史学建构的跨学科探索》，《中国社会科学》2019 年第 7 期。

② Robert Darnton, "An Early Information Society: News and the Media in Eighteenth-Century Paris," *The American Historical Review*, Vol. 105, No. 1 (Feb., 2000), p. 1.

③ Peter Burke, *A Social History of Knowledge: From Gutenberg to Diderot*, Cambridge: Polity Press, 2000, p. 119.

④ Edward Higgs, "The Rise of the Information State: The Development of Central State Surveillance of the Citizen in England, 1500 – 2000," *Journal of Historical Sociology*, Vol. 14, No. 2 (June, 2001), pp. 175 – 197; Edward Higgs, *The Information State in England: The Central Collection of Information on Citizens since 1500*, Basingstoke: Palgrave, 2004.

　　1662 年，约翰·格兰特（John Graunt）利用伦敦教区的死亡记录，对死亡人口进行分类统计。[①] 1690 年威廉·配第出版《政治算术》一书，在这部完成于 1671—1676 年的著作中，配第宣称："凡关于统治的事项，以及同君主的荣耀、人民的幸福和繁盛有极大关系的事项，都可以用算术的一般法则加以论证。"[②] 他的"政治算术"就是用"数字、重量和尺度"这些真实的内容来描述一个国家的社会经济状况。[③] 在格兰特和配第对数目字的重视之前，英格兰就出现了一种"信息文化"，时人对数字等信息的重视程度空前，形成了不折不扣的信息国家。

　　随着"知识社会史"研究路径的兴起，研治近代早期英国史的学者们近年来开始关注信息与社会的交融。[④] 保罗·斯莱克对 17 世纪英格兰的"信息系统"作了初步探讨[⑤]，保罗·格里菲思则聚焦16、17 世纪英格兰地方政府通过各类调查，搜集信息，进而制定政策[⑥]。尼古拉斯·波珀专注于考察伊丽莎白一世政府对外交信息的搜集。[⑦] 承载这些信息的国家文书档案也进入学者们的研究视野，亚历山德拉·沃尔沙姆等人考察了近代早期国家文书档案与信息的

① John Graunt, *Natural and Political Observations Mentioned in a Following Index*, *and Made upon the Bills of Mortality*, London: Royal Society, 1662.
② 威廉·配第：《政治算术》，陈冬野译，北京：商务印书馆，2014 年，第 4 页。
③ 威廉·配第：《政治算术》，第 8—9 页。
④ "知识社会史"研究路径的代表人物是彼得·伯克，相关著作有 Peter Burke, *A Social History of Knowledge*: *From Gutenberg to Diderot*, Cambridge: Polity Press, 2000; Peter Burke, *What is the History of Knowledge?* Cambridge: Polity Press, 2016。
⑤ Paul Slack, "Government and Information in Seventeenth-Century England," *Past & Present*, No. 184 (Aug., 2004), pp. 33 - 68.
⑥ Paul Griffiths, "Local Arithmetic: Information Cultures in Early Modern England," in Steve Hindle, Alexandra Shepard and John Walter, eds., *Remaking English Society*, Woodbridge: Boydell and Brewer, 2013, pp. 113 - 134; Paul Griffiths, "Surveying the People," in Keith Wrightson, ed., *A Social History of England*, *1500 - 1700*, Cambridge: Cambridge University Press, 2017, pp. 39 - 59.
⑦ Nicholas Popper, "An Information State for Elizabethan England," *The Journal of Modern History*, No. 90 (Sept., 2018), pp. 33 - 68.

关系，涉及文书档案的制作、传播、保存、控制等问题。① 但这些研究未能充分关注信息搜集与国家治理的关系，这就遮蔽了近代早期英格兰信息国家的多重面相。相较而言，国内学界虽然在中国古史领域对信息沟通、文书行政等主题多有研究，但世界史领域的相关研究殊为薄弱。② 基于此，本文在已有研究的基础上，从信息搜集与运用的角度考察近代早期英格兰应对社会问题的制度安排与权力博弈，管窥英格兰在社会转型时期解决社会问题的制度安排与运作实态。

一、信息国家兴起的动因

1626 年，切斯特（Chester）市政官员发现市政档案存有遗漏，这让他们惴惴不安。负责档案记录的书记员罗伯特·布伦特伍德（Robert Brerewood）成为众矢之的。市政官员指责布伦特伍德对市长和法官出言不逊、渎职和中饱私囊，造成行政管理的混乱。他们批评布伦特伍德自从在别处兼职后，就没有将市政指令和陪审员的名单记录在册。更糟糕的是，他恶意篡改市政指令、起诉书和判决书。在市政官员看来，布伦特伍德的行为严重妨碍司法公正，使城市蒙羞。他们为此感到焦虑不安，当即解除布伦特伍德书记员的职务，并寻找保管市政档案的合适人选。③ 对切斯特而言，此时没有比让城市档案恢复秩序更加重要的事情。这是因为市政档案中记载

---

① Kate Peters, Alexandra Walsham and Liesbeth Corens, eds., *Archives and Information in the Early Modern World*, Oxford: Oxford University Press, 2018.

② 中国古史研究的代表性成果有卜宪群：《秦汉公文文书与官僚行政管理》，《历史研究》1997 年第 4 期；邓小南：《宋代信息渠道举隅：以宋廷对地方政绩的考察为例》，《历史研究》2008 年第 3 期；邓小南：《信息渠道的通塞：从宋代"言路"看制度文化》，《中国社会科学》2019 年第 1 期；吴佩林：《清代中后期州县衙门"叙供"的文书制作》，《历史研究》2017 年第 5 期。世界史领域的相关研究，参见杜宣莹：《女王之死：伊丽莎白一世时期的权力政治（1568—1590）》，北京：社会科学文献出版社，2022 年。

③ Cited in Paul Griffiths, "Local Arithmetic: Information Cultures in Early Modern England," p. 113.

的信息对市政管理关系重大，是政府制定政策必不可少的参考。这种情况不限于英格兰，而是欧洲不同地域普遍存在的发展趋势。彼得·伯克指出近代早期不同地域都存在着这样一种普遍趋势，"人们将越来越多的信息收集起来，并同时通过计算图表或统计模型的方式对其进行加工整合……政府掌控信息原本只是为了应对一些特殊状况或危机，如暴动、瘟疫和战争等，但不可否认的是，这一做法后来逐渐演变成了一种处理日常公务的惯用方式。"[1]

近代早期英格兰深受犯罪、贫困、饥荒和瘟疫等社会问题的困扰，这些社会问题致使社会压力增大，社会关系日趋紧张。就犯罪问题而言，16世纪一位到访英格兰的意大利人认为"世界上没有哪个国家比英格兰有更多的盗贼"[2]。从16世纪中叶到内战前夕，英格兰各类法庭的诉讼数量均达到历史高峰，特别是与之前和之后的年代对比后，1560年到1640年的诉讼数量成为英格兰诉讼史上的最高峰。[3] 伊丽莎白一世后期，全国诉讼总量是15世纪末的10倍之上，到1640年又翻一番。[4] 这一时期英格兰的贫困问题也日益凸显，从16世纪初开始英格兰贫困人口数量占总人口数量的三分之一左右。之后，贫困人口数量继续增加，约占总人口的三分之二。[5] 饥荒与瘟疫频仍又加剧这一时期的社会压力。1555年和1556年，英格兰发生严重饥荒，随后又暴发瘟疫，造成20％的人口相继

---

① 彼得·伯克：《知识社会史》（上卷），陈志宏、王婉旎译，杭州：浙江大学出版社，2016年，第125页。

② *A Relation*, *or rather a True Account*, *of the Island of England*, trans. Charlotte Augusta Sneyd, London：Camden Society, 1847, p. 34.

③ 初庆东：《近代早期英国"诉讼爆炸"现象探析》，《史林》2014年第5期。

④ Christopher Brooks, "A Law-Abiding and Litigious Society," in John S. Morrill, ed., *The Oxford Illustrated History of Tudor and Stuart Britain*, Oxford：Oxford University Press, 1996, p. 140.

⑤ Derek Charman, "Wealth and Trade in Leicester in the Early Sixteenth Century," *Transactions of the Leicestershire Archaeological Society*, Vol. 25 (1949), pp. 84, 94-95; J. F. Pound, "The Social and Trade Structure of Norwich 1525-1575," *Past and Present*, No. 34 (Jul., 1966), pp. 50, 63; W. G. Hoskins, *Provincial England*：*Essays in Social and Economic History*, London：Macmillan, 1963, p. 84.

死亡。① 在 1587—1588 年、1597—1598 年、1622—1623 年英格兰先后遭遇饥荒。1623 年，在林肯郡，穷人因为市场价格太高买不起粮食，不得不屠狗宰马充饥。这种状况一直持续到 17 世纪中叶才得以缓解。② 当犯罪、贫困、饥荒和瘟疫等问题同时发生在 16 世纪中叶到 17 世纪中叶的英格兰时，英格兰的社会压力可想而知。有效应对这些社会问题的第一步，便是要掌握这些社会问题的成因、范围与程度等相关信息，由此信息国家顺势而起。

从 16 世纪中叶到内战前夕，英格兰的人口数量大体保持持续增长的态势。英格兰在 1541 年的人口约 277 万，到 1641 年增加到 509 万。内战之后，英格兰人口总数基本稳定，一直持续到 18 世纪。与人口增长同步的是物价飞涨。1541 到 1656 年间，人口增长近两倍，而物价增幅却超过三倍。③ 以英格兰南部为例，食物价格在 1450 年到 16 世纪初一直相对稳定，但到 16 世纪 40 年代食物价格翻倍，到 16 世纪 70 年代食物价格已增加三倍，等到 17 世纪初食物价格的增幅已达六倍。④ 物价飞涨致使劳工上涨的名义工资跟不上食物价格的飙升，这导致劳工的实际工资下降，他们陷入更加贫困的境地。劳工的日工资购买力从 16 世纪初开始下降，到 16 世纪中叶下降的幅度更大。⑤ 与劳工境遇截然相反的是，以土地利润为主要收入的领主和约曼农生活更加富裕，这就使得贫富差距愈益扩大。⑥ 为满足不同地

---

① F. J. Fisher, "Influenza and Inflation in Tudor England," *The Economic History Review*, New Series, Vol. 18, No. 1 (1965), p. 127.

② 向荣：《告别饥荒：近代早期英国的农业革命》，《光明日报》2017 年 06 月 19 日 14 版。

③ E. A. Wrigley and R. S. Schofield, *The Population History of England* 1541 - 1871: *A Reconstruction*, Cambridge: Cambridge University Press, 1989, pp. 208 - 209, 402.

④ R. B. Outhwaite, *Inflation in Tudor and Early Stuart England*, London: Macmillan, 1969, p. 10.

⑤ Thorold Rogers, *Six Centuries of Work and Wages: The History of English Labour*, London: W. S. Sonnenschein, 1884, p. 326.

⑥ Joan Thirsk, ed., *The Agrarian History of England and Wales*, Vol. IV: 1500 - 1640, Cambridge: Cambridge University Press, 1967, pp. 302 - 305.

区的生活所需，国内贸易随之发展起来，这促使生产的专业化与市场化，从而使得许多乡村成为以城市为中心的区域经济的组成部分。例如，伦敦的食物市场就延展到周边各郡，它们为伦敦提供蔬菜、乳制品和谷物等商品。[①] 到 17 世纪中叶，英格兰不同地域间都有经常性贸易往来，这就促生了一批以贸易为生的中间商。中间商为获得利润，往往倒买倒卖、哄抬物价，特别是在饥荒时期，这就要求政府加强对市场监管，以保障穷人维持生计所需。

近代早期英格兰的经济分化为中等收入者（middling sort）的崛起提供了物质条件。"中等收入者"是"在中世纪等级制度瓦解之后从平民中分化出来的富裕社会阶层，包括城市市民和农村的'约曼农'"，他们勤劳节俭、行为庄重。[②] 从 16 世纪末开始，伊丽莎白济贫法规定教区负担救济穷人的重任，而"中等收入者"是教区济贫资金的主要承担者，所以穷人成为"中等收入者"的济贫负担，有损他们的经济利益。[③] 同时，自 16 世纪宗教改革以来，清教徒猛烈抨击有违上帝的行为，包括酗酒、非婚性行为等，而这些行为的主体又是穷人。以非婚性行为为例，埃塞克斯郡特灵村在1570—1699 年间非婚性行为者的社会地位以穷人和名不见经传之人为主。[④] 在此情形下，"中等收入者"改变了对穷人的态度，由之前的慈善救济转为强制规训。"中等收入者"越来越多地加入地方政府，他们与乡绅一道影响国家政策的制定与推行。这一时期英格兰教育水平的提高为乡绅和"中等收入者"阅读和书写提供了条件。以肯特郡、诺福克郡、北安普顿郡、萨默塞特郡、伍斯特郡、北约克郡等郡中担任治安法官的乡绅为例，1562 年六郡治安法官中接

① F. J. Fisher，"The Development of the London Food Market，1540 - 1640，"*The Economic History Review*，Vol. 5，No. 2（Apr.，，1935），pp. 46 - 64.

② 向荣：《啤酒馆问题与近代早期英国文化和价值观念的冲突》，《世界历史》2005 年第 5 期。

③ 初庆东：《近代早期英国治安法官的济贫实践》，《世界历史》2017 年第 3 期。

④ Keith Wrightson and David Levine，*Poverty and Piety in an English Village：Terling，1525 - 1700*，Oxford：Clarendon Press，1995，pp. 128 - 130.

受大学教育的比例仅为 4.89%，但到 1636 年六郡治安法官中接受大学教育的比例猛增至 61.65%。① 又如，1640 年莱斯特郡约曼农的文盲率为 55%，而农夫的文盲率超过 80%，劳工和仆人的文盲率超过 90%。② "中等收入者"加入地方政府，为搜集和整理地方信息注入活力，成为信息国家兴起的重要推手。

在信息搜集的范围与规模达到前所未有之程度的同时，国家权力日益向地方渗透，正如基斯·赖特森所言，"不论'都铎专制主义'是否存在，但毫无疑义的是，16、17 世纪中央政府的有效权力，特别是对地方管理的控制权，有极大扩大。"③ 与此同时，政府权威的表现形式也日益走向私密化。尽管近代早期英格兰政府的权威在公共展示方面仍有重要体现，但其重要性逐步下降，而秘密的规训和政府权威形式在 17 世纪变得越来越普遍。④ 以刑罚为例，绞刑、公开鞭笞等向公众展示的刑罚在 16 世纪还比较普遍，但到 17 世纪刑罚愈益集中到教养院，不再向公众公开展示，从而成为私密的。从 17 世纪开始，英格兰政府的权威日益转向内部和室内，从而使得信息传递变得更加重要，这成为信息国家兴起的政治动因。

二、信息网络的形成

为搜集和控制信息，近代早期英格兰构筑起比较完备的信息网络。由于近代早期英格兰的军事官僚国家机器比较薄弱，这就使得英格兰无法以行政权为主导实行"命令—服从"式威权统治，代之

① J. H. Gleason, *The Justices of the Peace in England 1558 to 1640: A Later Eirenarcha*, Oxford: Clarendon Press, 1969, pp. 123 - 245.

② Keith Wrightson and David Levine, *Poverty and Piety in an English Village: Terling, 1525 - 1700*, p. 16.

③ Keith Wrightson and David Levine, *Poverty and Piety in an English Village: Terling, 1525 - 1700*, p. 7.

④ Paul Griffiths, "Local Arithmetic: Information Cultures in Early Modern England," p. 117.

而行的是具有"行政司法化"特征的司法控制模式。① 英格兰的行政司法化，以司法机构弥补官僚机构的不足，由此近代早期英格兰的信息网络呈现出行政网络与司法网络交织的特点。

英格兰行政司法化的国家模式决定了国家权力并非垄断在国王之手，而是分散在从中央到教区的各级官员之手。在中央层面，以国王、枢密院和议会为权力主体。都铎时期王权的加强"不是以牺牲议会为代价，而是通过有意识地利用议会、借助议会的支持与合作实现的"②。宗教改革之后，议会获得了至高无上的法律地位，成为国家的最高权力机构。伊丽莎白一世时期的政论家托马斯·史密斯爵士在《盎格鲁共和国》一书中指出，"英格兰至高无上的权力在议会中"③。国王成为议会的组成部分，与议会共享国家最高主权，从而形成"王在议会"的国家主权原则。在议会之外，国王日益倚重枢密院处理国务。枢密院起源于中世纪的贤人会议，经过都铎时期的政府改革，它成为不具代议性质的、兼具咨询和行政职能的、常设的政府机构。④ 枢密院在近代早期位居中央政府的核心地位，成为国王唯一的征询机构，承担治理国家的大部分职能。

在郡层面，以治安法官、郡督（Lord Lieutenant）、郡长（Sheriff）为权力主体。近代早期英格兰郡政府的权力结构发生重大变化，这集中表现为郡长权力的式微，治安法官和郡督权力的膨胀。都铎时期，郡长的主要权力转移到治安法官和郡督之手，但郡长仍承担大量的司法与行政工作。郡督接管郡长领导地方军队的权力，主要负责维持秩序与抵御外侵。治安法官在都铎时期一跃成为郡政府的权力中枢，控制地方司法与行政大权。治安法官负责逮捕

---

① 何国强、李栋：《早期英格兰行政司法化传统的宪政意义》，《广东社会科学》2012 年第 4 期。

② 程汉大：《英国政治制度史》，北京：中国社会科学出版社，1995 年，第 158 页。

③ Sir Thomas Smith, *De Republica Anglorum*, edited by Mary Dewar, Cambridge: Cambridge University Press，1982，p. 78.

④ 边瑶：《都铎中期枢密院建制两方案探析》，《世界历史》2016 年第 3 期。

盗贼与流民、镇压骚乱，以及惩处其他所有的轻罪。① 到 17 世纪，治安法官被认为是"保证王国安宁的政府结构形式，是其他基督教世界所没有的"②。实际上，地方政府的所有事务，包括厘定工资与物价、征收税款、惩罚天主教徒和流民以及袭击他人者、管理济贫法等，都在治安法官的工作范围内。③

在教区层面，教堂执事（churchwarden）、济贫管理员（overseer of the poor）、警役（constable）构成教区政府的权力主体。都铎时期，随着济贫法的颁布，教区成为英格兰基层行政组织。从中世纪开始，教区选举自己的官员和成立征收与分配共有资金的组织。教区居民每年选举两名教堂执事，教堂执事负责管理遗赠给教堂的房屋税或土地税等所得收入，用作维修教堂等开销。教区收入还包括教区税，从 15 世纪开始，征收教区税是教堂执事的主要职责。低级警役由民事庄园法庭任命，为村或镇服务，其司法辖区经常与教区基本重合。都铎政府在济贫改革时充分利用这一现存的管理机构，教堂执事与新设立的济贫管理员共同负责济贫事务，警役则负责将流民遣返回法定居住地。警役和教堂执事负责根据季审法庭的规定征收教区税，以救济贫困囚犯、供应慈善救济院和救济残疾士兵。教区官员与治安法官的联系人是高级警役，每个百户区有两名高级警役。高级警役负责维持秩序、监督低级警役、向治安法官通报辖区情况。高级警役还负责分配教区的税额，并将教区上交的各种税收按季度交给财政官员。④

在从中央到地方的行政网络之外，英格兰还构筑了遍布全国的

---

① Sir Thomas Smith, *De Republica Anglorum*, p. 104.

② Sir Edward Coke, *Fourth Part of the Institutes of the Laws of England*, London, 1644, p. 170.

③ Winifrid Elizabeth Lewis, *Local Government under Elizabeth*, *with Special Reference to Staffordshire and its Quarter Sessions Rolls*, [no publication information], 1933, p. 2.

④ D. H. Allen, ed., *Essex Quarter Sessions Order Book 1652‐1661*, Chelmsford: The Essex County Council, 1974, pp. xiii‐xiv.

"法庭之网"，这些法庭是英格兰行政司法化的载体。近代早期英格兰的法庭体系包括三大部分：中央法庭、地方法庭、教会法庭。中央法庭包括王座法庭、普通诉讼法庭、大法官法庭、财政法庭、恳请法庭、星室法庭、巡回法庭，以及地方性的中央法庭（主要包括达勒姆特区法庭、切斯特特区法庭、兰开斯特公爵特区法庭、边境法庭、北方法庭）等。地方法庭根据行政单位划分为郡法庭、季审法庭、市镇法庭、庄园法庭、百户区法庭等。中央法庭与地方法庭均属于世俗法庭，与此对应的是教会法庭，包括从坎特伯雷和约克的大主教法庭到地方上的教区法庭。

在这一司法网络中，巡回法庭和季审法庭在沟通中央与地方、推进国家治理中发挥着重要作用。近代早期英格兰巡回法庭的组织结构日趋完善与成熟，巡回区也渐趋固定。巡回次数是每年两次，通常在二月底或三月的大斋期（冬季巡回）和七月或八月初的圣三一假期（夏季巡回）。巡回法官两人一组，到各自巡回区召开巡回法庭。巡回法庭不仅是一个法庭，也是一个委员会。作为司法组织，巡回法庭具有司法职能；作为全郡官员商讨地方治理的场所，巡回法庭又具行政职能。在刑事听审授权令与提审囚犯授权令之下，巡回法官有权判决叛国罪、重罪、轻罪和审判巡回区内被囚禁的其他嫌犯。在民事诉讼令状的授权下，巡回法官有权受理民事诉讼。枢密院将巡回法官看作唯一能够有效处理既得利益或地方权贵间纠纷的地方代理人。巡回法官成为比有党派与利益冲突的治安法官，更公正实施调查和更可信赖的工具，而且巡回法官更能对触犯法律者予以惩处。巡回法官比治安法官能更好地处理叛乱、滥征税、对代理律师与揭发者的抱怨、与基督教或行政官员相关的冲突、伪证、滥讼、继承土地或孤儿地产等纠纷。①

---

① Thomas G. Barnes, ed., *Somerset Assize Orders 1629 - 1640*, Somerset Record Society, Vol. LXV, 1959, p. xxiii; J. S. Cockburn, *A History of English Assizes 1558 -1714*, Cambridge: Cambridge University Press, 1972, pp. 175 - 177, 179.

如果说巡回法庭是中央政府的代表，那么季审法庭则是郡政府的专属。季审法庭是治安法官履行国家法令与治安委员会规定职责的司法组织，每年召开四次。季审法庭处理的案件范围广泛，除叛国罪、谋杀罪等重罪由巡回法庭审理和一些由教会法庭审理的道德与宗教案件外，其他案件几乎全部由季审法庭审理。季审法庭审理最多的案件是民众普遍讨厌的行为，如酗酒、泼妇（common scolds）、非法啤酒馆等。违反狩猎法者、夜间为非作歹者、夜间流浪者等，也经常出现在季审法庭。季审法庭还受理诽谤（libel）诉讼，特别是关于当权者、欺诈恶行（barratry）（邻里间争吵引发的）、敲诈（extortion）和诈骗（fraud）等诽谤。季审法庭也负责调查与惩罚地方官员的违法行为，包括渎职、敲诈、腐败以及其他罪行。季审法庭还处理雇主与仆人间的劳资纠纷，惩处哄抬物价者（forestallers）、囤积居奇者（regrators）和垄断商品者（engrossers）。① 与巡回法庭一样，季审法庭不仅是司法组织，也是行政组织。在一定程度上，季审法庭是郡政府官员的一次大聚会。② 郡中官员聚在季审法庭之所，讨论公共事务，根据地方需求进行活动，对地方治理具有重大意义。

如上所述，巡回法庭和季审法庭均可审理司法与行政案件，巡回法官和治安法官都身兼司法与行政职责，这凸显了近代早期英格兰行政司法化的特征。近代早期英格兰的行政与司法并非截然分离，而是融为一体。行政网络与司法网络相互交织，共同构成了近代早期英格兰信息国家的信息网络。近代早期英格兰信息国家的运

---

① William Lambarde, *Eirenarcha*, or, *The Office of the Justices of Peace*, London: Company of Stationers, 1619, pp. 376 - 634; Sir Thomas Skyrme, *History of the Justices of the Peace*, Vol. I, Chichester: Barry Rose Publishers, 1991, pp. 170 - 172.

② G. C. F. Forster, *The East Riding Justices of the Peace in the Seventeenth Century*, York: East Yorkshire Local History Society, 1973, pp. 34 - 35; A. Hassell Smith, "Justices at Work in Elizabethan Norfolk," *Norfolk Archaeology*, Vol. XXXIV, 1967, p. 103.

作仰赖作为信息渠道的行政与司法网络。

三、信息与国家治理的展开：以济贫为中心

信息国家的兴起表明，信息搜集与分类在近代早期英格兰国家治理中发挥至关重要的作用。从 16 世纪中叶开始，英格兰政府搜集和运用信息的范围与规模空前，由此产生的文书档案，不仅是英格兰制定政策必不可少的参考，而且作为国家权威和法律的代表具有深远的象征意义。更为重要的是，信息不限于一隅，而是不断向外传播，从而使更广泛的区域了解某一社会问题并采取应对举措。① 职是之故，近代早期英格兰通过信息搜集、数据分析与信息传递进行政策制定和国家治理，从而维护社会秩序。

近代早期英格兰政府为解决贫困、犯罪等社会问题，首当其冲的是加强对人口的信息监管。国家官员积极搜集穷人、陌生人、流民、乞丐、街头小贩等人群的姓名和数量，以及酗酒者、不去教堂参加礼拜者、参加周末户外运动者、天主教徒等有违社会秩序群体的信息，官员、仆人、工匠的活动也在国家的信息监控中。围绕信息搜集而形成的文书档案，代表了国家对社会问题的认知水平，成为国家制定社会政策或起诉违法乱纪之人的基础。

为解决贫困问题，一些地方市镇率先开始贫困普查（census of the poor），这成为近代早期英格兰政府系统搜集居民信息的最早实践。切斯特（1539 年）、考文垂（1547 年）和伊普斯威奇（1551 年）等市镇先后进行贫困普查。在考文垂，治安法官调查居民的住房、房主、定居时间、婚姻、家庭、工作能力、雇佣情况，警告不雇帮工的雇主、惩罚懒惰者、救济穷人等。② 伊普斯威奇治安法官

---

① Paul Griffiths, "Local Arithmetic: Information Cultures in Early Modern England," p. 114.

② Mary Dormer Harris, ed., *The Coventry Leet Book*, Early English Text Society, Original Series no. 138，1909，pp. 783 - 784.

要求每个教区提名两人调查教区贫困状况。[1] 1570 年，诺里奇为重新实施济贫法计划，开始贫困普查。诺里奇贫困普查对居民年龄、婚姻、职业、财产、家庭规模等进行普查。普查结果表明，16 岁以上的成年男性 525 人，成年女性 860 人；16 岁以下的儿童总数 926人；贫困人口总数是 2359 人，占全部人口的 22%。[2] 为更好地了解诺里奇贫困普查的信息，兹录一条调查结果如下：

彼得·布朗，守门人，鞋匠，50 岁，工作很少；他的妻子安娜60 岁，自圣诞节生病后就没有工作，身体健康时纺纱；有三个女儿，年龄依次是 18 岁、16 岁、14 岁，她们在有纱的时候纺纱，但现在没有工作可做。他在此居住的时间已经超过 20 年。他的一个女儿比较懒惰，被送往威廉家为其服侍，她每年在那里居住三个季度。守门人的房子。一周 4 先令，非常穷困。可以工作。没有多余的钱。[3]

诺里奇的贫困普查使市政官员得以了解居民贫困的程度与规模，在此基础上，1571 年 6 月，市议会公开宣读"贫民政令册"，很快获得通过。[4] 可以说，贫困普查为政府了解贫困问题提供信息，成为政府制定济贫政策的前提条件，也是福利保障政策的起点。

大多数贫困普查是在饥荒、骚乱时期进行的。例如，1586 年沃里克贫困普查和 1597 年伊普斯威奇贫困普查，就是在收成不好、谷物价格上涨的时期。两次普查的侧重点不同：沃里克贫困普查主要关注乞讨者和新移居者带来的混乱，而伊普斯威奇贫困普查则是

---

[1] Nathaniell Bacon, *The Annalls of Ipswiche*, edited by William H. Richardson, Ipswich, 1884, p. 235.

[2] John F. Pound, ed., *The Norwich Census of the Poor 1570*, Norfolk Record Society, Vol. XL, 1971, p. 7.

[3] John F. Pound, ed., *The Norwich Census of the Poor 1570*, p. 23.

[4] Paul Griffiths, "Inhabitants," in Carole Rawcliffe and Richard Wilson, eds., *Norwich Since 1550*, London: Hambledon & London Publisher, 2004, p. 63.

罗列定居穷人的需求。[①] 1616 年谢菲尔德贫困普查表明，谢菲尔德总人口有 2207 人，其中有三分之一（725 人）是请求救济的穷人，另有 160 人因为太穷而不能救济别人。[②] 索尔兹伯里圣马丁教区在 1635 年的贫困普查显示，除接受济贫的人口外，有不少于人口总数的三分之一是"穷人"。[③] 地方市镇官员通过贫困普查搜集关于贫困问题的信息，这有利于地方政府及时调整济贫政策，更好地组织济贫。地方政府可以根据搜集的信息，决断是否开放或重组教养院，是否控制流民或其他人口。地方政府的这些应对举措为后来国家出台济贫法令提供了先例。

类似贫困普查的地方性量化统计并不限于市镇，在郡和乡村中量化统计也发挥重要作用。即使是很小的村庄，也经常被治安法官要求对某些事项进行统计。例如，1606 年卡斯顿（Cawston）村在越来越多的村民需要慈善救济度日之时，发起一项调查。这项调查区分了无力维持生计的穷人和自给自足的穷人，以及介于两者之间的穷人。后者是无法通过劳动维持生计，但适合并且愿意付出劳动的穷人，主要包括 7 岁以上的孤儿、孩子负担过重之人、由于年龄或体弱致使劳动能力衰退之人。[④] 尽管如此，市镇对量化统计的需求还是要比乡村更加迫切，这是因为越来越多的人口涌入城市。例

① Peter Clark and Philip Morgan, eds., *Towns and Townspeople 1500 – 1780: A Document Collection*, Milton Keynes: The Open University Press, 1977, pp. 41 – 43; John Webb, ed., *Poor Relief in Elizabethan Ipswich*, Suffolk Records Society, Vol. IX, 1966, pp. 119 – 140; Paul Slack, "Social Problems and Social Policies," in *The Traditional Community Under Stress*, Milton Keynes: The Open University Press, 1977, p. 84.

② John Pound, *Poverty and Vagrancy in Tudor England*, London: Longman, 1971, pp. 25, 93 – 94.

③ Paul Slack, ed., *Poverty in Early-Stuart Salisbury*, Wiltshire Record Society, Vol. XXXI, 1975, pp. 80 – 82.

④ Tim Wales, "Poverty, Poor Relief and the Life-Cycle: Some Evidence from Seventeenth-Century Norfolk," in Richard M. Smith, ed., *Land, Kinship and Life-Cycle*, Cambridge: Cambridge University Press, 1984, pp. 368 – 369.

如，17世纪初剑桥的市政官员发布指令，要求调查员孜孜不倦地搜集和如实记载在本市居住少于三年之人的姓名和数量。此外，市政官员还要求对"靠打工为生的穷人"、"每个教区中的贫困户主"、同居者、其他所有可能需要救济之人、啤酒馆经营者，以及为乞讨者提供住宿之人进行统计。① 地方官员在对穷人的统计和归类上花费的时间比其他任何事务都要多，这与近代早期英格兰的贫困问题日益凸显有关。

近代早期英格兰政府对人口的统计和归类并不限于穷人。例如，普雷斯顿（Preston）的官员为掌握市镇的状况，从1650年开始对以下人群进行统计：失业穷人、登记在册的穷人、非法居留者、未宣誓的自由民、囚犯、陌生人、养狗之人、无执照啤酒经销商、不出席民事法庭的居民、"无用之人"、轻率之人、侵占市镇土地之人等。② 此外，非婚性行为、教堂的空椅、酗酒、周末运动、纵火等法律禁止的行为也都记录在册。例如，兰开夏治安法官在1600—1660年间惩罚私生子母亲共有90人，而私生子父亲有40人。③ 1609年4月26日，诺丁汉郡的北科林汉姆（North Collingham）的一位居民因为自上次季审法庭之后，先后10次到啤酒馆酗酒，而被罚33先令4便士。④ 纵览近代早期英格兰的国家文书，我们可以发现几乎所有的社会问题都有案可查，这些信息成为了了解社会问题与制定对策的基础。

在政府将搜集到的信息登记在册后，这些文书档案又可为政府

---

① Paul Griffiths, "Local Arithmetic: Information Cultures in Early Modern England," p. 119.
② Paul Griffiths, "Local Arithmetic: Information Cultures in Early Modern England," p. 121.
③ Walter J. King, "Punishment for Bastardy in Early Seventeenth-century England," *Albion*, Vol. 10, No. 2 (Summer, 1978), p. 140.
④ Hampton Copnall, ed., *Nottinghamshire County Records: Notes and Extracts from the Nottinghamshire County Records of the 17ᵗʰ Century*, Nottingham: Henry B. Saxton, 1915, p. 43.

的后续活动提供信息。在贫困问题上，政府官员通过了解穷人的数量与成因，从而制定有针对性的举措。例如，治安法官在饥荒年代里努力确保地方谷物供应，保证居民有粮可食。1587 年，诺丁汉治安法官将该市供应谷物的情况，连同面包师傅、酿酒商等的名单及其消耗谷物的情况，一并报送枢密院。[1] 为控制流民，治安法官积极惩罚流民。根据琼·肯特对莱斯特郡和斯塔福德郡三个乡村的研究，1611—1620 年共有 47 名流民被捕，1631—1640 年则有 248 名流民被捕。[2] 一些郡任命军队司令逮捕和惩罚流民。例如，1616 年枢密院致信米德塞克斯郡治安法官，任命军队司令逮捕和惩罚流民。[3] 对于失业者，国家要求地方官员为他们提供工作。例如，1622 年枢密院告知维尔特郡、格洛斯特郡、萨默塞特郡、多塞特郡、牛津郡、肯特郡、索福克郡、德文郡和约克郡治安法官："因为很多织工失业而陷入贫困"，"命令商人尽量多地购买布绸"，"要求（治安法官）恢复失业织工的工作"。[4] 治安法官为解决穷人的工作问题，一方面要求儿童接受学徒制、工人接受强制性农业服务和厘定的最高工资，另一方面将拒绝接受工作者囚禁在教养院。[5]

与贫困问题相关的啤酒馆问题和私生子问题，也体现了国家官员对信息的运用。啤酒馆和私生子的数量在近代早期呈现爆炸式增长，这引起国家对社会失序和道德沦丧的恐慌。因此，国家统计啤酒馆和私生子的数量，对没有经营执照的啤酒馆经营者和私生子的

① Robert Lemon, ed., *Calendar of State Papers*, *Domestic Series*, *1581 - 1590*, London：Her Majesty's Stationery Office, 1896, p. 389

② Joan R. Kent, "Population Mobility and Alms：Poor Migrants in the Midlands during the Early Seventeenth Century," *Local Population Studies*, No. 27 (Autumn 1981), p. 38.

③ J. V. Lyle, ed., *Acts of the Privy Council of England*, *1616 - 1617*, London：His Majesty's Stationery Office, 1927, p. 3.

④ Mary Anne Everett Green, ed., *Calendar of State Papers*, *Domestic Series*, *1619 - 1623*, London：Her Majesty's Stationery Office, 1858, p. 343.

⑤ 参见初庆东：《前工业化时期英国治安法官与劳资纠纷的化解》，《武汉大学学报（人文科学版）》2017 年第 3 期。

父母进行惩罚。例如，1630 年之后，伦敦市政官员频繁地统计啤酒馆的数量，米德塞克斯郡在 1633 年统计的啤酒馆数量是 127 个，稍后在伦敦市和特别行政区统计的啤酒馆数量是 211 个。① 诺丁汉郡季审法庭受理多起无照酿酒案件，1604 年 4 月 16 日有 34 人被起诉，1608 年 7 月 11 日又有 63 人被起诉。② 在 17 世纪的赫特福德郡、兰开夏、萨默塞特郡、沃里克郡，至少有 203 名私生子母亲受到治安法官的惩罚，其中有 112 名私生子母亲被监禁在教养院。③ 地方官员通过调查啤酒馆经营者与私生子父母的情况，对其行为进行规训和惩罚，以此维护社会秩序。

由此看来，国家文书不仅是信息的载体，也是秩序的保障。国家文书将信息系统地组织在一起，使国家官员了解和认识相关问题，他们通过检索和统计文书中的数字和词语，为解决相关社会问题对症下药，从而实现以"信息秩序"维护"国家秩序"的目的。

四、结语

16、17 世纪是英格兰政府结构重塑与发展进程中重要的历史时期，是信息国家的兴起和近代国家的形成时期。近代早期英格兰政府对信息搜集的强度空前，这从一个侧面表明该时期政府活动的增加与政府结构的变革。

近代早期英格兰政府对"秩序"的关注程度前所未有，为维持社会秩序与社会稳定，政府加强信息搜集、保存和运用，这集中表现为中央集权与地方参与，而"中央集权与地方自治相平衡的行政

① Paul Griffiths, *Lost London: Change, Crime, and Control in the Capital City, 1550 - 1660*, Cambridge: Cambridge University Press, 2008, pp. 402 - 403.

② Hampton Copnall, ed., *Nottinghamshire County Records: Notes and Extracts from the Nottinghamshire County Records of the 17th Century*, pp. 49 - 51.

③ Steve Hindle, *The State and Social Change in Early Modern England*, c. 1550 - 1640, Basingstoke: Palgrave, 2000, p. 186.

司法体制"成为近代早期英格兰信息国家兴起的典型特征。① 国家权力通过巡回法官、治安法官、教区官员等渗透到地方，而社会剧变中的民众发生分化，"中间阶层"作为陪审员或教区官员参与地方治理，"穷人"则往往成为治理的对象，由此形成一种参与式共享型国家治理模式。信息国家的兴起并非中央单方面对地方的渗透，而是中央与地方动态交往的过程。② 在迈克尔·布拉迪克看来，英格兰的中央集权是指"对社会生活更广泛地规制，以及随之发生的在协调立场的过程中分散性权力的增加。"③ 基斯·赖特森认为，近代早期英格兰信息国家的兴起并非通过官僚机构的中央集权化，而是通过中央权力在教区的分散来完成的。④

治安法官作为中央政府与教区政府之间的联络官员，在信息国家兴起的过程中发挥重要作用。治安法官作为地方政府的权力中枢，上承国王与枢密院，下接教区官员与民众。国王与枢密院希望治安法官顺从、勤政，积极搜集信息，但治安法官作为地方的管理者和领导者，根据地方实情与个人利益决定是否进行信息搜集。因此，枢密院与治安法官既合作又竞争。治安法官监督与领导教区官员，而教区官员是否愿意与治安法官合作决定了治安法官能否履行职责。枢密院——治安法官——教区官员的这种权力平衡与制约的合作模式，成为近代早期英格兰信息国家成功与否的关键。随着近代早期治安法官权力的膨胀，其在信息国家中的作用和地位更加凸显。在一定程度上，治安法官决定了国家权力的集中与扩散，决定

① 郭方：《近代国家的形成：16 世纪英国国家机构与职能的变革》，北京：商务印书馆，2007 年，第 86 页。
② Steve Hindle, *The State and Social Change in Early Modern England*, c. 1550 - 1640, p. 16.
③ Michael Braddick, "State Formation and Social Change in Early Modern England: A Problem Stated and Approaches Suggested," *Social History*, Vol. 16, No. 1 (Jan., 1991), p. 12.
④ Keith Wrightson, *English Society 1580 - 1680*, London: Hutchinson, 1982, pp. 222 - 228.

了国家治理的水平与效果。在近代早期社会剧变时期，国家与治安法官均追求社会秩序的稳定，这种相同的诉求使得国家与治安法官在济贫、惩治犯罪、规训道德等方面达成共识，形成合力，积极搜集、保存、传递和运用信息，这为英格兰社会稳定转型和国家有序治理提供了条件。

司法无情？近代早期英国法庭中的情感因素刍议[①]

赵 涵

（武汉大学历史学院）

一

当代西方社会标榜法律是理性的产物，司法审判是基于理性原则的、公正和不受情绪左右的行为。法官和陪审员被要求在审判过程中表现出一种独立、冷静、超越诉讼双方情绪动荡的"司法气质"，律师和证人应以证据和逻辑为依据，排除情感和私欲的干扰。尽管学界早已打破了情感与理性的二元对立，但这一刻板印象依旧影响着人们对司法的认识和实践。2009 年，美国时任总统奥巴马提名索尼娅·索托马约尔（Sonia Maria Sotomayor）为最高法院大法官，随即引发质疑。反对者担心，作为一名少数族裔和倾向自由主义的女性法官，索托马约尔的"共情式"审判会损害司法公正。一位参议员指出，法官的情绪是对自由的威胁，因为法官最基本的素质是"能将个人情感放在一边，不偏不倚、心平气静地为所有人主持公道的能力"。[②] 一位法学教授甚至说："有同情心和共情能力的

① 本文系国家社科基金青年项目"大革命危机下的英国社会情绪研究，1789—1815年"（项目号：19CSS012）。

② Confirmation Hearing on the Nomination of Hon. Sonia Sotomayor, to be an Associate Justice of the Supreme Court of the United States, Hearing before the Committee on the Judiciary United States Senate, Serial No. 111, July 13 - 16, 2009, pp. 11 - 17 （转下页）

法官，很可能是一个差劲的法官。"① 面对质疑，索托马约尔在参议院接受质询时表示："我们不是收听证词但不动情感的机器人，我们必须承认这些情感并将它们置于一旁。"② "司法无情"的神话久已有之。亚里士多德曾言，法律是没有激情的理性。霍布斯在《利维坦》中指出，"法律绝不能违反理性"，一个好法官"在审判中要使自己超脱一切恐惧、愤怒、憎恶、爱和怜悯。"③ 17 世纪英国法官爱德华·柯克将法律视为"人为的理性"（artificial reason），只有经过多年专业学习和训练的法官才能领悟法律的内涵，普通民众不应参与司法，因为他们更易感情用事。④

"司法无情"的观念根深蒂固，但许多法学家和法律工作者早已认识到情感不仅无法回避，而且在司法审判中发挥着至关重要的作用。本杰明·卡多佐（Benjamin N. Cardozo）曾言，"意识深处是其它力量：喜欢与不喜欢，偏爱与偏见，直觉、情绪、习惯和信念的结合体，它们组成了人，不论是诉讼当事人还是法官。"⑤ 威廉·布伦南（William J. Brennan）认为公正的裁决源自法官内心"理性和激情的对话"；所谓"激情"，是指"对已有事实或观点的一系列情感和直觉上的回应，它比缓慢笨拙的理性推导更加迅速地进入我们的意识"。⑥ 布伦南和认知心理学家的观点不谋而合，后者

（接上页）<URL：https：//www. judiciary. senate. gov/imo/media/doc/GPO-CHRG-SOTOM-AYOR. pdf>

① John Yoo，"Closing Arguments：Obama Needs a Neutral Justice，" *Philadelphia Inquirer*，May 10，2009 <URL：https：//www. aei. org/articles/closing-arguments-obama-needs-a-neutral-justice/>

② Confirmation Hearing on the Nomination of Hon. Sonia Sotomayor，p. 71.

③ 霍布斯：《利维坦》（第二卷），刘胜军、胡婷婷译，北京：中国社会科学出版社，2007 年，第 435、455 页。

④ David Lemmings，"Emotions，Power and Popular Opinion about the Administration of Justice：The English Experience，from Coke's 'Artificial Reason' to the Sensibility of 'True Crime Stories，'" *Emotion：History，Culture，Society*，vol. 1，no. 1 (March 2017)，p. 61.

⑤ Benjamin N. Cardozo，*The Nature of the Judicial Process*，New Haven：Yale University Press，1921，pp. 167 - 168.

⑥ William J. Brennan，"Reason，Passion，and 'the Progress of the Law，'" *Cardozo Law Review*，vol. 10，no. 1 - 2 (October/November 1988) pp. 9 - 10.

证实情感非但不是理性的敌人，而且是表达理性的方式和通向理性的捷径，他们将情感视为一种认知的过程和行为的原始动机，主张"情感不仅能反映理性、激发理性、赋权理性，还具有可培养性（educable）"。① 在认知心理学的推动下，西方学界开始关注司法审判中的情感因素。学者们围绕"司法情感"的性质和功能；情感与司法裁量的关系；法官、律师、陪审团和诉讼双方表达、利用和控制情感的方式与目的等问题开展了细致的研究，对情感的价值给予了充分的肯定。②

相比心理学家和法学家的热情讨论，历史学家对司法情感的研究较为滞后。在过去较长的一段时间里，史学家关注的重点是历史人物基于所谓"理性"的思考和行动，情感被认为是"非理性的"、"转瞬即逝的"和"不可靠的"，因此他们一方面拒绝将其作为严肃史学研究的对象，另一方面又将情感的全部历史简单地归纳为人类用理性约束激情的历史。③ 这种情感史观也暗藏在对近代早期英国法律史的研究中。学者们侧重于探讨法律的性质与创立、法治的特征与效果、司法制度的实践与演进等问题，形成了一套以"理性化"为核心的宏大叙事：英国司法制度自近代早期不断完善，在经过 19 世纪初的司法改革后，最终实现了以法官中立制度、辩护律师制度、陪审制度和对抗制度为核心的"理性化转型"。司法制度

---

① Terry A. Maroney, "The Persistent Script of Judicial Dispassion," *California Law Review*, vol. 99, no. 2（April 2011）, p. 629.

② Susan A. Bandes ed., *The Passion of Law*, New York and London：New York University Press, 1999；Bettina Lange, "The Emotional Dimension in Legal Regulation," *Journal of Law and Society*, vol. 29, no. 1（March 2002）, pp. 197 - 225；Sharyn R. Anleu and Kathy Mack, "Magistrates' Everyday Work and Emotional Labour," *Journal of Law and Society*, vol. 32, no. 4（December 2005）, pp. 590 - 614；Stina Bergman Blix and Åsa Wettergren, "A Sociological Perspective on Emotions in the Judiciary," *Emotion Review*, vol. 8, no. 1（January 2016）, pp. 32 - 37；Terry A. Maroney, "The Persistent Script of Judicial Dispassion"；"Law and Emotion：A Proposed Taxonomy of an Emerging Field," *Law and Human Behavior*, vol. 30（2006）, pp. 119 - 142.

③ 赵涵：《当代西方情感史学的由来与理论建构》，《史学理论研究》2020 年第 3 期。

的理性化体现在司法人员的专业化，随着 18 世纪越来越多受过法学专业训练的律师参与审判，理性的语言和冷静的推理取代了以往双方当事人当庭对峙的"争吵式审判"，法庭中的情感表达受到了压制。① 1822 年，造访伦敦的法国法官夏尔·柯图（Charles Cottu）为这种理性化的叙事提供了佐证。柯图观察到，英国的刑事审判难以激起民众的兴趣，它不过是控辩双方围绕案件按部就班的对话，"原告和被告没有争吵"，"法官似乎置身事外"，"一切都是那么波澜不惊、冷静镇定，不论是律师、陪审团、法官、观众，还是犯人自己。"②

但事实真的如此吗？心理学家和法学家已对司法情感做了大量的研究，历史学家不应视而不见。近年来，情感史异军突起，一些学者开始关注近代早期英国司法制度和实践中的情感问题。尼克尔·怀特（Nicole M. Wright）通过分析 18 世纪英国法官罗伯特·钱伯斯（Robert Chambers）在牛津大学的法学讲义以及同期英国小说中的审判情节和法官"画像"，指出尽管英国社会对司法情感的态度分歧明显，但人们普遍相信法官的共情能力是实现司法公正的必要条件。③ 戴维·莱明斯（David Lemmings）等人探讨了近代

---

① J. M. Beattie, *Crime and Courts in England*, *1660 - 1800*, Princeton: Princeton University Press, 1986; "Scales of Justice: Defense Council and the English Criminal Trial in the Eighteenth and Nineteenth Centuries," *Law and History Review*, vol. 9, no. 2 (Autumn 1991), pp. 221 - 267; John H. Langbein, "The Prosecutorial Origins of Defence Counsel in the Eighteenth Century: The Appearance of Solicitors," *Cambridge Law Journal*, vol. 58, no. 2 (July 1999), pp. 314 - 365; *The Origin of Adversary Criminal Trial*, Oxford: Oxford University Press, 2003; David Lemmings, *Professors of the Law: Barristers and English Legal Culture in the Eighteenth Century*, New York: Oxford University Press, 2000; *Law and Government in England during the Long Eighteenth Century: From Consent to Command*, Basingstoke: Palgrave Macmillan, 2011.

② Charles Cottu, *On the Administration of Criminal Justice in England; and the Spirit of the English Government*, Islington: E. Hunt, 1822, pp. 88, 105 - 106.

③ Nicole M. Wright, "Tendering Judgement?: Vying Prototypes of 'Judicial Sensibility' in Later Eighteenth-Century British Narratives of Justice," *Eighteenth-Century Studies*, vol. 48, no. 3 (Spring 2015), pp. 329 - 352.

早期英国的法官和律师如何通过情感来维护法庭权威和影响审判结果，并考察了以犯罪和审判为题材的出版物如何激发民众的司法情感并影响他们的司法观念。① 这些成果从不同角度证实了情感之于司法的重要性，但从总体上看，史学界对这一领域的研究依然有待深入。② 近代早期特别是 18 世纪是英国重要的转型时期，启蒙思想的传播、印刷和出版业的发展、感伤文学和情感主义的兴起、消费社会的繁荣、城市犯罪率的上升、大规模死刑立法和司法制度的改革，为研究司法情感提供了丰富的视角。深入研究的前提是破除"司法无情"的神话和英国司法制度"理性化"的宏大叙事。鉴于此，本文在综合已有研究成果的基础上，聚焦近代早期英国刑事审判中的司法情感，尝试对其特征、作用和意义等基本问题作出初步辨析：法庭中是否存在某种表达情感的规则或"情感体制"（emotional regime）？这种情感体制的内容和目标是什么？法官、陪审团和当事人如何表达、控制和利用情感以实现各自目的？律师

① Amy Milka and David Lemmings, "Narratives of Feeling and Majesty: Mediated Emotions in the Eighteenth-Century Criminal Courtroom," *The Journal of Legal History*, vol. 38, no. 2 (June 2017), pp. 155 – 178; Lemmings, "Emotions, Power and Popular Opinion about the Administration of Justice"; David Lemmings and Claire Walker, eds., *Moral Panics, the Media and the Law in Early Modern England*, Basingstoke: Palgrave Macmillan, 2009.

② 有学者探讨了中世纪和现代英国与爱尔兰的司法情感，参见 Elizabeth Papp Kamali, "The Devil's Daughter of Hell Fire: Anger's Role in Medieval English Felony Cases," *Law and History Review*, vol. 35, no. 1 (February 2017), pp. 155 – 200; John Hudson, "Emotions in the Early Common Law (c. 1166 – 1215)," *The Journal of Legal History*, vol. 38, no. 2 (June 2017), pp. 130 – 154; Merridee L. Bailey, "'Most Hevynesse and Sorowe': The Presence of Emotions in the Late Medieval and Early Modern Court of Chancery," *Law and History Review*, vol. 37, no. 1 (February 2019), pp. 1 – 28; Amanda L. Capern, "Emotions, Gender Expectations and the Social Role of Chancery, 1550 – 1650," in Susan Broomhall, ed., *Authority, Gender and Emotions in Late Medieval and Early Modern England*, Basingstoke: Palgrave Macmillan, 2015, pp. 187 – 209; Katie Barclay, *Men on Trial: Performing Emotion, Embodiment and Identity in Ireland, 1800 – 1845*, Manchester: Manchester University Press, 2018。

参与审判对司法情感有哪些影响？英国司法制度的演进是否如传统观点所言，实现了理性对情感的驱逐和压制？探究这些问题，既有助于拓展我们对英国情感史的认识，又为我们深入理解英国司法制度的性质和变迁提供了启示。

二

近代早期英国审理刑事案件的司法机构主要包括季审法庭（Quarter Sessions）和巡回法庭（Assizes）。各郡季审法庭每年开庭 4 次，遵循普通法的起诉和审判程序，主要审理除重罪外的所有轻微刑事案件。案件审判由治安法官（Justice of Peace）主持，采用陪审制和对抗辩论的方式进行。警官（Constables）是治安法官的助手，有时会代表百户区行使公诉职责，并对案情提出处理意见。较严重的暴力犯罪或重大叛逆案件，一般交由隶属中央的巡回法庭审理，巡回法庭每年在各郡开庭两次。著名的老贝利法庭（Old Bailey）负责审理伦敦和米德尔塞克斯郡的刑事案件，轻微犯罪则交由位于克勒肯维尔的米德尔塞克斯郡季审法庭审理，两处法庭每年各开庭 8 次，以应对首都地区居高不下的案件数量。

近代早期英国的刑事司法依靠民众的参与。治安法官多由当地乡绅担任，他们不领薪水且大多未受过法学的专业教育。警官和陪审员来自当地中间阶层，他们受治安法官的委派，义务参与司法活动。普通民众不仅可以旁听审讯，有时还会出庭作证。1701 年出版的一本小册子写道："很难找到一个不曾在他的教区或市镇承担过公职、不曾参与验尸调查、不曾在男爵或贵族法庭（若不是在季审法庭或巡回法庭的话）充当过陪审员的人。英国民众的司法经验比外国民众通过法律实践所获得的要多得多。"[1] 广泛的民众参与，意

———————
① *The Claims of the People of England*，*Essayed*. *In a Letter from the Country*，London：A. Baldwin，1701，pp. 15 - 16.

味着情感会以复杂多样的方式影响审判的进程和结果。18 世纪中期以前，由于出庭律师尚不普及，受害人须亲自向法庭提起诉讼并和被告人对簿公堂，审判过程因此常常表现为双方当事人"杂乱无章的争吵"（rambling altercations）。情绪的宣泄和交锋司空见惯，一边是原告方的愤怒和仇恨，另一边是被告人的焦虑和恐惧。面对双方的争论，"业余的"法官和陪审团除了依照法律规则行事，还会顾及社区的利益和习惯，根据个体经验、人情世故、道德观念和感情亲疏作出裁决。旁听的观众也会基于各自立场表达对罪犯的憎恶或怜悯，对判决的支持或不满。

　　法庭中的情感交织变幻、针锋相对，既增加了审判的不确定性，也给法庭秩序和法律权威带来了挑战，这意味着法庭必须对情感表达的方式作出某种规定。情感史家威廉·雷迪（William Reddy）将社会中占据主导地位的群体为维护现有秩序或实现特定目标而制定的一整套体验和表达情感的规则，以及为贯彻这套规则而采取的仪式性和惩罚性措施称为"情感体制"。情感体制不仅是"一切稳定的政治体制的基础"，而且在"特定机构、特定时期、特定人生阶段"等具体层面对情感做出了规定。① 近代早期英国的法庭中也存在一套精细严格的情感体制，其核心在于通过诉诸和控制特定情感来维护法庭的秩序并彰显司法的威严。道格拉斯·海（Douglas Hay）认为"威严"（majesty）带来了一种"心灵上的力量"，它借助"形象的描述、生动的演讲和死亡的力量"所营造的戏剧效应，唤起民众对法律的敬畏之心。② 爱德华·汤普森（E. P. Thomson）也指出，"政治和法律的相当一部分是戏剧效应。"在法庭这一公共戏台上，法官身着精美华丽的猩红色长袍和

① William M. Reddy, *The Navigation of Feeling: A Framework for the History of Emotions*, Cambridge: Cambridge University Press, 2001, p. 125.

② Douglas Hay, "Property, Authority and the Criminal Law," in Douglas Hay, *et al.*, eds., *Albion's Fatal Tree: Crime and Society in Eighteenth-Century England*, New York: Pantheon Books, 1975, pp. 26-27.

白鼬毛皮，在宣判死刑时会头戴一顶黑色的帽子，以强调司法程序的庄严。"精巧制作的假发和香粉，用作装饰的衣服和手杖，甚至还有再三排练过的贵族的姿势和傲慢的举止及腔调，所有这一切的立意都是在向平民展现权威并强求他们服从。"① 巡回法庭的开庭仪式同样震撼人心，据柯图观察，巡回法庭的法官伴随着钟声和号声进入城镇，受到郡长和最富裕居民的热情迎接，治安法官安排 12 至 20 人打头阵，这些人穿着盛装，手持长矛。② 由此可见，司法也是一种情感的劳动，法庭通过在民众心中激发崇敬和恐惧，实现对其情感的规训和操控。

近代早期英国的法学理论视国王为刑事案件中的原告方，法官的职责便是通过公正的裁决恢复"王之和平"和法律正义。法官代表国王行使司法权力并主导审判的全过程，为了维护法庭秩序和彰显司法威严，法官不仅要采取一种与其身份、角色和社会期望相符的情感表达方式，还要对在场其他人的情感进行有效的引导和控制，防止这一标榜正义的仪式沦为当事人争吵甚至听众抗议的闹剧。因此法官在审判中应严格执法，表现出一副冷峻严肃、不苟言笑的情感状态。18 世纪伦敦治安法官亨利·菲尔丁（Henry Fielding）在小册子《对近来抢劫犯增多原因之调查》中指出，"人的激情应该让位于法官的原则……虽然法官的仁慈令人倍感亲切，但严格才是更加有益的美德。"③ 时人认为，秉公执法可以培养民众对政府"良好的感情和敬意"。④ 需要指出的是，秉公执法并不意味着法官要压抑全部的情感，而是通过表达特定情感来纠正、抑制不合时宜的情感动荡（譬如对罪犯的暴怒、对受害者的哀伤）和人之

---

① 爱德华·汤普森：《共有的习惯》，沈汉、王加丰译，上海：上海人民出版社，2002 年，第 41 页。

② Cottu, *On the Administration of Criminal Justice in England*, p. 43.

③ Henry Fielding, *Enquiry into the Causes of the Late Increase of Robbers*, London: G. Faulkner, 1751, pp. 118 - 119.

④ Lemmings, "Narratives of Feeling and Majesty," p. 160.

常情（譬如对罪犯过度的同情、对判处罪犯极刑的恐惧和自责），并在法庭中营造一种为司法人员和旁听民众共同分享的情感氛围，确保法律的正义得到伸张。

愤怒（anger）和义愤（indignation）是一种与法官的身份、角色和社会期望相符的司法情感。在法官向被告人宣读的大陪审团起诉书中，经常出现诸如"令人作呕"、"有违人性"、"人神共愤"、"毫无廉耻"这类情绪化的表述。1692 年，亨利·哈里森因被控谋杀罪在老贝利法庭受审。庭吏代表法官传讯道，"你毫不敬畏眼前的上帝，而是在魔鬼的蛊惑下，于国王威廉和玛丽当朝第三年 1 月 4 日晚 11 时许，携带凶器在伦敦圣彼得康希尔教区的莱姆街，用极其暴力和恶毒的手段袭击了安德鲁克伦克医生。"① 在对一起鸡奸案的审判中，法官称詹姆斯·威尔斯"罔顾自然法则，在魔鬼的唆使下"侵犯了一匹母马。② 尽管我们无从得知法官或庭吏在作上述发言时的神情和腔调，但这种骇人听闻的描述和充满厌恶的语言必然依靠并传递了一种愤怒的情感和法官的断案倾向。用愤怒回应罪犯的恶行，既是一种明确无误、迅速有力的道德判断，又可以激发陪审团和在场观众的反感和愤慨，从而使司法裁决获得合法性。

对陪审团给予指导和警告是法官调节法庭情感的常用手段。18 世纪英国首席法官哈德威克（Philip Yorke Hardwicke）曾敦促陪审团公正执法："你的誓言要求你既不能因憎恶或怨恨而起诉他人，也不能因恐惧、偏袒、喜爱或希望获得回报而饶恕他人。憎恶、怨恨、恐惧和图谋私利是内心的激情，它们会影响意志、误导理性、腐化心灵，因此在对案件作出正确裁决之前，我们必须克服这些情感。"哈德菲尔并非否定情感在审判中的作用，而是告诫陪审团应铁石心肠、严格执法，"以应对近来日益猖獗的拦路抢劫和入室盗

---

① *Old Bailey Proceedings Online*（www. oldbaileyonline. org，version 8. 0，April 2018），April 1692，trial of Henry Harrison（t16920406 - 1）.

② *OBP*，13 July 1757，James Wales（t17570713 - 29）.

窃，以及数量再创新高的伪造和伪证案件。"① 威廉·菲尔丁（William Fielding）在审理一桩伪造案时告诫陪审团，虽然涉案金额"微不足道"，"但此类犯罪之前已多次发生，为了公众的利益，用这个罪犯的例子以儆效尤十分必要。"② 法官表达愤怒的目的是为了彰显司法的威严，但如果预见这一情绪促使陪审团作出的裁决有违这一目标，法官会要求陪审团保持冷静。1789 年，在对一桩杀人案的审判中，法官认为受害者之死是因为他在没有获得安法官授权的情况下殴打和试图逮捕被告人威廉·鲍尔，从而引发后者激烈反抗所致。法官提醒陪审团："我们必须抛开一切愤慨的动机，用绝对的冷静来看待这起案件。想想我们国家的法律是什么，我们决不能为了满足怨恨而违反法律，因为怨恨可能产生无穷的后患。"③

法官用于彰显司法权威的一系列情感藉由宣布死刑判决的机会得到了最为充分的表达。近代早期英国的刑事审判按罪行轻重依次进行，死刑判决是司法仪式的高潮。法官清楚自己的一言一行会被在场的庭吏和记者记录下来，刊登在《老贝利法庭审判记录》和各种报刊小册子上，因此他们既会在宣判时表达对罪犯的怜悯和悲伤，也会代表法庭和社会表达对罪犯的愤怒并展现正义的复仇力量，这些情感能激发罪犯的悔恨，对法庭外的民众也具有警示和教育作用。"一个睿智勤勉的法官永远不会错过灌输滔天罪行及其致命下场的绝佳机会，"托马斯·吉斯伯恩（Thomas Gisborne）写道，"他会向听众讲述种种原因，揭示眼前这个可怜的恶棍如何从一些细微的过错一步步滑向万劫不复的深渊，犯下世间不可饶恕的罪行。"④ 英国出庭律师兼循道宗牧师马丁·马丹（Martin Madan）在 1785 年出版的小册子中生动描绘了法官在宣判仪式中巨大的情

① Lemmings，"Narratives of Feeling and Majesty," p. 165.

② *OBP*，15 September 1790, Thomas Webb (t17900915 - 78).

③ *OBP*，9 September 1789，William Power (t17890909 - 109).

④ Thomas Gisborne, *An Enquiry into the Duties of Men in the Higher and Middle Classes of Society in Great Britain*，London：J. Davis，1794，p. 270.

绪感染力：

> 法官带着凝重和悲伤的表情，调整着头顶的法官帽。然后，法官大人被他即将要履行的职责中最令人忧伤的部分深深感动了，他要抓住这个绝佳的机会教育公众。他用最悲悯的语调劝告那些可怜的罪犯认真考虑如何利用此刻和坟墓之间仅剩的时间，让他们确信死神很快就会降临，因此必须立刻忏悔。他的这番话不仅让被告席上的可怜人陷入悔恨，也使全部听众深深陷入沉思。泪水诉说着他们的情绪，他们之中那些最轻率无知的人，也开始思考如何在余生中避免迈出罪恶的第一步，他们知道这一步会使自己走向毁灭。可怕的判决宣布了，每颗心都在恐惧中颤抖。几乎晕倒的罪犯被带离法庭。人群散去了，他们回到家里，将这个悲伤的故事告诉自己的朋友和邻居。①

至于法官在宣判时具体说了什么，使得罪犯和听众经历这般情感战栗，马丹并未详述。但从老贝利法庭的审判记录中，我们可以看到法官在宣判时通过大量的情感词汇、道德批判、骇人听闻的案情描述和对宗教原则的阐释，强化了对罪恶与正义、死亡与救赎的戏剧化叙述。法官既扮演上帝，又效仿牧师，他身兼愤怒之神和仁慈的牧羊人，在惩治罪犯的同时又尝试拯救他们的灵魂。为说明这一特征，不妨从老贝利法庭档案的死刑宣判词中照录一例：

> 谋杀罪并不取决于这个或那个国家的法律或政策，它是直接对上帝的犯罪，上帝是全人类的创造者，也是地球上所有国家的统治者。你所违背的不仅是这个国家的法律，而且是上帝

---

① Martin Madan, *Thoughts on Executive Justice, with Respect to Our Criminal Laws*, London, 1785, pp. 25 - 27.

的法律，自然的法律，理性的法律，以及全人类的法律。人类始终呼号，"谁流人的血，他的血也必被人所流。"谋杀本就是滔天大罪，但你的罪行的恐怖程度更甚。暴力和残忍的行为无论出于何种动机都显示了一种极端野蛮的性情，无论它是出于贪婪和掠夺的欲望，还是出于你自己的目的，它都是有罪的。这个可怜的女人暴露在你野蛮的欲望面前仅仅几分钟时间，你就用毫无人性的残忍手段将其杀死。这种凶残的暴行，即使是大自然中最凶猛的野兽也干不出来，但却出自你这个人类之手。你的罪孽深重，但内心的冷酷使你即便面对暴行的受害者也不为所动。即便是那些因职业需要而经常面对恐怖场面的人，看到这个令人震惊的场面也会不禁落泪。而你这个罪人，是唯一一个面对这种场面还能抑制住悲伤的人。这个国家的法律拒绝宽恕你，但唯独有一种情况能让你获得一丝被宽恕的希望，那就是随着恐惧的积累，你的内心开始烦恼和不安。一些证据表明你似乎正在经历这些变化。如果烦恼和不安在你最后短暂的生命中能够迅速积累到恐惧和悔恨的程度，这将是你的幸事。因为只有极度的恐惧和悔恨才能将无辜者的鲜血留下的污点从你罪恶的良心上抹去，才能从被你冒犯的上帝那里获得无法从人类这里得到的宽恕。我已恳切地劝你反思你那深重的罪孽，想一想你恐怖的处境，并祈祷这种反省能对你罪恶的灵魂带来一些影响。现在，我来对你宣布可怕的判决：你将被押还原处，下周一从那里押赴刑场处以绞刑。你死后，你的尸体将被送到外科医生那里肢解和解剖。愿上帝宽恕你罪恶的灵魂！①

法官有时会对罪犯报以怜悯之情，这种温柔的情感有时甚至表现为落泪。尽管同情心与秉公执法的理念格格不入，但若运用得

---

① *OBP*，11 January 1786，John Hogan（t17860111-1）.

当，它也能成为以彰显司法威严为主题的法庭戏剧的一部分。一直为历史学家们津津乐道的泪水，来自英国首席法官达德利·莱德（Dudley Ryder）。1754 年，莱德在切姆斯福德巡回法庭审理弗朗西斯·齐克的杀婴案，事后他在笔记本中写道："我做了一场非常适当和庄重的即兴演讲。我在演讲中深受感动，泪水好几次不由自主地夺眶而出，所有人都看到了——人数众多——为了帮助我，一位女士递给我一块浸在薰衣草水里的手帕。"① 根据英国的司法惯例，被控杀婴罪的年轻母亲通常会被法庭轻判或认定无罪。莱德的泪水表达了他对罪犯的怜悯，但同情心并没有使他对齐克网开一面。相反，他在陪审团指出被告人精神失常的情况下（这意味着被告人可被判无罪），指示陪审团做出有罪判决。最终，齐克的杀婴罪名成立，被判处绞刑。莱德的泪水既体现了他的同情心和情感体制间的冲突与撕扯，又表现出他对上帝神性和法律正义的唯命是从和无能为力。② 尽管我们不清楚演讲的内容，但莱德对这番饱含深情的演讲的充分肯定，说明他很好地平衡了法庭观众对怜悯的情感诉求和自己严格执法的理念。他的眼泪是对陪审团和在场观众的温柔情感的呼应和补偿，既表明自己是情感真挚、道德高尚的"有情人"（man of feeling），又是一位秉公执法、不偏不倚的法官。近代早期至 19 世纪中叶，英国法官和陪审团出于对罪犯的怜悯而减免惩罚的情况比比皆是。法官还会要求陪审团考虑罪犯的人品和境遇，本着人道精神和改造的目的减轻罪犯的罪责。③ 像莱德这样在宣判死

---

① Hay，"Property，Authority and the Criminal Law，" p. 29.

② Dana Y. Rabin，"'For Shame of the World，and Fear of Her Mother's Anger'：Emotion and Child Murder in England and Scotland in the Long Eighteenth Century'，Carolyn Strange，Robert Cribb and Christopher E. Forth，eds. ，*Honour*，*Violence and Emotions in History*，London：Bloomsbury，2014，pp. 69 - 88；Hay，"Property，Authority and the Criminal Law，" p. 29；Lemmings，"Narratives of Feeling and Majesty，" pp. 155 - 178.

③ Peter King，Crime，*Justice and Discretion in England*，1740 - 1820，Oxford：Oxford University Press，2000.

刑时落泪的法官并不少见，社会舆论甚至对此表示肯定。这一现象背后的时代特征是 18 世纪中期情感主义（sensibility）的兴起。"同情"（sympathy）是情感主义的核心，休谟和斯密认为同情不仅是人际交往的纽带，还是构成一切正义和美德的基础，面对不幸之人油然而生的怜悯，是一种胜过理性思考的道德情感。法官自然希望自己的情操符合这个时代的品位，在秉公执法的同时表现出温柔善良的一面。莱明斯指出，这个时代的人普遍相信优秀的法官具有一种能力，他能测量法庭上的情感温度，通过改变语气和行为以适应当事人、陪审团甚至旁观者的感受。① 法官的哭泣既是油然而生的情感表达，也是彰显法律仁慈和正义的"表演"。莱德在宣判死刑时流下的泪水进一步强化了法庭的戏剧效应，它向罪犯、听众乃至社会传递的信息是，对于罪大恶极之人，即便人类的怜悯也无法挽救。

三

司法审判是一种情感的管理和劳动，接受司法审判同样如此。及至 18 世纪中后期，辩护律师鲜少参与刑事审判，被告人须亲自回答全部提问。法庭的情感体制要求被告人表现出对法律的敬畏之心，严肃、冷静、真实地回答法官和控方提出的问题，自证清白或坦白罪行。这种"被告人讲话式的审判"（accused speaks trial）使被告人成为目光的焦点。1721 年，英国律师威廉·霍金斯（William Howkins）写道："无需任何技巧、诚实坦率的辩护往往是最好的，如果良心是清白的，他纯真质朴、自然坦诚的言行，要比最善言辞但为他人辩护的人更有感染力和说服力。有罪的人为自己辩护时，他们的语言、姿势、表情和动作往往有助于揭示真相，

---

① Lemmings，"Narratives of Feeling and Majesty," pp. 155 - 178.

但从他们的代理人所做的虚假辩护中，很可能不容易发现真相。"① 霍金斯此言是为了反对律师出庭辩护，但它也体现了被告人情感的重要性。当时的法官和陪审团普遍相信，被告人在面对提问和不利证据时不假思索的肢体、表情和情绪反应能够真实反映内心的变化和证词的真伪。这一认识有其宗教根源。新教徒相信罪人会受到良心的鞭打，"他们会经历情感的剧烈动荡，会为自己的所作所为哭泣、哀叹、呻吟、战栗和羞愧。"② 因此，在 1690 年出版的一本治安法官工作指南中，作者达尔顿（Michael Dalton）建议法官在审判前留意被告人的神情举止，包括"表情的变化、脸红、目光向下、沉默不语和颤抖"。③ 被告人情感的重要性还可以从法庭的布局中体现。老贝利法庭在 1774 年重建后，有人抱怨法庭面积过大以至于无法看清被告人的表情。1783 年，法庭将一面镜子安装在被告席的正上方，阳光经这面镜子的反射正好照亮被告人的脸。

在近代早期英国的刑事审判中，被告人通常全盘否认所受指控，然后面对控方和证人提供的证据，回答法官提出的问题，小陪审团依据掌握的信息作出有罪或无罪的裁决。在审判过程中，被告人不可避免地陷入紧张、焦虑和恐惧之中，并通过表情和肢体语言表现出来。在法官看来，被告人如果无法自证清白，当庭认罪并表达痛心和悔恨——特别是借泪水表达出来——无疑是这出司法戏剧最好的剧本，因为这类情感象征了法治的胜利，对观众也具有教育意义。但对被告而言，悔恨是一把双刃剑。一方面，它体现了良知和改过自新的愿望，有助于求得法庭的宽恕；另一方面，它承认了罪行是源于自己罪恶的动机，构成了定罪的依据。因此，若非情不

---

① Langbein, *The Origin of Adversary Criminal Trial*, p. 34.

② William Fenner, *A Treatise of Affections*, *or the Soul's Pulse*, London: E. Tyler, 1641, p. 85.

③ Michael Dalton, *The Country Justice*: *Containing the Practice of the Justices of the Peace out of their Sessions*, London: William Rawlins and Samuel Roycroft, 1690, p. 413.

自己，对于拒不认罪的被告，悔恨和羞愧之心需要隐藏；对于希望获得法庭宽恕的被告，这类情感应当充分表达。法庭档案和报刊对第一类情况记载不多，但第二类情况比比皆是。1750 年，威廉·史密斯被控伪造一张 45 英镑的支票。他当庭认罪，向法官表达了悔罪之情："我卑微地请求法庭宽恕，大人，为了减轻我的罪责，我有很多话想说。这是我第一次不光彩地站在法庭上，我的内心充满了悲伤和恐惧。"[1] 据伦敦《白厅晚邮报》报道，史密斯"凄楚"、"动情"和"哀伤"的陈述让听众们落泪。[2] 然而史密斯未能得到法庭的宽恕，他被判处死刑。专门记述伦敦死刑犯生平、罪行和忏悔的官方出版物《新门监狱牧师纪录》指史密斯实际上是个邪恶和不思悔改的惯犯，"善于用悲伤的故事欺骗他人的情感"。[3] 这表明史密斯在受审时表达的情感有可能是一种表演。像史密斯这样企图通过虚情假意欺骗法庭、逃避制裁的例子并不少见。1726 年，被控谋杀丈夫的凯瑟琳·海耶斯在看到丈夫受重创的头颅后，当着众人的面"假装晕倒"。在审判时她故伎重演，当丈夫的衣物被作为呈堂证物展示在她面前时，"不知是出于悲痛，还是因为觉得证物于她不利，她晕倒在被告席上。"[4] 真实地表达内心情感，是法庭对被告人的基本要求。虚情假意说明被告人隐瞒罪责，削弱了被告人的信誉，增加了被定罪的可能。

18 世纪下半叶，随着情感主义的兴起，一些被告人也通过诉诸怜悯、同情和亲情，以公正和爱国的名义，向法庭作自我辩护或乞求宽恕。因被控煽动罪而受审的亚历山大·怀特告诉法官，如果他被定罪，他将"不得不和温柔的妻子还有生病的婴儿分离"，一

---

① *OBP*，12th September 1750，William Smith（t17500912 - 1）.

② *Whitehall Evening Post*，20 - 22 September 1750.

③ *Old Bailey Proceedings*（www.oldbaileyonline.org，version 8.0，April 2018），*Ordinary of Newgate's Account*，3rd October 1750（OA1750100）.

④ *A Narrative of the Barbarous and Unheard of Murder of Mr. John Hayes*，London：Thomas Warner，1726，p. 10，25.

想到他们未来的凄惨境况，他就心如刀割。[1] 1757 年，牧师詹姆斯·阿什顿被控从萨缪尔·贝克经营的书店中盗窃 42 本书，总价值达 60 先令。以下是他的自我辩护：

> 请各位阁下考虑案件中可从宽处置的情节，用温和公正、怜悯仁慈的态度冷静严肃地调查这一案件，而不要像贝克先生那样诉诸愤怒。毫无疑问你们会找到足够的证据反驳贝克先生的指控，并为他的控告感到愤慨。我只想请求阁下允许我离开让我遭受了这么多苦难的阴森之地，不要再将我送进可怕的牢房。我若再在那里待几天，就会被饿死。国王的囚犯竟落得如此悲惨的境地，这对古老的英格兰来说是多么可耻的事情啊！但愿阁下们能恢复我的名誉，使我在基督教的工作中作出更大的贡献，如果上帝赐予我生命，恢复我的健康，我这个谦卑的人将永远为你们的成功和富足祈祷。[2]

阿什顿的自辩颇有技巧，他暗示原告贝克先生涉嫌诬告，提醒陪审团勿受贝克情绪的干扰，并考虑自己的身份和地位，在言行举止和处事方法上与贝克保持不同。接着他讲述了自己在身体和心理上遭受的苦难，并将其上升为对英国自由传统的破坏和对国王的冒犯。若论盗窃物品的价值，阿什顿足以被判处死刑，但法官最终判其流放。另一个颇具代表性的案例来自窃贼乔治·巴灵顿。巴灵顿是一名惯犯，曾在 18 世纪 70 至 80 年代多次在老贝利法庭受审。他相貌英俊、衣着时髦，熟悉文雅社会的品位，举手投足表现得像一名绅士。他利用煽情的演讲，开创了一种独特的"情感法学文化"（culture of affective jurisprudence），用他的话说就是"在任何

---

[1] Thomas Jones Howell，ed.，*A Complete Collection of State Trials and Proceedings for High Treason and Other Crimes and Misdemeanors*，vol. 22，London：T. C. Hansard，1817，p. 1248.

[2] *OBP*，13th July 1757，James Ashton（t17570714 - 9）.

情况下都可以用眼泪作为开场白"，通过将自己假扮成未审先判的无辜受害者来激起法庭和陪审团的怜悯。在 1778 年的审判中，巴灵顿说道："我确信，我的陪审团都是通情达理、不偏不倚的人。"这句话的分量在于，它暗示陪审团不能辜负一个"无辜者受害者"的托付，更不能辜负人们对英国陪审团诚实和独立的信心。在 1790 年的审判中，巴灵顿继续着自己的情感表演，他反复宣称法庭从他的言行举止即可作出裁决，因为"情感是我们最好的、最安全的和最亲切的指南"。①

如果说大部分被告利用自我辩护来证明自己的清白或请求法庭的宽恕，那些因坚持个人信仰或信念而受审的犯人不仅会否定甚至蔑视对自己的指控，还会将法庭变成自己慷慨陈词和发表观点的讲坛。诉诸同情依然是情感表达的核心，但在这个过程中我们可以看到更多情感的相互作用，以及语言表达和修辞上的技巧。美国人托马斯·劳埃德（Thomas Lloyd）在 1791 年伦敦探亲期间陷入经济困难，后因欠债被监禁于舰队监狱。在服刑期间劳埃德因在监狱教堂的门上贴了一张写有"共和原则宣言"的海报而被控煽动诽谤英国政府并被定罪。劳埃德在审判中不仅为自己，还为其他因破产欠债而身陷囹圄的人辩护。即使今日，这些辩词依然令人动容。

> 作为人，作为英国人，作为基督徒，仁慈的声音在召唤你们！难道你们对那些受苦受难的人们无动于衷吗？看看这个被你们从哭泣的家庭中夺走的人吧！他疯掉的妻子的泪水，他那饥肠辘辘的婴孩的哭喊，难道不能刺痛你们的良心吗？他们曾经那么幸福。父亲为孩子们的生计奔波，但他总是带着慈爱的目光看着微笑的孩子们，将他一生中最亲爱和忠诚的伴侣搂在

---

① Lemmings, "Emotion, Power and Popular Opinion about the Administration of Justice," pp. 87 - 88; George Barrington, *The Memoirs of George Barrington*, London: Bird and Simmonds, 1790, p. 10.

怀中。他将辛劳变成了一种乐趣，他为家人操劳，为公共福祉操劳。他那凹陷的双颊和憔悴的眼神，无不表明他内心承受的痛苦。他被隔绝于自由和白昼之外，困在垃圾之中；他被所有人遗弃，和自己深爱的分离；他的人生支离破碎，在憔悴中走向死亡，这个无助的人就是你贪婪的牺牲品！①

劳埃德、巴灵顿、阿什顿和史密斯等人的案例说明，被告人知道如何利用符合时代精神的善感文化和道德观念，通过诉诸悔恨、同情和怜悯等情感来寻求法庭的宽恕或为自己辩解。即便如此，大多数被告人或因无法在开庭前获知诉状的内容并进行充分准备，或因缺乏专业知识和辩论技巧，或因审判时由于恐惧和紧张而张口结舌，或因审判过程粗糙仓促等原因，往往难以把握机会，充分调动观点和情感为自己辩护。由于被告人在审判中处于不利地位，合法权利经常得不到保障，法官开始允许辩护律师出庭参与刑事审判。辩护律师制度的形成经历了一个漫长的过程。根据约翰·朗拜因（John Langein）的研究，在 17 世纪辩护律师参与轻罪审判已较为常见，但重罪和叛国罪等案件的审判始终将辩护律师拒之门外，在这类案件中辩护律师仅能就法律问题提出质疑，无权介入案情和事实问题的争论。1695 年通过的《叛国罪审判法》允许律师出庭辩护，尽管这一法律的适用范围狭窄，但它确立的辩护律师制度开始推广到以普通民众为被告主体的其他重罪领域。18 世纪 30 年代，辩护律师开始出现走进重罪审判庭，随着 18 世纪末越来越多的辩护律师参与重罪审判，对抗制在刑事司法领域全面建立起来。尽管在 1836 年以前辩护律师依旧不允许向陪审团介绍和总结案情，无法就事实和证据发表评论，但辩护律师的参与从形式上拉平了控辩双方的诉讼关系，一定程度上保护了被告的权利。控辩双方的律师通过提出专业法律观点，对当事人和证人进行交叉盘问，排除可疑

---

① Howell，ed.，*A Complete Collection of State Trial*，vol. 22，p. 349.

证据，破坏对方信誉等手段，提高了审判的质量，成为法庭调查的主角。①

不可否认，刑事审判的律师化使专业的法律知识和严密的逻辑推理取代了过去双方当事人相互争吵的审判模式，一定程度上压制了当事人的情感宣泄，甚至连法官的角色也随着律师的介入变得更加低调。但是我们不能就此认为情感被理性取代甚至被逐出了法庭，因为双方律师的目标都是为了说服和打动陪审团，使之作出利于己方的判决。他们凭借专业知识和辩论技巧，能够极大地增强情感表达的感染力，从而影响甚至操控审判的结果。这是一个显而易见的事实，甚至不需要过多论证。前述霍金斯反对辩护律师出庭的观点，就间接证明了律师在表达和控制情感方面的优势。法学家帕尔顿在 1609 年指出："若由专业律师为被告辩护，他们可能把事情隐藏在演讲之中，掩盖于言辞之下，使证据很难显露出来，或者需要更长时间才能发现真相。"② 18 世纪末 19 世纪初的英国社会改革家弗朗西斯·普雷斯（Francis Place）用厌恶的口吻描述律师在审判中如何操弄情感、虚张声势、颠倒黑白和追名逐利：

> 越是卑鄙无耻、臭名昭著的案件，他就越愿意去起诉或辩护，这给他提供了巨大的卖弄空间。他戴上双尾假发和绶带，穿上长袍，高调地走进法庭，从蓝色的包里拿出一叠文件在自己面前晃动，做出许多动作吸引人们的注意力，既引起无知者的钦佩、敬畏和惊奇，又满足了他自己的傲慢和自负。他情绪激昂地演讲，刺激或安慰听众的激情。他注视着法官和陪审团，竭力迎合他们。他盘问证人，或使其退缩。他蔑视或压制

---

① 总的来看，有辩护律师参与的审判不占多数，1800 年前后老贝利法庭约三分之二的审判没有律师的参与。Langbein, *The Origin of Adversary Criminal Trial*.

② Langbein, *The Origin of Adversary Criminal Trial*, p. 35.

证据，歪曲、夸大或利用出现的情况。他不遗漏任何他认为有
助于确定或迷惑案情的东西。无论哪种情况，他都能成功扮演
自己的角色，获得一个对他有利的裁决。他和其他舞台演员一
样，都为自己的成功欢欣鼓舞，收获经久不息的掌声，并确信
自己正在通往财富和名望的道路上。①

　　司法审判的律师化非但没有以理性之名压制情感，反而增强了
法庭的舞台和戏剧效应。律师的询问和演讲犹如舞台表演，既讲究
技巧和形式，又富有艺术性和感染力。他们或诉诸激情打动听众，
或摆出一副严肃镇定的样子，用冷静自信和逻辑严密的语言击穿对
方的心灵。西蒙·德弗罗（Simon Devereaux）发现，法庭和剧院
之所以表现出诸多相似性，还在于 18 世纪英国的出庭律师和戏剧
演员经常做客对方主场，相互学习借鉴，以求在各自的"戏台"上
打动观众。② 有律师参与的审判尤其吸引民众和媒体的关注。在 18
世纪，去老贝利法庭旁听审判和去德鲁里巷观看戏剧一样，成为伦
敦市民一项时髦的活动。《老贝利法庭审判记录》从 1783 年开始标
注出庭律师的姓名，体现出公众对律师个人技能和名声的兴趣的日
益增长。威廉·加罗（William Garrow）和托马斯·厄斯金
（Thomas Erskine）便是长串律师名单中最醒目的名字，他们的共
同特点是能在审判过程中有效控制、利用和煽动情感。19 世纪英
国小说家约翰·杰弗里森（John Cordy Jeaffreson）在《律师之书》
中评价厄斯金是：

　　　　制造戏剧效果的完美大师，他的成功在很大程度上归功于
　　他利用戏剧手法操纵陪审团的激情。在长篇讲演结束后，他经

---

① Simon Devereaux, "Arts of Public Performance: Barristers and Actors in Georgian
England," in David Lemmings, ed. , *Crime, Courtrooms and the Public Sphere in
Britain, 1700 - 1850*, Farnham: Ashgate, 2013, p. 105.

② Devereaux, "Arts of Public Performance," pp. 95 - 97.

常装出一副精疲力竭的样子，以至于陪审席上的 12 位先生们对他的痛苦感到同情，也对他为维护委托人利益所作的付出感到钦佩，他们可能被（厄斯金）慷慨的情感所驱使，作出（对厄斯金的委托人）有利的判决。①

1794 年，英国激进派人士托马斯·沃克因被控密谋颠覆英国政府而受审，辩护律师厄斯金诉诸亲情和人道，动情地对陪审团说："我曾经拜访过他的寒舍，他是一个丈夫，有一位和蔼可亲、温柔善良的妻子，他还是一个幸福的父亲，有着 6 个可爱的孩子。一想到他们此时此刻的心情，我心如刀绞。"② 在为被控叛逆罪的激进派人士托马斯·哈迪的辩护中，厄斯金称，"如果这个人被剥夺生命，我们引以为傲的制度将走向毁灭。"③ 至于律师加罗，则以其咄咄逼人和直率的盘问风格闻名。据一位维多利亚时期的史学家记载，"加罗经常对别的律师说，'被告说的是真话吗？如果不是，我来逼他说。'而且他也经常这么做了，因为大家都承认他是法庭上最优秀的盘问者。"约翰·科利尔（John Payne Collier）评论道，"加罗先生既是演员又是律师，当他不说话时，他也不会停止用表情和陪审员交流。"④ 托马斯·罗兰德森（Thomas Rowlandson）在 1806 年创作了一幅描绘加罗盘问被告人的讽刺漫画，漫画的标题直言"被加罗先生盘问"正是引起"紧张"的原因。画面中加罗左手指着桌上的文件，右手指着被告人的脸，表情严厉，滔滔不绝。被告人攥紧双手，低头弯腰，怯懦恐惧地看着加罗。⑤ 1808 年，罗兰德森创作的另一漫画讽刺了情感主义和感伤文化鼎盛时期最"好

---

① John C. Jeaffreson, *A Book About Lawyers*, 2 vols, New York: Carleton, 1875, p. 47.

② Howell ed., *A Complete Collection of State Trial*, vol. 23, p. 1116.

③ *Morning Post*, 3 November 1794.

④ Devereaux, "Arts of Public Performance," pp. 98 – 100.

⑤ British Museum, Satires: 1869, 0213. 100.

哭"的四类男性，分别是"律师"、"哲学家"、"循道宗牧师"和
"政客"。画中的律师表情急迫，双手摊开，正情绪激动地陈词。①

　　行文至此，略作总结。情感在近代早期英国刑事审判中不仅常
见，而且发挥了重要作用。在以彰显司法威严为核心的情感体制
下，法官、陪审团、双方当事人、律师和旁听民众都须遵守某种体
验和表达情感的规则。法官是这一情感体制的贯彻者和法庭情感的
调节者，法庭的布局、法官的着装和隆重的开庭仪式用震慑人心的
方式激发民众对法律的敬畏。法官的愤怒具有象征性，它借宣布死
刑判决的机会得到了最为充分的表达。但秉公执法理念并非一味诉
诸愤怒和严苛，法官会根据具体的情形，平衡法律和人之常情的关
系。法官怜悯的泪水也是法庭戏剧的一部分，它体现了法官高尚的
情操，又强化了法庭恩威并重的正义形象。被告人的情感受到了法
官和陪审团的仔细观察，成为定罪和量刑的依据。历史学家彼得·
金（Peter King）证实法官会依据被告人的年龄、性别、品德、声
誉、家庭背景和生活处境等因素行使自由裁量权。本文认为，被告
人真诚地表达悔罪之情同样是获得宽恕的重要因素，因为很难想象
一个具备从宽条件但蔑视法庭的罪犯会收获法官和陪审团的仁慈。
最后需要指出，尽管律师的普及改变了以往"争吵式"的审判模
式，但情感非但没有受到压制，反而因为律师的演讲口才和专业知
识获得了更有表演性和戏剧性的表达。"司法无情"并非现实，它
是一个危险的神话，它使学者长期忽视了对古今司法情感的性质和
功能的研究。本文仅列举了近代早期英国刑事司法审判中的情感案
例，更加深入系统的研究尚待推进。这些案例表明，情感史有助于
我们从新的角度反思近代早期英国法律和法治史这类"老问题"，
关注司法情感又能极大地拓展情感史的研究版图。

---

① BM Satires：1893，0612.219.

近代早期英国土地银行的构想及实践[①]

李新宽

（上海师范大学世界史系）

在近代早期的英国，由于货币短缺，不少人主张通过创立土地银行（land bank）来拓展信用货币，到 17 世纪 90 年代，成立土地银行的讨论进入高潮阶段，并且至少有 3 套土地银行方案付诸实施，最终都没有取得成功，但近代早期英国土地银行的构想和实践在今天看来仍有重要意义。从思想上来说，金融史家安托万·墨菲对土地银行探索的评价可谓切中肯綮，指出我们今天对"以土地为抵押来创造一种货币的技术问题兴趣有限"，但这些参与讨论创立土地银行的作品"代表了对既有正统思想的挑战，正统看法是硬币是能够使用的唯一一种类的货币，代表了从金属主义向现代货币理论转变的趋向。以土地和财产为抵押的信用能够构成银行体系资产的一部分，这种看法批驳了货币必须本身具有内在价值或者至少由 100％的金银资产背书这种正统共识。"[②] 此外，土地银行的实践虽然失败了，但这种探索和创新为我们理解近代早期英国金融革命和当今世界的金融创新提供了一个路径和参考视角。因此，不揣冒昧，做一个简单分析，以就教于方家。

---

① 本文为国家社科基金重大项目"英国经济社会史文献学专题研究"（17ZDA225）子课题的阶段性研究成果，上海市高校高峰高原学科建设计划资助的上海师范大学世界史学科阶段性研究成果。

② Antoin E. Murphy, ed., *Monetary Theory: 1601 - 1758*, Vol. I, London and New York: Routledge, 1997, introduction, pp. 21 - 22.

一、土地银行的方案和实施

在 17 世纪 90 年代，为了解决货币短缺和战争引发的政府收入严重不足的问题，创建银行成为当时英国社会的热门话题，在 1692 年 1 月休·张伯伦（Hugh Chamberlain）博士向下议院提交了创建土地银行的建议，与此同时威廉·帕特森（William Paterson）提交了创建英格兰银行的方案，土地银行和英格兰银行作为两大竞争性方案，引发了当时人对两大方案优缺点的广泛讨论，虽然下议院一个委员会在报告中认为张伯伦"博士的建议切实可行"，休·张伯伦也在 1693 年请求下议院重新考虑他的建议，但他的方案并没有获得多少支持，而英格兰银行方案在朝廷重臣查尔斯·蒙塔古（Charles Montague）的支持下在 1694 年获得议会授权，批准成立。[1]

随后在 1695 年，除了张伯伦重启他的土地银行方案外，约翰·阿斯吉尔（John Asgill）和尼古拉斯·巴本（Nicholas Barbon）也提出了一套土地银行建设方案，约翰·布里斯科（John Briscoe）提出了另一套方案，至此有 3 套土地银行方案在一年内启动。到 1696 年 2 月，后两套方案的创始人同意合作，两套方案合并后的新公司在 4 月获得议会批准为法人"英国土地银行董事和公司"（the Governor and Company of the National Land Bank of England），[2] 土地银行构想开始付诸实践，但最终在认购股份时流产。这些土地银行方案的实践都没有获得成功。

那么当时休·张伯伦博士、尼古拉斯·巴本、约翰·阿斯吉

---

① Steve Pincus and Alice Wolfram, "A Proactive State? The Land Bank, Investment and Party Politics in the 1690s," in Perry Gauci, ed., *Regulating the British Economy*, *1660 - 1850*, Surrey: Ashgate, 2011, p. 46.

② Henry Roseveare, *The Financial Revolution 1660 - 1760*, London and New York: Longman, 1991, p. 39.

尔、约翰·布里斯科等土地银行的主要倡导者提出的方案具体内容
是什么？是否切实可行呢？我们先做一个简单介绍和分析。

休·张伯伦早在 1665 年就打算创建一家伦巴底银行
（Lumbard Bank），构想以范围广泛的一系列物品做抵押来贷款，
类似于现代典当铺。[①] 早在 1689 年的一份手稿中他提出了土地银行
的设想，一年后出版，他的土地银行灵感可以追溯到 1682 年他与
伦敦当局达成的一份协议。[②] 霍斯菲尔德把休·张伯伦的土地银行
思想总结为一个三段论："贸易的最佳基础是信用，信用的最佳基
础是土地，因此贸易的最佳基础是土地信用。"而且，这样的信用
和货币一样好，因为它拥有后者所有的优点——某些方面更优——
那就是内在价值（因为它代表着土地）；方便；耐用；轻便；一种
票面就显示了其价值的证书，这样，因为货币明显相当匮乏，信用
的增加则有大量的潜力，土地银行对这一全国性问题是明显的解决
方案。[③] 休·张伯伦在英格兰和苏格兰多次向议会提出他的主张，
并不断完善他的方案。从 1695 年他提出的方案来看，他为加入土
地银行的人提供了三个选项，第一个是，地产拥有者可以把土地抵
押给土地信贷处（the office of land credit）150 年，每年会收到 150
镑租金，还可分配到 8000 镑银行券，每年仅向信贷处支付 0.25%
利息，本金在 100 年里以每年 1% 的利息偿还；第二个是，他可以
借同样的数目，每年支付 1.25% 的利息，不用归还本金；第三个
是，他可以完全出售他的土地 80 年，收取土地银行券作为款项。
这个方案的秘密在于通过土地信贷处印制的银行券来支付，其成本
包括印制费用、维持信贷处费用，仅小额利息就可以实现可观的利

---

① Antoin E. Murphy, ed., *Monetary Theory: 1601 – 1758*, Vol. I, introduction,
   p. 26.
② J. Keith Horsefield, *British Experiments 1650 – 1710*, London: G. Bell and Sons
   Ltd, 1960, p. 157.
③ J. Keith Horsefield, *British Experiments 1650 – 1710*, pp. 159 – 160.

润。① 休·张伯伦的方案版本众多，同一个版本也多次修改。② 史
家威廉·罗伯特·斯科特认为休·张伯伦的银行设计方案有一个致
命缺陷，那就是没有考虑银行券必然会贬值的问题。这样的话，发
行它的机构也必须接收它，虚构出来的利润就会消失，连休·张伯
伦也直言不讳地承认全盘生意就是一项赌博。③

约翰·阿斯吉尔和尼古拉斯·巴本的方案是一种土地抵押银行
的原型，它的章程规定提供抵押地产实际货币价值四分之三的贷
款，其运作机制由三本账（a treble series of books）构成，一本包
含市场价值（审计价值"the value of the auditor"），另一本包含
总数四分之三的价值（登记价值"the value of the register"），第
三本包含剩余四分之一的价值（赎回权"the equity of
redemption"），出借的数额不能超过登记价值，以账票（"the bill
of charge"）的形式付给借款人，面额分为 1000 镑、500 镑、100
镑、50 镑，利息季付 3.5%，半年付 4%。为了让这些账票能够流
通，进行公开认购，认购额度是到 1695 年 8 月 30 日须达到 10 万
镑。在 10 月 19 日当天或之前交付认购款的 20%，建立账票保险基
金（fund for insurance of "the bill of charge"），基金首先是由已收
资本金里留出 1 万镑，其次是从收取的贷款利息里拿出 0.5%
构成。④

约翰·布里斯科的方案不同之处在于称为"全国土地银行"
（the National Land Bank），直接购买地产，农业土地购买 20 年，

① William Robert Scott, *The Constitution and Finance of English, Scottish and Irish Joint-Stock Companies to 1720*, Vol. III, Cambridge: Cambridge University Press, 1912. p. 247; Hugh Chamberlen, *A Proposal by Dr. Hugh Chamberlen in Essex-Street, for a Bank of Secure Current Credit to be Founded upon Land*, London: Printed for T. Sowle, 1695, pp. 3 - 4.

② J. Keith Horsefield, *British Monetary Experiments 1650 - 1710*, pp. 158 - 159.

③ William Robert Scott, *The Constitution and Finance of English, Scottish and Irish Joint-Stock Companies to 1720*, Vol. III, pp. 247 - 248.

④ William Robert Scott, *The Constitution and Finance of English, Scottish and Irish Joint-Stock Companies to 1720*, Vol. III, pp. 249 - 250.

地租购买 22 年，房屋财产购买 17 年，贷款数也是总价的四分之三，给贷款人支付钞票，利息是每日 2 便士或者每年 3 镑 10 便士。除了土地担保运作，还以现金的形式认购 100 万镑，在 1695 年 9 月 29 日交付 10%，根据方案，1500 镑现金等于 2000 镑土地金，也就是一开始就打折，认购者会收到 3% 的利息，认购名单从 6 月 11 日开放。①

约翰·布里斯科的银行方案和约翰·阿斯吉尔与尼古拉斯·巴本的方案在市场上认购情况并不理想，这样由于现金认购的困难和政府财政的急迫需求，这两大方案在提交下院后合并，新公司在 1696 年 4 月获得议会批准为法人"英国土地银行董事和公司"，合并法案向投资者保证每年 7% 的收益，贷款给政府 2,564,000 镑，其中一半必须在 8 月 1 日号之前认购。但最终认购失败，仅有 3 名认购者现身，认购总数 2100 镑。② 再加上国王的 5000 镑，认购总数只有 7100 镑。张伯伦的土地信贷处虽然仍苟延残喘了一段时间，但最后也不了了之。③

二、土地银行失败原因简析

17 世纪 90 年代的 3 套土地银行的方案，没有一个在英国获得成功，是不是说明土地银行根本不可行呢？肯定不是，因为在英属美洲殖民地成立的几家土地银行，一直持续营业到 18 世纪 60 年代。④ 那么，英国的土地银行失败主要原因是什么？下面做一个简单分析。

---

① William Robert Scott, *The Constitution and Finance of English*, *Scottish and Irish Joint-Stock Companies to 1720*, Vol. III, pp. 250 – 251.

② Henry Roseveare, *The Financial Revolution 1660 – 1760*, p. 39.

③ J. Keith Horsefield, *British Monetary Experiments 1650 – 1710*, pp. 172 – 173.

④ P. G. M. Dickson, *The Financial Revolution in England*：*A Study in the Development of Public Credit*, *1688 – 1756*, New York：Routledge, 1993, p. 6.

第一个原因是土地银行本身的制度设计存在重大缺陷，土地银行倡导者本身对银行业务并不是太熟悉，方案构想中错漏百出，从而限制了自身的发展，也没有取得市场的信任。

"英国土地银行"虽然获得了议会的支持，但其创建方案中仍有致命缺陷，不符合当时英国经济的现实情势和发展趋势，金融史家安妮·墨菲看到了症结所在，她认为土地银行有两个缺陷使其迅速走向失败，一是它寻求以硬币筹集认购款，而其时由于货币重铸等原因硬币严重短缺；二是土地银行方案规定，任何和英格兰银行有联系的人都被阻止投资土地银行，这就显著地减少了土地银行能够吸纳的认购资本金，最终这一规划仅认购了 7100 英镑，这些款项也只有 1/4 缴纳。[①] 第一项缺陷与同年英国货币市场紧绷的经济情势相叠加，自然会导致认购应者寥寥，第二项缺陷等于是自外于当时最有可能的投资者，等于在一开始就把潜在的投资者拒之门外。

除了认购制度设计的缺陷，由于知识结构等原因，他们的方案中对投资与收益的估算还存在着计算错误，以己昏昏，不能使人昭昭，所以并不能取信于金融市场。休·张伯伦多次向英格兰议会和苏格兰议会兜售自己的土地银行设计方案，这些方案也多次出版，在这些不同的版本中，投资收益估算有的相同，有的则完全不同，但估算明显犯了比较低级的数字计算错误，导致漏洞百出，在 1695 年底一本匿名小册子专门指出了他的计算错误。面对这种强烈质疑，张伯伦不得不予以回应和辩护，但他在答辩中数字计算仍然存在错谬。此外，张伯伦在起草的土地银行章程中也总把现在手头拥有 100 镑的作用和 100 年内每年拥有 1 镑的作用混为一谈。[②] 显见他对经济事务并不在行，对银行和金融业务并不是成竹在胸。

① Anne L. Murphy, *The Origins of English Financial Markets*: *Investment and Speculation before the South Bubble*, Cambridge: Cambridge University Press, 2009, p. 57.

② J. Keith Horsefield, *British Monetary Experiments 1650 - 1710*, pp. 167 - 171.

第二个原因与当时的经济情势密切相关，那就是在 1695 年下半年至 1696 年上半年，正是英国货币数量紧绷和酝酿货币大重铸的时间，正常的利息根本借不到钱，更别说股票认购。

威廉·罗伯特·斯科特认为，土地银行认败的原因不难寻找，它出现在一个最糟糕的时候，当时英格兰银行的成立已经吸收了市场上大量的资金，战争费用使得货币短缺状况极度恶化，当时只得暂停现金支付，现金在当时奇货可居，没有人会为了 7% 的利息而去认购股票。① 再加上由于窖藏、切削等导致流通中的货币急剧减少，从 1693—1696 年间，共召回铸造了 3,709,437 镑 14 先令 5 便士的货币，但这些铸币投入市场后几乎立刻或者被熔化成银块，或者用于出口或窖藏，很少流通，一位商人当时收到 35 镑的款项，只有一枚半克朗的银币是铸币，1695 年 5 月 3 日出台的禁止伪造和切削货币法案也没有产生任何效果，"到 1695 年末，金银贵金属和几尼的价格上涨到惊人的程度，汇率急剧下跌"，在这一年，货币是如此紧缺，以至于英国政府甚至试图截留外国货币，通过提升其价值，以阻止其出口，在货币大重铸之前，金银的市场价格剧烈波动，1695 年一年之内汇率变动了 39 次，银价变动了 21 次，几尼价格变动了 24 次。②

休·张伯伦早在 1695 年底就感受到了货币市场的凌厉寒风，他在约翰·霍顿主办的周报上刊登广告，加大了筹建中的土地银行认购回馈力度，承诺每投资 100 英镑，4 年内每年会有 35 镑的收益，相当于每年 15% 的收益，这样就 2 倍于法定利息，这一广告从 1695 年 12 月 20 日开始，在接下来的 19 周重复刊登了 17 次。在 1696 年出版的一篇文章中，张伯伦除了重复以前广告中的优惠条

---

① William Robert Scott, *The Constitution and Finance of English, Scottish and Irish Joint-Stock Companies to 1720*, Vol. III, p. 252.

② Ming-Hsun Li, *The Great Recoinage of 1696 to 1699*, London: Weidenfeld and Nicolson, 1963, pp. 53 – 59.

件，进一步加大了投资收益力度，以吸引投资者。① 这样盲目地不断抬高收益率的行为更会加大市场的疑虑。

第三个原因是少数辉格党大臣为了不影响自己在朝局中的影响力和权势，暗中阻挠的结果，这也是辉格史学为什么要把土地银行塑造成托利党为了搞垮辉格党英格兰银行的阴谋的原因所在。

土地银行产生于英国两党政治形成的关键时期，土地银行本身的设计理念肯定会受到拥有土地者的青睐，亨利·罗斯维尔指出，土地银行的想法由来已久，其抵押担保品由登记的土地构成，本质上它设想的是一种大规模按揭，但现代房屋购买者是利用他们未来的收入来获得财产，土地银行的认购者是用他们的财产获得未来的收入，这种收入多数是可转让的计息纸币的形式。这就具有诸多吸引力，土地是持久耐用、明显可见的，不像金和银，这些属性极大地吸引了英国的乡绅。② 但是，所有的土地银行设计方案并不是只针对拥有土地的人，也不是两党对决的工具。

如果说土地银行跟政治有关，绝不是辉格党长期以来宣扬和塑造的托利党阴谋，相反，丹尼斯·鲁比尼指出，土地银行的失败是出任政府大臣的辉格党小团体所希望看到的，土地银行触犯了这个小团体的政治和经济利益，如果土地银行成功只会给他们带来麻烦，因为他们通过英格兰银行间接扩大了对国王的影响力，为他们在未来国王驾崩后提供了某种政治保障。在下议院的土地银行授权法案中，有一条规定对土地银行的成败关系莫大，那就是规定把和英格兰银行有任何联系的人被排除在参与新的冒险之外。丹尼斯·鲁比尼指出，我们现在不能确定谁应该为这一极端条款负责，根据辉格大臣小团体随后的行为来看，有人怀疑他们可能与这项决定有关。由此，丹尼斯·鲁比尼认为，辉格大臣小团体对土地银行的失

---

① J. Keith Horsefield, *British Monetary Experiments 1650–1710*, p. 168.

② Henry Roseveare, *The Financial Revolution 1660–1760*, pp. 39, 58–59.

败负有相当大的责任。① 因此,这绝不是党派之争,而是一小伙人为了自己的政治利益,以党派之争为借口牺牲了英国金融业发展的一大机遇。

三、土地银行的学术争议

在学术界关于土地银行最大的争议是与党派政治的关系,实际这也牵涉到土地银行的性质和动机,下面做一个简单的分梳:

到目前为止,对土地银行的性质或者说为什么在 17 世纪 90 年代会出现创立土地银行的建议和实践,存在着四种不同的解释模式:

一是党派斗争模式,认为建立土地银行的倡议完全是托利党针对辉格党建立的英格兰银行的政治斗争。在汉诺威时代和维多利亚时代的叙事中,土地银行就被紧紧地与党派政治联系在一起。从 18 世纪 30 年代开始,土地银行被辉格党人在报纸和各种小册子中严厉谴责为"光荣革命敌人"的构想,这些人愚昧地宣称英格兰银行"仅对少数商人有利",其目的是毁灭"古老的乡绅",因此辉格党人认为,土地银行是一场政治骗局,"这个计划是如此之坏",其"规划者"的"信用和权威是如此低下"以致规划"完全失败",给英国带来了灾难性后果。② 这种辉格党的叙事模式影响一直至今。史家史蒂夫·平克斯和爱丽丝·沃尔弗拉姆认为,围绕土地银行的创立和谁投资了全国土地银行的讨论,揭示了土地银行的捍卫者和英格兰银行的倡导者和投资者之间深刻的意识形态和社会分歧,当时的讨论愈来愈多地揭示了光荣革命浪潮中的政党政治偏好,围绕

---

① Dennis Rubini, "Politics and the Battle for the Banks, 1688 - 1697," *The English Historical Review*, Vol. 85, No. 337 (Oct. , 1970), pp. 704, 705, 713.

② Steve Pincus and Alice Wolfram, "A Proactive State? The Land Bank, Investment and Party Politics in the 1690s," in Perry Gauci, ed. , *Regulating the British Economy*, *1660 - 1850*, p. 41.

土地银行和英格兰银行这两个"竞争性的银行计划"痛苦的党派政治斗争"已经成为重新定义党派政治的关键时刻"。[1] 保罗·斯莱克同样认为，在 1694—1695 年，英格兰银行的拥护者和土地银行的拥护者之间的小册子大战，使得辉格党和托利党势不两立，加剧了贸易和土地之间的利益冲突，但双方都同样假托国家利益诘难对方。[2]

二是宪政促进公共信用模式。道格拉斯·C. 诺斯和巴里·R. 温格斯特认为，光荣革命后的宪政安排为公共信用提供了保障，因为这一安排限制了君主的专断权力和不负责任的行为，国家权力向议会的转移让投资者相信他们的资本是安全的，国家债务及利息偿还和支付是得到了保证的，由英格兰银行处理大部分政府债务意味着银行成为政府承诺的监管者和执行者。[3] 但正如安妮·墨菲所批评的那样，议会虽然获得了国家的财政大权，但议会还没有学会负起责任或做到自律，它也没有管理大规模财政的经验，结果是错漏百出，先是不愿意在短时间增加新税，不得不在战争初期靠大量的短期借贷来维持，导致这笔没有还清，那笔又到期，引入长期债券后，执行方案所费不赀，复杂且难以管理，同时当时的规划家和政治算术家用过于乐观的估算误导议会接受他们的建议。[4] 土地银行方案之所以能够在议会闯关成功，就是由于当时战争急需金钱的情况下，议员们只看到了方案中贷给政府的 256 万 4 千镑，根本没有考虑方案是否可行。

① Steve Pincus and Alice Wolfram, "A Proactive State? The Land Bank, Investment and Party Politics in the 1690s," in Perry Gauci, ed., *Regulating the British Economy, 1660–1850*, pp. 45, 61.

② Paul Slack, *The Invention of Improvement: Information and Material Progress in Seventeenth-Century England*, Oxford: Oxford University Press, 2015, p. 182.

③ D. C. North and B. R. Weingast, "Constitutions and Commitment: The Evolution of Institutions Governing Public Choice in a Seventeenth Century England," *Journal of Economic History*, Vol. 49 (1989), p. 811.

④ Anne L. Murphy, *The Origins of English Financial Markets: Investment and Speculation before the South Bubble*, pp. 55–56.

　　三是外部强加模式。一些学者认为金融革命是荷兰因素强加给英国的结果，大多数英国人缺乏创立英格兰银行和土地银行这种经济革新背后的概念工具。邀请威廉来英国的那些人并没有完全预料到也并不完全愿意看到光荣革命的这一真正革命性后果，英国人认为威廉来英国当国王，把英国拖入了与法国的多年战争，为解决战争费用，不得不引入长期国债，所以是金融革命是外来因素导致的。他们使用隐喻和转义等修辞手法来反对现代金融制度，波考克就曾指出，金融革命的捍卫者和批评者不管有多大的分歧，"所有英国奥古斯都时代[①]的政治经济分析家接受了土地、贸易和信用的相互依赖"，辉格党和托利党"共享的不仅是经济事实的同一类读物，而且是同样的深层价值体系，其中市民美德和道德个性的唯一物质基础被认为是（财产）自主和不动产"，英国所有的社会群体还共享着同样的经济假设：财产是有限的，且由土地地产界定，贸易仅仅是土地上产品的交换，因此，地产是政治权力的基础。[②] 这种修辞的背后含义是，土地才是英国本身财富和权力的基础，金融是外来影响的产物。

　　四是非政治解释模式，认为土地银行是为了解决光荣革命后严重的战争金融危机而提出的，金融革命是长期以来私人活动的产物，和政治没有多大关系。金融史家安妮·墨菲就认为创立土地银行和政党政治没有多少关系，土地银行"获得了跨越政治光谱的支持"。[③]

　　笔者认为，这一时期是党派政治形成的关键时期，土地银行的

---

① 指安娜女王在位时期。

② Steve Pincus and Alice Wolfram, "A Proactive State? The Land Bank, Investment and Party Politics in the 1690s," in Perry Gauci, ed., *Regulating the British Economy*, *1660 – 1850*, p. 42; J. G. A. Pocock, *The Machiavellian Moment: Florentine Political Thought and the Atlantic Republican Tradition*, Princeton: Princeton University Press, 1975, pp. 424–426.

③ Anne L. Murphy, *The Origins of English Financial Markets: Investment and Speculation before the South Bubble*, p. 57.

倡议和成立虽然被裹挟进两党斗争中，不可避免地受到党派之争的影响，但把土地银行的性质完全放在党派之争的解释框架内是不恰当的，诸多史家也反对这种把当时的经济和社会现象都党派政治化的解释模式，如布鲁斯·卡鲁瑟斯就认为"辉格-托利分裂的核心在于对教会、宽容和非国教问题上的争论，这些争议与经济无关。"[1] 威廉·罗伯特·斯科特也指出所有对休·张伯伦土地银行方案的关注都放在了土地利益集团和金钱利益集团的争斗上，而忽略了方案的根本缺陷。[2] 丹尼斯·鲁比尼指出"全国土地银行完全不像那些优秀的辉格史学家毕晓普·伯内特、麦考利和 W. A. 肖相信的那样，是托利党推翻政府阴谋的一部分。土地银行是议会中大多数倾向于战争的议员的产物，得到了勇士王威廉三世的批准，甚至使用传统辉格-托利术语都让人质疑其明智性。"[3] 因此，土地银行与党派政治的关系值得进一步探讨。

四、成立土地银行的动机剖析

拨开土地银行争议中的话语策略和作为借口的国家利益叙事模式，去考察成立土地银行的性质和动机，我们就会发现，土地银行其实与党争关系不大：

首先，要理解当时人为什么会急切地创建银行，从经济发展角度来看，实际上原因在于英国货币短缺严重，在更早的时候就不断有人倡议建立银行拓展纸币信用，扩大货币流通量，这是建立土地银行的主要诉求。

通过建立土地银行发行信用货币来矫正贵金属作为货币的弊

---

[1] Bruce Carruthers, *City of Capital: Politics and Markets in the English Financial Revolution*, Princeton: Princeton University Press, 1996, p. 198.

[2] William Robert Scott, *The Constitution and Finance of English, Scottish and Irish Joint-Stock Companies to 1720*, Vol. III, p. 248.

[3] Dennis Rubini, "Politics and the Battle for the Banks, 1688 - 1697," p. 693.

端，解决英国经济发展中货币短缺的现实问题，这种思想和建议在近代早期逐渐发展，在 17 世纪 90 年代到达高潮，并得到了实践，虽然实践没有成功，建立土地银行的思想在 18 世纪仍不断产生回响。

当时人看到了日常生活和交易中货币短缺的现状，并认为这种短缺推动了对货币的需求，约翰·阿斯吉尔指出"过去王国内依赖硬币支付的交易现在远远超过王国内所有货币的总量。"[1] 面对货币短缺的现状，发展信用货币就成为一种选择。当时英国民间已经发展出一套精致的私人信用网络，[2] 但由于当时的信用工具如票据、债券、抵押等不能流通和转让，并不能完全解决货币短缺问题，如何借鉴欧洲大陆银行业的经验，在英国创立一家充足信用保障的银行成为英国人考虑的问题。威廉·波特在 1650 年建议由少数知名的和具有足够信用的大商人联合创造一种新的信用货币或者设立土地银行，因为通过抵押土地，土地银行能够创造一种信用货币，具有"像金银一样的真正内在价值"，可以用于全国范围内的交易。[3] 从 17 世纪 50 年代威廉·波特开启土地银行方案的讨论之后，通过土地银行创立流通信用货币的讨论从未从考虑中消失。[4] 商人弗朗西斯·克雷多克在 1661 年认为土地是最理想的担保，因为土地是"一种确定无疑的担保和抵押"。[5] 爱德华·福德爵士在伦敦大瘟疫和伦敦大火之后倡议创立不同类型的信用货币，以供不同类型的对应人群使用，首先就是创立土地银行，因为"很明显，土地担

---

[1] John Asgill, *Several Assertions Proved*, *in Order to Create another Species of Money than Gold and Silver*, in Antoin E. Murphy, ed., *Monetary Theory*: *1601 - 1758*, Vol. III, p. 333.

[2] Craig Muldrew, *The Economy of Obligation*: *The Culture of Credit and Social Relations in Early Modern England*, Hampshire: Palgrave, 1998, p. 100.

[3] Carl Wennerlind, *Casualties of Credit*: *The English Financial Revolution*, *1620 - 1720*, Cambridge, Mass.: Harvard University Press, 2011, p. 70.

[4] Carl Wennerlind, *Casualties of Credit*: *The English Financial Revolution*, *1620 - 1720*, p. 114.

[5] Francis Cradocke, *Wealth discovered*, London: Printed by E. C., 1661, p. 9.

保是所有担保中最安全和最令人满意的……没有作假的危险。"①

史家 J. K. 霍斯菲尔德指出，大多数关于休·张伯伦土地银行的争议点是他坚持他的"信用票据"必须是法定货币。② 张伯伦之所以坚持土地银行争取由议会批准成为"新的货币"，使其"绝不比货币差"，针对的就是当时社会面临的货币短缺问题。在休·张伯伦 1695 年出版的土地银行建议书中，他开门见山地指出"货币的大匮乏，收到劣币的危险，再加上几尼兑换率的不确定，使得人们更愿意以银行票据或金匠钞票而不是以货币硬币来接收债务，通过这些手段，信用得以牢固确立，可以很容易就投入使用。"③ 他还列举了设立土地银行的好处，并对诸多反对意见进行了驳斥。④ 约翰·阿斯吉尔在提出设立土地银行的建议时，也是开门见山提出"看来必需创立另一种不同于金银的货币"，因为现有货币满足不了交易的需求，他还认为货币本质上就是一种记账单位，"货币的唯一用处是用其给其他东西记账，它是根据人为规则找出来的一种贸易工具"，"货币没有其他价值，只是数字或账目，以此人们互相记账。但是因为货币现在成为一种共同的抵押品，它必须由本身有其他用途的实际价值的某种东西构成，藉此无论谁拥有这些支付标记，用它们可以购买任何商品。"⑤ 这些分析深化了当时人对货币的

① Edward Forde, *Experimented proposals how the king may have money to pay and maintain his fleets with ease to his people*, London: Printed by William Godbid, 1666, p. 2.

② J. Keith Horsefield, *British Experiments 1650 - 1710*, p. 158.

③ Hugh Chamberlen, *A Proposal by Dr. Hugh Chamberlen in Essex-Street, for a Bank of Secure Current Credit to be Founded upon Land*, London: Printed for T. Sowle, 1695, p. 1.

④ Hugh Chamberlen and James Armour, *Proposal by Doctor Hugh Chamberlen and James Armour, for a Landcredit*, in Antoin E. Murphy, ed., *Monetary Theory: 1601 - 1758*, Vol. IV, p. 238.

⑤ John Asgill, *Several Assertions Proved, in Order to Create another Species of Money than Gold and Silver*, in Antoin E. Murphy, ed., *Monetary Theory: 1601 - 1758*, Vol. III, pp. 335, 337.

认识，为创立土地银行提供了思想基础。

其次，成立土地银行的倡议有一个漫长的思想谱系，早在 17 世纪 50 年代威廉·波特就开始倡议建立土地银行，在这个时间点，辉格党和托利党的党派历史还没有拉开帷幕。

威廉·波特在 17 世纪 50 年代认为，货币只是一种"代价券或票券"，金银已经证明有能力扮演好这一角色，信用货币能够扮演同样的角色，关键在于信用货币要有坚实的抵押保证，使得信用货币"在所有方面与货币一样好"，这样，信用就能够向社会打开"富裕仓库"的大门，也使得信用成为"富裕的真正种子"，因此货币之外，除了信用，"没有什么东西能够赖以经常方便地出售他们的商品。随之而来的是，既然情形如此，既能接纳又能倍增这块土地上衰败的贸易的唯一合理手段是增加商人间坚挺的已知信用。"① 威廉·波特的作品被金融史家安托万·墨菲评价为"在英国引进土地银行的首次严肃尝试"②。大力提倡土地银行的休·张伯伦的父亲彼得·张伯伦早在 1649 年就建议成立一家公共银行来促进贸易发展，增加货币供给，降低利率，吸引外来投资。③ 虽然彼得·张伯伦在文中未具体明言这一公共银行是土地银行，但他认为"这将是欧洲基础最牢固并能看得见的一家银行"④，据此我们将其视为土地为抵押或保障的银行也是合理的，因为在当时人思想中，只有土地是最安全和最牢固的财产。

从波特开始，许多经济思想者提倡设立土地银行或商业银行等各类银行来拓展信用货币，提倡建立土地银行以拓展信用的主要经济思想家除了威廉·波特，还有切尼·卡尔佩珀爵士（Sir Cheney

① William Potter, *The Key of Wealth*, London: Printed by R. A. , 1650, pp. 38，56.

② Antoin E. Murphy, ed. , *Monetary Theory: 1601 - 1758*, Vol. I, introduction, p. 25.

③ Peter Chamberlen, *The Poor Mans Advocate*, London: Printed for Giles Calvert, 1649, pp. 6 - 7.

④ Peter Chamberlen, *The Poor Mans Advocate*, p. 6.

Culpeper)、休·张伯伦博士、约翰·布里斯科、约翰·阿斯吉尔、尼古拉斯·巴本、约翰·劳等人。① 到 18 世纪初，詹姆斯·阿穆尔（James Armour）曾向苏格兰议会、约翰·劳（John Law）曾向英国当局推销自己的土地银行方案，② 张伯伦也在坚持不懈地向苏格兰议会和安妮女王推销自己重新设计的土地银行方案，安妮女王甚至给苏格兰议会写信，推荐张伯伦的新方案，苏格兰议会一并讨论了张伯伦和约翰·劳的土地银行方案，最后的结论是"经过在此的论证和讨论，大家一致认为，由议会法案强力推行纸币信用不适合本国。"③ 一直到 18 世纪 20、30 年代，仍有人主张通过建立公共土地银行来管理信用货币的发行。④

最后，当时最积极倡导成立土地银行的著名人士，基本上都没有拥有土地的身份或职业背景，而且支持土地银行创建并发展的人并不全是土地拥有者。

在土地银行的积极倡导和实践者中，休·张伯伦博士曾是国王查理二世的随身医生；约翰·布里斯科可能是一位冒险商人；尼古拉斯·巴本虽然曾在 1666 年伦敦大火之后从事过房地产建筑，但与真正靠乡村土地生活的乡绅是很大不同的，此外他是伦敦首家火险公司创始人；约翰·阿斯吉尔虽然兴趣广泛，比如曾任孤儿基金受托人，但与乡村土地利益也没有关系。在创立全国土地银行的 9 位主要领导人，只有约瑟夫·赫恩爵士和托马斯·梅尔斯爵士两位能被算作是温和的托利党人，也没有证据表明托利党控制了土地银行。⑤

---

① J. Keith Horsefield，*British Monetary Experiments 1650–1710*，pp. 156–220.
② Antoin E. Murphy, ed., *Monetary Theory: 1601–1758*，Vol. I, introduction, p. 29.
③ J. Keith Horsefield，*British Monetary Experiments 1650–1710*，pp. 174–178.
④ George Berkeley，*The Querist, containing several queries, proposed to the consideration of the public*，Dublin: Printed by R. Reilly, 1725, pp. 38, 40.
⑤ Dennis Rubini，"Politics and the Battle for the Banks, 1688–1697," p. 702.

至于土地银行的认购者中拥有土地的乡绅数远高于英格兰银行，① 则是和土地银行以土地为抵押发行信用货币的制度设计有关，而不是伦敦城的商人和金融家不喜欢投资土地银行。相反，土地银行是当时金融资本市场初兴阶段试图抓住经济繁荣机会赚钱的一次尝试，借助议会批准和承诺借款给国家来获取议会的批准，只是当时情势下银行的一种最优投资选择和策略，与英格兰银行并无二致，因为国债在当时是回报率高且安全的投资项目。围绕土地银行的舆论大战更多地诉诸党派之争话语体系，实际上只是为了掩盖背后的利益之争，是为了分得金融大蛋糕的利益之争。

土地银行创建失败，给当时的金融市场造成了直接冲击，威廉·罗伯特·斯科特指出，土地银行筹款的失败让随后几年的英国金融界都大惑不解，后果是让人们对所有的土地银行倡议都产生了不信任。② 土地银行虽然在当时的现实情势下未能一举成功，但土地银行的创新构想突破了只有依靠金银储备或背书才能创立银行的传统思想，为英属北美殖民地土地银行发展提供了灵感和经验，这一尝试也成为英国金融思想和金融市场发展史上值得铭记的辉煌一页。

（本文曾以《近代早期英国的土地银行》之名发表于《经济社会史评论》2021 年第 1 期）

---

① Steve Pincus and Alice Wolfram, "A Proactive State? The Land Bank, Investment and Party Politics in the 1690s," in Perry Gauci, ed., *Regulating the British Economy*, *1660 - 1850*, pp. 56 - 57.

② William Robert Scott, *The Constitution and Finance of English*, *Scottish and Irish Joint-Stock Companies to 1720*, Vol. III, p. 252.

会议通报：复旦大学"英国历史上的法律与社会"青年学者工作坊

许明杰　田娜

（复旦大学历史学系）

2020 年 11 月 7 日，由复旦大学历史学系主办的"英国历史上的法律与社会：新材料与新问题"青年学者工作坊在上海召开，这是纪念复旦大学历史学系建系 95 周年的系列活动之一。来自中国社会科学院、中国人民大学、中山大学、武汉大学、华中师范大学、首都师范大学、暨南大学、西南大学、上海师范大学等高校或学术机构的十余位专家学者，来自《复旦学报》、《探索与争鸣》、《澎湃新闻》与圣智学习集团 Gale 公司的工作人员，以及复旦大学的师生齐聚一堂，共同探讨学术问题。

会议开幕式由复旦大学历史学系党委书记刘金华致开幕辞。刘书记对与会嘉宾学者的到来表示热烈欢迎，并介绍了复旦大学世界史学科，特别是英国史方向的发展状况。随后学术探讨正式开始。本次工作坊共设有四场专题讨论，基于参会论文涉及主题的时段分为"盎格鲁-撒克逊与中世纪"、"近代早期"，每个时期根据不同时段再细分为上下两个部分，共四个分场。与会学者各自介绍了最新的研究成果，并相互评议讨论。

第一场

第一场"盎格鲁-撒克逊与中世纪（上）"，由《复旦学报》编辑部的陈文彬老师主持。首先报告的是中山大学历史学系许张凤博士，题目为《谁谋杀了阿尔弗雷德王子?》。许张凤围绕 1036 年阿尔弗雷德王子被杀事件，系统考辨了当时史籍，包括《埃玛王后颂》与《编年史》C、D 两个版本相关记载的明显差异，进而指出这些差异反映了编纂者的不同政治倾向。通过系统考察这一事件及其相关史籍记载的差异，可知 11 世纪中期英格兰政治的派系斗争景象，这体现了权力政治的动荡不稳与制度的稳定性并存的矛盾性特点。点评人河南师范大学历史文化学院张建辉博士指出，本报告使用文本分析的方法，对于 11 世纪的一个历史事件做如此精细的深入探究，揭示出相关历史书写差异背后的深层次原因，体现了鲜明的问题意识与学术水准。不过，该研究虽然较好地实践了文本分析的方法，但是在论述中对于当时史籍之间差异的揭示还不够明晰。另外，报告强调当时的政治存在不稳定性与稳定性并存的矛盾性特点，这一概括有启发性，但对于这一矛盾现象背后更深层次的原因似乎还可做进一步挖掘。

张建辉博士是本场的第二位报告人，题目是《〈伊尼法典〉与〈阿尔弗雷德法典〉之比较》。该报告系统比较了盎格鲁-撒克逊时期英格兰威塞克斯王国的两部法典的具体条文，进而再同肯特王国的《埃塞尔伯特法典》进行对比，尝试探讨三者之间的关系。该研究认为《阿尔弗雷德法典》与此前的《伊尼法典》、《埃塞尔伯特法典》有明显的承继关系，但是在地方和平等问题上又有革新，体现了维京人入侵带来的影响。点评人许张凤指出，该报告基于三部法典的文本，实践比较方法，希望揭示盎格鲁-撒克逊时期英格兰法律体系演变的图景，因此是有学术价值的。比较方法是该研究的核心，但是具体的实践不够集中聚焦，可以尝试加以完善并精细化。

本场第三位报告人是首都师范大学历史学院陈志坚教授，题目为《12 世纪英格兰古英语法律文书书写——以 CCCC MS 383 为中心的考察》。一般认为，古英语书写随着 11 世纪中后期盎格鲁-撒克逊时代的结束而终止，然而陈志坚指出，在诺曼征服发生近半个世纪之后，古英语书写与古英语语言的使用在 12 世纪的英格兰仍有明显的延续，这一趋势在法律领域有突出体现。他以"CCCC MS 383"手稿为例，使用抄本学和古文书学的方法，揭示了这一时期古英语法律文书书写的风貌与特征，强调这一潮流是特定历史语境的产物。点评人中山大学历史学系刘茜茜博士指出，本文涉及对于中世纪法律原始手稿的研究，深入到抄本学和古文书学层面，这体现了国内英国中世纪史研究的进步。论文系统展示了"CCCC MS 383"手稿的抄本学和古文书学特征，非常细致，但是稍显累赘，有些部分同论文的主题联系不够紧密，建议可相应修改精炼。

刘茜茜博士是本场的第四位报告人，题目是《从不法之徒到绿林好汉——罗宾汉与中世纪英格兰狩猎权利的变迁》。罗宾汉是英国家喻户晓的中世纪文学人物，刘茜茜的报告则致力于将该人物置放在中世纪英格兰森林发展的历史语境中，进而揭示罗宾汉身份的演变和狩猎权利的变迁。点评人陈志坚教授强调，该报告旨在挖掘文学故事背后的历史语境，体现了史学研究独特的价值。毫无疑问，该故事的内容背后确实有相当程度的历史事实基础，但如何厘清其中文学虚构与历史真实的界限，以及如何确定历史事实的来源时段却是一个值得注意的问题。

第二场

第二场"盎格鲁-撒克逊与中世纪（下）"，由《探索与争鸣》编辑部的杨义成老师主持。首先由暨南大学历史学系蔺志强教授报告，题目为《大宪章在中古后期英格兰的传播与影响——以伦敦律师学院讲座记录为中心》。大宪章素来是英国史研究的热门话题，其中一个重要问题便是考察该文件对中古社会究竟产生了怎样的实际影响。蔺志强解析了最新整理出版的伦敦四大律师学院讲座记录的内容，强调说大宪章在中古后期的法律界主要是被作为一部普通法令来学习研究。点评人复旦大学历史学系许明杰博士指出，该研究对于大宪章的相关原始史料有细致解析，进而具体深入地探讨学术问题，摒弃大而不当的宏大叙事，而且还提出了有别于西方学者的新见解，这是值得赞赏的。该研究尚未完成，虽然思路已经颇为清晰，但是具体的分析论述有待继续深入，一些说法也值得商榷。

本场的第二位报告人是许明杰博士，题目是《中世纪晚期英格兰议会政治中的大宪章与王权》。在中世纪晚期，大宪章得到议会反复确认，这是当时政治史上的突出现象，现有的研究往往忽略或低估了君主在此活动中的作用。而许明杰基于丰富的议会档案文献，强调了君主在其中的角色与作用，进而指出君主此举是源于当时政治形势的迫切需要，即国王为了实现集权不得已向议会做出适当的妥协。点评人蔺志强教授指出，该报告跳出已有研究的窠臼，对于议会确认大宪章问题的原因有新的探究，并对于议会和王权的性质特征提出了自己的见解，条分缕析，言之有据，因此结论是站得住脚的。不过该研究涉及的相关问题很多，但篇幅有限，因此导致部分内容，特别是议会确认活动衰落消失的原因分析还不够深入，尚值得进一步探究。

华中师范大学历史文化学院沈琦教授是本场的第三位报告人，他带来的题目是《水权之争与中古英格兰河道治理》。内河航运是近来英国史学研究较为重视的问题，沈琦从水权的角度切入，关注中古晚期日渐突出的航运权与河岸权之争以及国家的应对，强调这一历史折射出了当时英格兰的政治文化。点评人西南大学法学院宫艳丽副教授认为，该研究建立在爬梳原始史料的基础上，而且融合国家治理与政治文化两种视角来探究水权问题，是有鲜明亮点的。但报告中对水权之争的历史背景铺垫太多，而对国家的应对问题阐述不够，内容布局显得有些失衡。另外，还需要厘清政治文化概念的具体含义，理顺其同研究问题的关系。

本场的第四位报告人是宫艳丽副教授，题目是《英国律师会馆普通法教育的兴衰》。普通法是英国法律体系的核心，宫艳丽从高等教育史的视角出发，深入考察了中世纪晚期、近代早期伦敦律师会馆法律教育的兴衰历程及其原因，以期加深对英国高等教育和普通法传统的认识。点评人沈琦教授指出，伦敦律师会馆的普通法教育并非一个新的学术问题，但该报告却将其同普通法兴衰之历史进程结合起来进行考察，解释与结论都有新意。不过该论题涉及的原始文献颇多，如何充分合理使用需要特别关注。

第三场

第三场"近代早期（上）"，由《澎湃新闻》的于淑娟老师主持。中国人民大学历史学院的杜宣莹博士首先报告，题目为《宫朝分野：都铎晚期的内廷机制与"国"属政权的建构》。"都铎政治变革"是英国史学界长期关注争论的话题，杜宣莹通过探究伊丽莎白一世内廷机制的性质，来回应这一问题。该报告指出，伊丽莎白一世的女性身份导致中央政府的内廷与外朝二者的关系出现新的形势，这是该时期政权性质从私属向"国"属转变的重要原因。点评人中国社会科学院世界历史研究所赵博文博士指出，本报告在充分掌握相关原始文献与二手研究的基础上，能够就"都铎政治变革"这一众说纷纭的史学问题提供一种新的"性别视角式"解读，这是有学术新意的。该报告尝试从两个维度来论证这一解释，一是女主身份与男权社会的矛盾，二是内廷与外朝的关系，不过在具体的结合方面还有所欠缺，导致论述不够有力。另外，还应该或多或少引述国内学者的相关研究和观点，行文表达也可略作调整，从而更加符合读者的习惯。

赵博文博士是本场的第二位报告人，题目为《都铎时期主教任命制度探析》。宗教改革是英国历史上的转折性事件，赵博文从君主的视角出发，描绘了都铎时期的国王如何通过改革主教任命制度进而加强对教会的控制，最终实现"至尊王权"。该报告指出，在多任君主的努力下，虽然也经历波折，国王终将主教任免权彻底收入囊中，由此中世纪以来王权-教权并立的二元权力体制变为由王权主导的一元权力体制。点评人杜宣莹博士指出，主教任命制度的变革确实是英国宗教改革期间君主关注的核心问题之一，该研究使用了颇多的原始文献对该问题进行了细致解析，因此是有学术价值的。不过，具体的论述有时会偏离主题，建议予以改进，而且对于主教任命制度变革中的历史复杂性也应有更好的呈现。此外，关于这一问题还有不少手稿文献，例如 State Papers Online，不妨相应使用。

本场的第三位报告人是华中师范大学历史学院初庆东副教授，题目为《信息与秩序：近代早期英格兰信息国家的兴起》。"信息转向"正成为史学发展的新趋势，初庆东基于这一前沿视角，集中探讨近代早期英国信息国家的发展。该报告指出，16、17 世纪是英国社会向近代转型的关键时期，为应对日益严峻的社会问题，政府通过建构"信息秩序"以维护"国家秩序"，从而促成了"信息国家"的兴起。点评人上海师范大学世界史系冯雅琼博士指出，近代早期英国史是个学术积累十分深厚的领域，想要寻求学术突破是颇为艰难的，而"信息国家"这一视角带有鲜明的学术前沿色彩，因此该报告是有新意的。不过，报告在具体论述中对于历史背景的叙述偏多，而对于"信息国家"的实质性内容展现偏少。另外，报告提到"政府文书档案"是"信息国家"的关键性体现，然而这类档案早在中世纪晚期已经大量出现，这一历史事实也需要加以考虑，不应过分强调近代早期的革命性。

本场最后的报告来自冯雅琼博士，题为《伊丽莎白一世时期的治安法官与饥馑〈政令书〉》。治安法官是近代早期英国最重要的地方官员群体，冯雅琼基于伊丽莎白一世时期的饥馑《政令书》这一重要文献，生动呈现了治安法官在应对饥荒问题中的关键性作用。报告指出，治安法官并非中央政府救荒政策的被动接受者，而是根据地方情况的需要调整政策的执行力度与方式，甚至通过建言献策的方式推动国家救荒指令的变更。点评人初庆东副教授指出，该报告体现了突出的实证史学特点，所谓"以小见大"，能够从原始文献出发，集中使用饥馑《政令书》来展现治安法官与中央政府在应对饥荒问题过程中的互动关系。然而报告旨在呈现中央政府与地方官员之间的政治互动，虽然在一定程度上对此有所呈现，但似乎可以更加深入，例如这一互动所包含的复杂关系、所仰赖的政治机制以及所体现的英国地方治理的特点。

第四场

第四场"近代早期（下）"，由复旦大学历史学系陆启宏副教授主持。武汉大学历史学院蒋焰副教授首先报告，题为《英国内战后期王党对"英雄"之死的再塑造》。英国革命或内战是中外史学界长期关注的重要研究论题，而蒋焰从新闻文化的角度出发，通过集中探讨英国内战后期王党对"英雄"之死的再塑造，来揭示新闻宣传对于战争走势的影响。该报告指出，这一时期的王党新闻作品对于己方"英雄"进行了较为成功的再塑造，在很大程度上赢得了民众与外部盟友的支持，这为之后的王朝复辟埋下了伏笔。点评人武汉大学历史学院的赵涵博士指出，该报告体现了两项突出特点，一是从新闻文化的角度来重新审视内战中的"政治媒介"因素，体现了新政治史研究的前沿色彩，二是使用了大量的原始史料，即17世纪的各类宣传小册子，图文并茂。该报告体现了清晰的思路框架，但并未成文，意味着具体的研究仍然有待继续深入，基本的结论观点也尚待进一步细化精炼。

上海师范大学世界史系李新宽教授是本场的第二位报告人，题目为《试析近代早期英国金融期权市场的初兴》。一般观点认为英国的金融期权市场最早出现在18世纪晚期或19世纪，但李新宽通过研究指出，英国实际上早在17世纪90年代至18世纪初便已经初步兴起了一个以期权为主的金融衍生品市场，这有力地推动了英国金融革命的深化。点评人蒋焰副教授认为，该报告是有明显的学术价值的，一方面关注英国现代经济发展中的"金融"因素，体现了学术敏感度，另一方面还将英国金融期权市场的兴起进一步回溯到近代早期，展现了历史学者的通观意识。报告对于近代早期英国金融期权市场的发展有整体勾勒，但金融期权是个颇为复杂的问题，建议进一步吸纳金融学与金融史方面的相关研究成果，从而促进研究的细化与深化。

本场最后的报告来自赵涵博士，题目为《18世纪英国司法审判中的情感因素》。法律历来被视为理性的产物，与激烈的情感无缘，而赵涵则基于对18世纪伦敦老贝利法庭和米德尔塞克斯郡季审法庭档案等史料的研究，强调情感因素存在于诉讼的各个环节，并且在审判过程中发挥了重要的作用。该报告指出近代早期英国法律和司法实践中充满了情感因素，对情感的研究有助于我们反思英国"法治"的内涵与变迁。点评人李新宽教授认为，该报告乃是典型的情感史研究，体现了鲜明的学术前沿色彩。不仅如此，该报告还能充分使用18世纪英国的法庭档案，因此史料条件也是很好的。不过正如报告人所言，该报告尚未提出明确的史学问题，还有进一步深入研究的必要。

圆桌讨论

圆桌讨论的首个环节是学术期刊报纸推介，旨在增进专业编辑与专业研究者之间的交流。陈文彬、杨义成、于淑娟三位老师先后发言，各自介绍了《复旦学报》、《探索与争鸣》与《澎湃新闻》对历史类文章的征稿取向与要求。随后，他们还同在座的学者实现互动，就"到底是期刊报纸引领研究者抑或研究者引领期刊报纸"这一问题进行了深入讨论。

其次是数据库介绍，由圣智学习集团 Gale 公司的石亦宸老师报告，题目是《Gale 历史档案助力英国史研究》。石老师详细介绍了 Gale 中与英国史相关的各类数据库及其使用技巧，包括 State Papers Online、Eighteenth Century Collection Online（ECCO）、

British Literary Manuscripts Online 等等。他进一步强调，Gale 拥有大量与英国史相关的档案文献材料，而且数据库本身的技术功能强大，因此鼓励在座的英国史专家多加使用。

随后由复旦大学法学院的赵立行教授做总结发言。他从历史研究和法律研究之间复杂关系的角度对工作坊报告的内容进行了分类，并相应概述了其特色：第一类是不涉及法律层面的纯粹历史研究，主要侧重政治斗争等内容；其次是以法律的视角分析历史，继而对前人研究加以补充和修正；最后是偏向法律层面的研究，但具备历史的视角。赵老师指出，此次工作坊的报告整体水平是较高的，大多数体现了明显的学术前沿意识，而且能够或多或少地使用原始文献。但是他也提醒说，此次工作坊虽然以"英国历史上的法律与社会"为主题，但是该主题不太聚焦，因此导致点评与讨论环节的争鸣色彩不足。

最后的发言来自此次工作坊的召集人许明杰博士。他对所有参会人员表示感谢，并且宣布本次工作坊圆满结束。此外，他还呼吁参会的专家学者今后继续合作，将工作坊持续办下去，使之成为国内英国史青年学者交流合作的重要平台，进而推动我国英国史研究的进一步提升发展。

（原文发表于《澎湃新闻》2021 年 01 月 10 日）

图书在版编目（CIP）数据

英国历史上的法律与社会/许明杰主编. —上海：上海三联
书店，2022.12
　（世界史论丛. 第三辑）
　ISBN 978-7-5426-7988-8

Ⅰ. ①英…　Ⅱ. ①许…　Ⅲ. ①法律社会学-研究-英国
Ⅳ. ①D902

中国版本图书馆 CIP 数据核字（2022）第 241047 号

英国历史上的法律与社会

主　　编 / 许明杰

责任编辑 / 徐建新
装帧设计 / 一本好书
监　　制 / 姚　军
责任校对 / 王凌霄　张　瑞

出版发行 / 上海三联书店
　　　　　（200030）中国上海市漕溪北路 331 号 A 座 6 楼
邮　　箱 / sdxsanlian@sina.com
邮购电话 / 021-22895540
印　　刷 / 上海惠敦印务科技有限公司

版　　次 / 2022 年 12 月第 1 版
印　　次 / 2022 年 12 月第 1 次印刷
开　　本 / 710mm×1000mm　1/16
字　　数 / 260 千字
印　　张 / 19
书　　号 / ISBN 978-7-5426-7988-8/D·563
定　　价 / 80.00 元

敬启读者，如发现本书有印装质量问题，请与印刷厂联系 021-63779028